回答

The Answers

东西访谈录

东西 谢有顺 等 著

广西师范大学出版社
·桂林·

回答
HUIDA

出版统筹：罗财勇
编辑总监：余慧敏
责任编辑：梁文春
助理编辑：冉　娜
责任技编：余吐艳
营销编辑：花　昀　方俪颖
封面设计：郑元柏

图书在版编目（CIP）数据

回答：东西访谈录 / 东西等著. -- 桂林：广西师范大学出版社，2023.11（2024.1 重印）
ISBN 978-7-5598-6524-3

Ⅰ．①回… Ⅱ．①东… Ⅲ．①东西—访问记 Ⅳ．①K825.6

中国国家版本馆 CIP 数据核字（2023）第 199780 号

广西师范大学出版社出版发行

（广西桂林市五里店路 9 号　邮政编码：541004）
网址：http://www.bbtpress.com

出版人：黄轩庄
全国新华书店经销
唐山富达印务有限公司印刷
（河北省唐山市芦台经济开发区农业总公司三社区　邮政编码：301501）
开本：880 mm×1 240 mm　1/32
印张：11　　　　字数：220 千
2023 年 11 月第 1 版　2024 年 1 月第 2 次印刷
印数：6 001~8 000 册　定价：62.00 元
如发现印装质量问题，影响阅读，请与出版社发行部门联系调换。

每一次写作都像在爬一座高山。

——东西

目录

1	文学的目光越拉越长
42	独特是一种自醒,是边缘作家唯一的写作出路
48	每一次写作都像爬一座高山
73	阅读犹如呼吸
79	越内疚,越爱
88	写心理现实更需要技术含量
96	《回响》:写镜子里面的人
111	年过50岁体力下降,写作的心情却更为急迫
120	写作是弱者的事业
137	一边投降,一边坚持
146	还能悲伤,世界就有希望
162	不顾一切的写作,反而是最好的写作
185	一部好小说能把植物人说活
191	写作是有经验的思想
197	我愿意在这个时间段徘徊一阵
217	最厉害的写作是写出宽广的内心
230	我就喜欢新奇的野路子

235 写我们内心的秘密

243 用身体与荒诞穿越历史现场

250 伤痛的另一种书写

269 写作与故乡

281 在一次文学课堂上的对话

296 关于语言的对话

307 在两极之间奔跑

324 在意念与感觉之间寻求一种真实

文学的目光越拉越长

▲ 东西、张英（腾讯网文化记者）
● 原载《作品》2023年第8期

2023年3月16日，根据作家东西的长篇小说《回响》改编、由冯小刚导演的电视剧《回响》正式登录爱奇艺迷雾剧场，因其浓厚的悬疑氛围、深入的心理探究、独特的叙事视角，引起广泛的关注，登顶了爱奇艺第一季度电视剧热播榜榜首。

2017年，东西开始构思这部小说，历时3年，《回响》在2020年底完成，最后在《人民文学》杂志2021年第3期上发表。

《人民文学》杂志主编施战军在这期杂志编者的话里写道："所谓'回响'，并非重复'应声'，在波长减缩的部分，有万千声息悄然加入，由此发育面壁虚静的力道，努力在看似终归彼此一样的情境中，冲破沉落的谜之设定，释放脱俗的生之意义，守持正常的人之价值。"

作品发表不久,《回响》先后获得2021年度《人民文学》长篇小说奖、2021年度中国好书奖、第五届施耐庵文学奖,并入选中国小说学会2021年度长篇小说榜、2021收获文学榜长篇小说榜、《当代》2021年度长篇小说五佳等重要文学榜单,签订了法语、俄语、韩语与越南语出版合同。

中国作家协会副主席李敬泽说:"《回响》是现代以来不断地在我们的文学中、在世界文学中反复回响的关于人性和人类境遇的基本主题在当下最新的、有力的同时又是有效的洞察和一份回响。对于小说艺术来讲,尤其对于现代小说艺术来讲,人性的复杂性尤其需要艺术创造的复杂性来确保和照亮。"

中国作家协会副主席阎晶明说:"设置警察身份,可以让人物直接进入故事的核心,拥有阅读、翻看'绝密文件'的特殊权利。由于猝不及防中打开了自己的心灵档案,残酷的、逼人的真实随时相伴。冉咚咚的丈夫竟然是一位文学评论家,两种截然相反的职业组合成一个家庭;小说开头描写的谋杀夏冰清的凶手,是一个同时也在写诗的青年易春阳,两种完全相背、分裂的行为(故意杀人和写诗)体现在同一个人身上、同一个场域中,这简直要让人联想到传统经典《罪与罚》这个书名甚至小说故事了。"

中国作家协会书记处书记邱华栋认为:"一般情况下,像这样一个包裹侦探小说外衣的小说,很容易把人物符号化,但是东西在塑造人物上,特别是主要人物,有精神分析、心理意义上的深度,这是这部小说和世界文学能够对话的回响之处。"

2021年6月,《回响》在人民文学出版社出版,首发单行本。在小说正式出版前,图书编辑刘稚认为这部小说有很强的故事性,很适合改编成电视剧,就把刚定稿的小说《回响》推荐给了冯小刚导演。冯小刚说:"一口气看完后心里一琢磨,我得把这个故事拍出来。这部剧不适合改电影,会损失太多。现在不是流行悬疑短剧吗?我就拍13集,正好。"

早在二十多年前,东西便与冯小刚的妻子徐帆有过合作。根据铁凝的小说《永远有多远》改编成的电视连续剧,徐帆担任女主角,东西是该剧的编剧。东西回忆:"徐帆姐在《永远有多远》的拍摄场地对我说,'你有什么好的小说给我推荐,我给冯导看看。'二十年过去了,我终于有机会跟他合作了。"

"东西的小说《回响》是两条线,一条线讲破案,另一条线讲家庭生活情感。如果写的仅仅是一个案件,我就没兴趣拍它。恰恰是他把两条线交织在一起,才让我觉得它有独特的一面。任何一件事其实是双声道立体声比较好。"冯小刚这样表达他对小说《回响》的喜爱。

好作家遇到了好导演,最后,好小说就变成了好的电视剧。正如梁晓声的《人世间》遇到了李路导演,东西的《回响》遇到了冯小刚导演。于是,这两部电视剧就成功破圈了。

东西原名田代琳。1966年4月,他出生于广西河池市天峨县八腊瑶族乡洞里村谷里屯。村子坐落在半山,只有十几户人家,没有水,没有电,没有公路。他说:"我的家乡跟贵州交界，四面都是山。这样的地方可以出作家，是大山锻炼了我的想象力，包括我对未来美好生活的想象。我发现，贫困地区的孩子对文学的梦想特别纯粹、特别强烈。"1982年，田代琳考入河池师专中文系，毕业后分配到家乡天峨县中学执教，他一边教书一边练习写作。当时的《河池日报》有一个名为"红水河"的副刊，专门刊登微型小说、散文、诗歌和评论，他经常给《河池日报》的副刊投稿。

1990年，24岁的田代琳调入《河池日报》副刊部做编辑，1992年，正式以"东西"为笔名，在《花城》杂志发表小说《幻想村庄》。当时《花城》杂志的编辑专门写信给他：如果你只打算玩票，就随便了，如果你准备一辈子写作，那么你坚持用这个笔名。

1995年，29岁的东西完成了中篇小说《没有语言的生活》，发表于1996年第1期《收获》杂志，小说讲述了盲、聋、哑三个残疾人组成了一个"看不见、听不到、说不出"的不正常家庭，却拼命想过上正常人的生活的荒诞故事。为了躲避村人的骚扰，他们被迫逃离世代居住的村庄，在远离村庄的河对岸另造新屋，并且拆除了与村里相通的小桥，以一河之隔与村里人划开界限，表明对语言世界的抗议和失望。这篇小说获得《小说选刊》1996年度优秀作品奖，后来又获得鲁迅文学奖，评委王蒙读完评价："所选人物很'绝'，立意角度更耐人寻味。余韵绕梁不绝。"1997年，他的第一部长篇小说《耳光响亮》发表在《花城》杂志。截至目前，东西一共出过四部长篇小说——1997年的《耳光响亮》，2005年的《后悔录》，2015年的《篡改的命》，2021年的《回响》。作家邱华栋曾这样评价："当我看到东西的长篇小说新作《篡改的命》时，我吃了一惊，我确信东西写出了这个时期最重要的小说，他也接近了写出他心目中完美杰作的状态。"在这些小说作品里，除了读到精彩的故事，东西没有停留在单一的风格上，而是在不断探索不同的创作方法。他说，作为一名作家，其创作一定要不断注入新的东西，不断地改变，让每一部作品都有独特的个性，都有新的亮点，只有这样才能吸引更多的读者。

如今，在南宁定居的东西，为了写作，保持对社会的敏感，他放弃了去北京、上海和广州发展的机会，经常在城市和乡村穿梭。在城市生活了大半生，从《回响》开始，东西已经在创作上把目光投向城市生活。

"我觉得还有一个空白地带，就是很少有作家写从乡村到城市的跨程。乡村与我有一条相连的脐带，让我知道乡村与亲人们的真实状况……农民工进城的辛苦以及城乡之间的差距，我都是看得见的，所以我才敢说一个真实的中国是什么样的面貌。对城与乡的熟悉，让我在写城乡的跨程时比较有把握。"

《回响》，从小说到影视

张英：你写小说，和很多人不同，你很多小说先有观念，先有认知，然后才有故事，结成文本，形成了推进的逻辑、怎么进入的角度。当你把这些思考清楚了，后面的写作，反而变得简单和快速了。

东西：对，我写小说有表达企图，有目标设置，不仅有大的目标设置，也有小的目标设置。比如《回响》改成影视剧后，保留了小说中的一个细节，就是冉咚咚问慕达夫当年跟师妹谈恋爱时吻过多少次。慕达夫说11次，冉咚咚将信将疑。有次她从慕达夫准备丢弃的旧物中发现他的一本日记，上面记录了慕达夫初恋时的行为，一数果真11次。冉咚咚为此专门请慕达夫吃了一次大餐。剧播出时，我看弹幕，有观众问她为什么要请他。显然，她是为了他的诚实而请他。这样的细节在读者眼里也许不重要，但它是有功能的。在影视作品中，一场戏如果仅仅完成一个功能是及格，如果能完成多个功能便是优秀。写小说可随意些，但不能总是写过场戏。

张英：《回响》这部小说，你写细节的能力，写实的能力，还有人物的对话，都有提高，超越了前面三部长篇小说。

东西：也许是历练，也许是自律。有人说中国作家写不好对话，有一定道理，但也不全对。因为我写过几部剧本，所以尤其重视台词。这是慢慢提升的过程。至于写实的能力，那要看小说的风格，如果是荒诞或黑色幽默的小说，写实能力会弱化。当然，写来写去，写实最考验作者。最考验作者的地方是作者最兴奋的地方。现在我更喜欢正面强攻，更愿意把想法落得扎实些。

张英：作为小说作者和电视剧的编剧，你和冯小刚的合作愉快吗？

东西：小刚导演提出让我写剧本时我有些犹豫。我有点怕写剧本了，跟著名导演合作，会有点发怵，他们通常很强势。我前面合作过的导演，有的经常变想法，变到你无法适应，这样的过程很折磨人。冯导很会讲故事，他本就是编剧出身。我说你那么好的编剧功力，我怎么写得过你。他说这部小说你最熟悉，如果别人来改编，可能只剩下一堆情节，细微的心理活动就消失了，会很可惜。他以这种方式鼓励我，我没法拒绝。经过合作，我发现他很尊重编剧。他承诺只让我写两稿，结果说话算数。拍摄期间他带了一位台本编剧，需要调的地方，基本没麻烦我。他保留了小说中的许多艺术因素，又自然结合了推理、悬疑和情感，呈现出了不一样的效果。许多人喜欢用套路来要求剧作，但冯导偏偏是不按套路出牌的导演。作家和导演一样，都喜欢颠覆性的创作，观众却不喜欢打破套路。

张英：《文学报》发了一篇《〈回响〉：如何将社会派推理风格玩出新花样？》的评论，作者金夏辉说《回响》在悬疑剧样式上叠加了心理因素，这种艺术创新很好。

东西：这种声音特别珍贵，除了鼓励主创团队，也在鼓励创新。新事物需要别人慢慢适应。悬疑作品有本格派推理和社会派推理两支，本格派推理侧重推理方式的严谨性和创新性；

社会派推理强调对现实世界的思考及对复杂人性的探究。本格派推理按套路来，不管生活的真实性；社会派的推理更注重真实性。《回响》属社会派推理，小说还写了大量的心理推理，是跟着生活逻辑走的。也许这部小说就不该叫悬疑小说，它是传统文学的创新，就是加了一个推理的壳，行的却是传统小说的实。我们不是在做智力游戏，而是在挖心。

小说写作与影视化

张英：写《回响》的剧本，你的收获在哪？

东西：每次从事剧本创作我都有点抗拒，因为你在把小说影像化的过程中，等于要把你的作品再写一遍，这是一个肢解的过程。你写了好长时间的小说，和作品的人物建立了不可动摇的感情，仿佛完成了一个坚固的结构。忽然，你要亲自拆它，有些为难。但是，当你不得不拆它时，你发现原来没什么不可改动的，你会发现小说还不够完美，有的漏洞还须补上。如果每部作品都有一个剧本化的过程，你的逻辑能力会更强，人物的塑造更为坚实，台词会写得更好。写小说是去小说化的过程，因为你要贡献新元素。而写剧本是回到传统小说的过程，因为你要建立坚实的四梁八柱，那些传统的创作功夫又要捡回来。创作剧本最大的收获是提醒你：小说的基本元素不能丢，废话少写。

张英：你和冯小刚聊天，说小说中有两个漏洞，但在电视剧中给补上了。

东西：小说可以留白，影视剧不能留太多白，尤其是逻辑线上的空白。小说中慕达夫开了两次房，到底开来干什么？有读者问我，我说这是一道测试题，出轨的人认为慕达夫开房是为出轨，不出轨的人认为慕达夫开房是跟朋友打牌。影视剧如果这样留白，观众会不满意，所以这个白必须填上。冯导给填上了。另外，夏冰清为何要走这一步而不去报警？小说中虽有交代，却留了太多白，于是剧本中补上了。小说读者可以靠想象完成补白，这种补白能让读者参与创作，很过瘾。但电视剧不行，观众需要明确答案。模糊性是小说的优点，却是剧本的缺点。

张英：你以后想自己当导演吗？比如刘恒、刘震云、潘军、虹影等，干脆自己从幕后走向前台，直接由编剧改为当导演、艺术总监。

东西：我特别渴望中国作家搞电影，但一定不是我。我看过拍摄现场，那种协调力忍耐力综合力是我不具备的。年轻时有过当导演的念头，现在连念头都没了。我还是躲在文字里比较有安全感。具备导演才华的作家如果做导演，他们会把讲故事的能力带到电影里来。

张英：你怎么看影视艺术给小说带来的变化？有摄像机和

制作技术后，才有了现代小说，小说才变成了一种技艺，有了很大的创新。

东西：毫无疑问，影视的影响力越来越大。现在，读图已成为许多人的选择，它已经对文字的阅读造成了冲击。影视剧会向小说要故事，有了这种需求，就会有作家努力为其提供母本。影视化倾向的小说越多，就越挤压纯小说市场，甚至打乱创作者心态。这对影视繁荣有利，但对小说的探索未必有利。像《追忆逝水年华》《尤利西斯》这样的小说，还会有作家写吗？此外，游记类散文在减少，一个短视频胜过千千万万的风景描写。所以，小说里的风景描写也在减少。当然，电影里的蒙太奇手法等也被小说家广泛使用。影视剧快节奏的讲故事的方法或影视剧的传奇性，正在被网络作家们学习。即便是纯文学作家，也在为争取读者而悄悄改变写作方法。当一个庞然大物从安静的书桌旁飞过时，它带起的风会吹乱书桌上的稿纸。这个庞然大物就是影视艺术。

张英：对影视化和导演来说，作家是讲故事的人，不仅要有独特的创意、强大的叙述能力来设置故事的场景，还要有入木三分的群像式人物刻画，写出有个性的语言，把不可能变成可能，让虚构的故事变得真实可信，有说服力。这个要求看似简单明了，实际难度很大。

东西：导演也是这么一个角色，只是他用镜头，作家用文字。都不容易。

影视剧是集体作业

张英：小说家在写小说时，通常是天上展翅高飞的鹰，在小说世界里为无所不在的上帝，笔下的故事全靠一支笔，一个人可顶千军万马。那个艺术的小世界，全部由你主宰。但写剧本时，你要回到烟火人间，是在大地上行走的苦行僧，是地里干活的农夫，凡事身体力行，落到实处，费尽了心思。

东西：两种艺术形式，后者更讲逻辑，更接地气。对我来说，这两种艺术形式在写作时只须切换下频道。写作最困难的事是"按时交稿"，作者想慢，想构思得更绝妙，出版社或影视公司却在催，一赶时间就难保证质量。

张英：小说要往独特自由的方向写，保持文学的品相。电视剧是集体作业，在受限制的空间发挥自己才华。

东西：个人的活有自由，集体的活就要受约束，像一个人可以在家里穿裤衩，但跟大伙在一起就得穿正装。影视作品不是编剧一个人的功劳，还有导演、演员、摄影等的功劳，大家一起做出来的一个产品，结果就是大众化。

张英：有作家先写影视剧本，后改写成小说。你怎么看这种互文性写作？

东西：我是写小说就写小说，写剧本就写剧本，不会一锅煮。比如我写《没有语言的生活》，不会想到把它改编成影视作品。如果一开始写就想到改编，这部小说就毁了。再比如《回响》，那么多的心理描写，根本不是影视剧的菜。但你要相信，在导演队伍里有一批敢于打破套路的人。他们勇于挑战自我，挑战格式化，因有他们，那些独特的作品，才有改编的机会。

张英：读你的小说会觉得，编剧的工作让你获益匪浅。比如你最近的小说，故事基本没有漏洞，人物形象很生动，眉眼都各有特点。人物对话质量比以往好，每个人物的说话都有自己的声音，非常有个性，不再是书面语和叙述。

东西：没有任何工作是在浪费你的时间。剧本的写作要求故事完整，情节发展有严密的逻辑，人物在成长，角色在变化，每个人物的台词都要符合身份并尽量出彩。这些功夫会反过来帮助你写小说。比如《回响》在播时，我一边看剧一边看观众的点评。观众对台词蛮认可，这让我有一点小得意。而观众对作品的批评，也会让我反思。

张英：你跟这些影视剧导演接触，他们对你的写作有帮助吗？

东西：当然有。尤其在谈剧本时，他们的细节能力，关于"接受美学"的研究对我很有启发。有的导演跟我说"要折磨观众，不要折磨剧中人"；有的导演跟我说"人物要有足够的出场时间，否则无法跟观众建立感情"；有的导演跟我说"我要画面动作，不要那么多台词"……这都是写作的干货。比如我跟陈建斌导演谈电影剧本《篡改的命》，小说里的父亲把自己的小孩送给别人抚养，孩子长大后，去见还在洗脚城帮人洗脚的母亲。母亲不知道他是自己的儿子，但儿子知道。儿子想享受一次母亲的抚摸，但按着按着，母亲突然问他："先生，你需要特殊服务吗？"一句台词，触目惊心。这是陈建斌导演想出来的。

张英：如何看待小说和影视作品引起的不同反响？

东西：写作者不要害怕批评，你要认真对待，有则改之无则加勉。相比之下，剧本受到的批评更严厉。你写小说，发表或出版后，评论家都是朋友，对你相对客气，即便批评也很委婉。但当你进入影视剧本的写作，你面对的是一个集体，制片人、文学策划、导演、演员等会给你提一大堆意见，很直接，毫不客气。作家要能承受这些，并愿意把问题一步步解决。影视剧在播的时候，观众的弹幕更是毫不留情。作家要有强大的内心来承受，把问题一步步解决。

张英：中国的教育体制里，基本上都是实用型的应用文写作教学，很少教文学写作的方法和叙事学，包括大学的中文系，以前不教写作课，也不教写作的方法和技术。国外的小说、影视作品好看，它们的结构、逻辑、故事漏洞较少，人物立体，对白生动。因为这个系统的背后，他们有一套完整的关于写作培训的技巧和方法。比如严歌苓和哈金，到美国读写作硕士，受到训练，写作上的很多问题就解决了。

东西：现在这方面的情况应该会好一些了。北京师范大学、中国人民大学、复旦大学、同济大学、华东师范大学、广西民族大学等很多高校都招写作硕士，引入了这方面的课程和训练，还邀请国外的作家和编剧来和学生交流，这方面在慢慢好起来。写作不训练不行，毫无技术的写作只会越来越难。但光有训练也不行，还需要写作者有感知力，感知风雨，知晓现实，感同身受。

故乡和文学

张英：你的写作是从河池师专（现为河池学院）读书时开始的。

东西：是的，1982年我考上了河池师专，加入文学社，开始学习写作，写的几篇短篇小说，都被退稿了。除文学社的内部报纸，我也只在《河池日报》副刊发表过一首诗。毕业后我分配到天峨中学工作，开始写故乡的故事。早期，乡村生活是我的灵感源泉。

张英：你要用文学为家乡发言，为"沉默的大多数人"发声。

东西：家乡是沉默的，如果我能写作，是不是就可以把她的美好写出来？尤其想写她的善良、坚韧和委屈。1985 年，我分配到家乡中学当语文老师，一边教书一边学习写作。

张英：家庭对你有什么影响？

东西：母亲的影响最大，她善良，经常帮助别人。她矮小，勤劳，有惊人的毅力。她受过许多委屈，却坚强地活了下来。她疾恶如仇，也胸怀宽广。为让我上学，受了许多劳累。父亲过于严厉，但他经常讲授做人的道理。他们都是文盲，却用口口相传的方式，为我保留了中国传统文化中的某些精髓，比如诚信、尊重、义气、友善、礼貌等。

张英：你是汉族，祖籍湖南，你们家是什么原因搬到广西的？

东西：家族从湖南迁徙到广西已好几代人，老家在湖南怀化麻阳。小时候父亲和三伯经常给我讲家族来自哪，好似随时要搬回去。长大后，看到祖父的墓碑上刻着他从哪来，族谱上也有记载。老一辈人对祖籍地很在乎，这深刻影响了我。一次我到湘西出差，遇到同姓的人，便套近乎，想了解本姓情况。他用警惕的目光看着我，好像我是混吃混喝的。多年后，遇到作家田耳，我们同时背田氏字辈，竟对上了。顿时让我想起去世的父亲和三伯。他们从来没回过祖籍地，却对那充满神往。

张英：你是早熟的孩子，读小学时，一识字就开始帮父母记工分。

东西：那时农村为集体劳动，我是一个小小的跟班。生产队十天半个月才评一次工分，就是记录你某天参没参加集体劳动，该记多少分。生产队按工分分粮食，如果你参加了劳动而没记上工分，等于白干。父母不识字，评工分时只能靠大脑记忆，要记十天半个月很容易出差错。我识字后，父母每天回家对我说今天他们到哪参加了什么劳动，让我记下来，到评工分时父母记不住了，就让我翻小本本。父母送我上学，最朴素的想法是让我能记工分，不被欺负。参加评工分是一次集会，让我尽早融入了大人们的世界。

张英：在你的记忆里，童年有过快乐吗？

东西：当然有，在草地上打滚，在村庄捉迷藏，在水库里游泳差点淹死。最美好的记忆是山上的野果子熟了，比如杨梅、野草莓等，约上几个伙伴饱饱地吃上一顿，简直……跟着母亲到乡里赶集，能吃上一碗带肉的米粉或一块糕点。还有，家里突然来了久违的亲戚，特别是二姨和表姐，全家人一片欢天喜地的神情。有次，我一个人待在家里，母亲赶集归来，说，看看我给你带来谁了？我期待地看着，从墙角露出一张洋娃娃似的小女孩的脸。是我表姐的女儿红玲，母亲把她从街上带来，跟我这个同龄的表叔耍几天。

我的文学梦缘起

张英：考上河池师专，是为了找工作，还是喜欢当老师？

东西：我上高中才到县城，才第一次上历史、物理、化学和英语课，可见我的基本功有多差。当然，主要是天赋不够，勤奋不够，只能选一所力所能及的学校。我没得选，只有读书才能解决工作。我第一志愿报的是某中专物价专业。

张英：当时中专就是铁饭碗，城里户口，会分配工作。

东西：有工作分配，有编制。我特别羡慕物价专业，专门定各种产品的物价，很轻松。但老师说按你的分数也许能考上河池师专，于是我就在大专一栏填上了河池师专。幸好填了河池师专，幸好又填了中文专业，否则就去做物价工作了。到了河池师专，文学殿堂的大门就对我敞开了，莫泊桑、莎士比亚、托尔斯泰、鲁迅……这些作家的作品都能读到了。

张英：你在河池师专读书的这段时间，有位贵人是你的老师，也是文学青年，喜欢写作，还请校外的老师到学校，搞文学讲座。

东西：河池师专有两位老师热心文学事业，一位是韦启良老师，另一位是李果河老师。他们既给我们上课，又引导我们读名著，还帮我们看稿件，推荐我们的作品给报刊发表。韦启良老师的课讲得特别好，他会讲许多课本里没有的细节。他讲郭沫若，讲得极详细，能立刻提升我的认知。李果河老师特别热情，经常叫我们到他家里吃饭，一边吃一边聊文学。他们在杂志上看到好小说，直接拿来讲课，不是只讲课本里的。韦启良老师上完现代文学课后，给了我们三点建议，有两点我记忆深刻：一是要想当作家必须沾当代文学的浪花，不能只看过去的作品；二是多看作家的创作谈，更靠谱。

张英：你的处女作发表在《广西文学》？

东西：当时《广西文学》有个征文比赛，叫"红水河征文"。我们那有座龙滩水电站，当时还在勘探，没开建，不知能不能建。很多勘探人员、科技人员在那里工作，他们的家属和子弟在那里生活。他们的孩子来天峨中学读书，用解放牌货车把人拉来。这群孩子跟我们不太一样，他们有汽车坐，父母都是科学家，是一个特殊群体。我看到征文比赛的启事，想起这群孩子，就以他们为原型写了短篇小说《龙滩的孩子们》，投给《广西文学》杂志，发表了。我开始讲究投稿策略，先从西部投起，投给《中国西部文学》，发表了。又投给《西藏文学》，也发表了。我由西往东，接着又给《作家》《花城》《收获》杂志投稿，都先后发表了。

当了广东的签约作家

张英：你很早在《花城》杂志发表作品。

东西：我把小说投给《花城》杂志的田瑛。田瑛看了，认为有新意，就交给编辑林宋瑜处理。林宋瑜给我写了一封用稿信，字写得潇洒，像男人的字，没见面之前我以为林宋瑜是男编辑。《花城》1992年第3期发我的短篇小说《幻想村庄》，之后就跟我建立了联系。我第一部长篇小说《耳光响亮》也在《花城》首发。

张英：刚工作时，你订了一些文学杂志，《世界文学》《人民文学》《文学评论》，开阔了你的眼界。

东西：那时候最亲切的人是学校的收发员，每看见她朝我走来，我就知道要么是杂志来了，要么是稿费来了，要么是谁给我写信了。总之，她带来的基本上都是好消息。身处偏远山区，能通过《世界文学》阅读到福克纳和马尔克斯的作品，这扇窗口，开得太幸运了。

张英：怎么从中学老师变成报社编辑的？

东西：我发表了些作品，得到县里重视，把我调到了宣传部编报纸。人调去了，报刊准印证还没拿到，我只好先干别的工作。其间，河池地区办了一个文学讲习班，通知我参加。班还没结束，我又调到了地区行署办，专门负责写专题片的解说词。领导为培养我，让我下乡14个月蹲点抓农业生产。蹲完点，我跟领导说我还是想写作，于是就调到河池日报社副刊部做编辑。

张英：1994年，广东作协设立青年文学院，面向全国招聘八名作家，你入选了。

东西：1994年，陈国凯老师是广东省作协主席，在他的倡议下设立了广东青年文学院，面向全国招聘青年作家。这是绝佳的学习机会，就报了名。刚好招聘负责人杨克兄比较欣赏我的写作，于是我、余华、韩东、陈染等八名作家被聘上了。广东青年文学院招聘期间，我完成了中篇小说《没有语言的生活》。小说丢进河池邮电局邮筒后，我就离开河池日报社，到广西日报社报到了。

张英：和余华做同事了，你怎么看他的小说？

东西：那时余华已名满天下，写出了《活着》，张艺谋导演根据该小说改编的电影刚上映。余华小说写得很犀利，这是我喜欢的原因之一。他看鲁迅的作品比较晚，但自带鲁迅风骨。我喜欢鲁迅的作品，初学写作时模仿过鲁迅的文风。28岁，我就能和一群出名的作家混在一起，这对我的写作信心有提振作用。也很惭愧，悄悄下决心要写出自己的代表作。

写作是为了让朋友喜欢我

张英：回头从小说的叙述来看，今天在期刊上发表的大部分小说，基本是传统现实主义，很注重讲故事。有时读多了会觉得单调，在写作上放弃了难度和挑战，放弃了艺术创新和探索。

东西：也没有那么绝望，现在年轻人的写作也有厉害的，一些作家也在继续搞创新和探索。只是对探索型写作的支持发生了变化，过去的读者都在给自己的阅读增加难度，写作者更以追求难度写作为荣。但现在，有难度的作品很难得到读者的支持。不轻松的不读，不符合口味的不读，描写苦难的不读，太扎心的不读……这样的阅读环境，自然培育出一大批口感极佳的作品。这些口感极佳的作品一窝蜂地上市，你会发现相差不多。艺术探索的空间越来越窄，敢于试错的作家越来越少。越简单越畅销，市场这只手很有力。

张英：创新、有难度的作品，会面对读者接受度的问题。你不愿重复自己，也不想重复别人，一直往前走，坚持着。

东西：无所谓了，甘蔗没有两头甜，想清楚了就好，不能每样好处都沾。得到你这样的评价，我非常高兴。回到马尔克斯那句话，"我写作是为了让我的朋友更喜欢我"。一个写作者，有几十个朋友喜欢你的作品，就值得高兴了。

张英：有一点我很好奇，在写作时的另外一个你，会盯着正在写作中的作品，导致小说被修改、重写，甚至放弃。当然，这种习惯也让你写的小说成功率很高，每一篇小说的质量有保证。这是好习惯，逼自己不断成长，不断往前走。很多人会舍不得，能发表干吗要废掉？反正有稿费赚。

东西：节制很重要，作家要爱惜自己的羽毛，以少胜多，在最好的文学杂志发最好的作品。一个人的才华是有总量的，你过度开采，废品就上升了。写得多，不如写得好。写烂了，读者会抛弃你。你认真写，它也会认真地给你回报。像《没有语言的生活》这篇中篇小说，竟给我带来不少的好处。得了鲁迅文学奖；小说改编成电影，得了东京国际电影节最佳艺术贡献奖；改成电视剧，得了"五个一工程"奖；改成舞台剧，被评为文化精品工程。鲁迅一部《阿Q正传》胜过多少长篇小说。

张英：作为改革开放后成长起来的小说家，你读了《世界文学》和许多外国作家的作品，这些阅读在写作上给了你什么样的启发？

东西：让我知道小说有千千万万种写法，小说是自由的；让我明白看问题还有另外的角度，不一样的角度；让我晓得世界上有那么多有趣的灵魂；让我明白文学是有坐标的，既有纵向的也有横向的。鲁迅犀利式的写作，福克纳细腻繁复的风格，托尔斯泰的宽广，陀思妥耶夫斯基的阴郁，还有荒诞以及意识流魔幻现实主义等。每位作家的优点，慢慢学习，使自己的写作水平不断长进。长篇小说《回响》，其心理描写得益于对世界名著的阅读。当然生活的阅读更重要，没有发自内心对生活的感想，就不会有自己的原创。阅读、认知、追求这三个方面对写作非常重要。

鲁迅对我的写作有影响

张英：从刚开始写作到现在，你一直在写此时此地此刻的中国，跟随着时代和社会的变化，选择的故事是社会现实感很强的题材，为什么？

东西：受鲁迅先生的影响。从语文课最早接触他的小说，到系统地阅读他的小说，认定如鲁迅这样的作品才是正统，才是有责任有担当的写作，所以特别想做写深刻现实的作家。鲁迅给我树立了典范。后来读郁达夫的小说，他特别真诚，毫不留情地揭自己的伤疤。他的写作勇气悄悄地影响我。再后来，我从卡夫卡的小说里读到了现实的对应，从《红与黑》《包法利夫人》《安娜·卡列尼娜》《霍乱时期的爱情》等名著读到了心理的对应，从萨特、加缪的作品里读到了思考的对应，从博尔赫斯和卡尔维诺的小说里读到了结构的妙趣。

张英：怎么看小说的功能和作用？既要讲故事，还须讲艺术性，如一面映照生活的镜子和一杯映照现实的水，却又不等于重复和记录。纯熟、高超的技艺，经过思想和智慧的提纯，小说才能飞翔和升腾，成为艺术殿堂里的优秀作品。

东西：好的写作技巧描写的现实，这种现实是经过有思考力的作家概括提炼过的现实。重点得有写作技巧，还得有思考力。只讲故事也是小说，但好的小说家会通过故事来表达思想。思想是好东西，它是抓人的秘密武器。

张英：你的小说用了很多技术，"化"得很好。你的小说，语言上有很多诗歌的养分，还有叙述的聚焦和放大细节的描写，及新闻特写的简练和概括性，这些综合作用，让你的小说有很强的真实性。

东西：诗歌我一直阅读，也写过一些。写诗是对语言最好的锤炼。我写过新闻，写过报告文学，写过歌词，写过剧本，这些看似无关的写作，最后都与写小说有关。长篇小说《篡改的命》最后一章，用了看电影的快进方法，就是用新闻式的语言，把后面的故事很快地讲完。有读者发现这章与前面的风格不统一，节奏快了。这是我有意为之。这章不属于这部小说的重点，它只是尾声。我写长篇小说《回响》时，让人物的心理活动进行对话，这在现实里是不可能发生的，但小说里可以发生。如果没有马尔克斯他们的创新，就没有魔幻现实主义小说。

张英：现实主义也有传统现实主义、荒诞现实主义、自然表现主义等多种写法。你的小说用现代小说的叙事手法，写当下的社会真实，生活的真实和荒诞结合得非常好。

东西：我受传统的、先锋的、荒诞的、魔幻的小说影响，又综合其他一些因素，有人说是"东拉西扯的先锋"。这类小说只能与一部分人产生同频共振。小说的现代性，技术的创新,很多阅读小说的人并不需要。每个作家都只能满足部分读者的需求。有作家曾说"我只讨好一部分人",这一部分人有宽有窄。有的作家一直用传统写法,还是20世纪五六十年代的方法,但同样能获得广大读者的喜欢,因为认知一致。写作是慢慢成熟与慢慢摸索的过程,每个写作者都认为自己找到了最好的写作方法。这是写作得以继续的动力,也是各种文学流派得以共生的土壤。

张英:城市的复杂性容易书写吗?写作难度远大于乡村原来那块根据地吧?

东西:一些人把沈从文笔下的乡土想象成今天中国的乡土,这不准确。中国的乡土经历了翻天覆地的变化,已没那么简单了。但相对城市,它确实又是简单的、单纯的。经历过现代小说洗礼的作家,不怕写复杂的东西,怕写简单的,觉得简单的不真实。但城市也没那么复杂,要说复杂,是人性的复杂,不是城市的复杂。

"后先锋"与"新生代"写作

张英:我对你的写作印象,是从《商品》《没有语言的生活》开始的,与20世纪90年代的"后先锋""新生代""60年代作家""晚生代"这些文学标签联系在一起。从写作的内容来看,你是早熟的人,既有"寻根文学"的余韵,文体特点和写作方法又有"先锋性"。入选那么多派别，你写作的起点很高。你在小说的文本、语言和叙事，思想和现代意识的结合做得比较好。你一直与时代和社会同步，有处理生活和时代的能力，在不断调整中往前走，这样的作家，不多见。

东西：从开始写作，我就提醒自己要写出独特性，这一点我始终坚持。我提醒自己得有扎实的内容，要有情感的投入，能感同身受。很多作家对现实的了解是一个横截面，比如不了解城市，只了解乡村，或只了解学校。我来自底层，对现实的了解和体验是垂直的，不只是横截面的，这对写作有帮助。好多独特的生活就藏在看不见的地方。

张英：作为"后先锋"作家，几十年后的今天回过头再看来时的路迹，你怎么看当时"先锋派"作家在文学上的贡献？

东西：那些作家是了不起的，比如余华、苏童、格非等人，他们对中国文学的创新发展起到了不可替代的作用。还包括没划入先锋系列的史铁生、莫言、韩少功等作家，他们都是颠覆性的创作者。他们有生活阅历，有深刻的思考，把从西方文学学到的技法移植到中国文学的土地上。我们知道，本土化的尝试和结合很困难。把西方的技艺和中国故事结合，他们是探索者。

张英：余华早期小说也有这样的问题，直到写《活着》《许三观卖血记》后，突然就解决了本土化的问题。莫言直到写《檀香刑》和《生死疲劳》后,才彻底解决这个问题。

东西:他们学西方先锋写法,获得各种流派的精髓后,就大胆地往后退。莫言说退到民间写作方法上去,用了地方戏曲的方法来写小说。余华也好,苏童、格非也好,最后都从先锋写作退回到了本土化的写作上,这是作家成熟的标志。比如拍电影,使用的摄像机可能是国外最先进的,像素很高用起来很方便,但拍的故事,一定是发生在本土的。这是鲁迅说的"拿来主义"。只要立足于从内心出发,从自己的观察出发,不管用什么技法,结出来的果实就是本土的果实。

张英:很多作家写当下的现实生活,总感觉隔着一层薄膜,不够真实,感受不到体温。

东西:大家都爱提"当下""在场""现实",这些词语很热,但写作者不能只拿这些词练口才,而是要真沉浸其中,不要回避。文学中的当下真实性和别的文体形成硬币的两面,甚至允许多种答案。热爱生活,关心生活,感受生活的热浪。我生活在少数民族地区,我的小说受民间文学的影响,只是"化"得巧妙点,包括一些方言、思维方式、比喻,都有地方民间文学的影响。无论西化或本土化或民间化,都有"化"字在里面。"化"是技术,但也可以理解为"融化"。写作要融化在现实里才会有温度。

张英:你小说里的人物,是社会中的普通人。很多人在日常生活里，大多数都是沉默的，怎么看这种选择？

东西：这是文化基因决定的。我自己就是小人物，你要我去写不了解的、特别光鲜的大人物，我也写不好，我不熟悉他们。对作家来说，不管你的写作目标放在哪类人身上，你要想能够写出好作品，关键就看你的三观——世界观、人生观、价值观。写小人物并不天然拥有道德优势，写好人物才是写作的关键。我不认为写城市里泡吧的人物、住五星级宾馆的人物、住豪宅的人物就不是好的写作，把他们写精确了同样为文学画廊增光添彩。在人物选择上，不能搞身份决定论。他们在文学面前人人平等。作家的类型不应有高下之分，如果硬要分，也是分写得好的作家和写得不那么好的作家。那些写科幻写穿越写玄幻的作家也能写出名著。

张英："评论家把你和鬼子、李冯评为"新生代小说家"，后来，又把你和凡一平、鬼子列为"广西三剑客"。

东西：我和鬼子的作品引起注意后，就和韩东、毕飞宇、朱文等人一起被归入"新生代"。"新生代"凡一平没进去，当时他在《上海文学》连续发了几篇小说，被归为"新都市小说家"。他当时喜欢写都市，现在又回去写他的上岭村了。在先锋小说之后，评论家归纳了一个"新写实"派。"新写实"之后，我们这一批60年代后期成长起来的作家越来越多，评论界不好归纳，便称之为"晚生代"或"新生代"。按代际划分作家是从"新生代"开始，后就有了"70后作家""80后作家""90后作家"和"00后作家"。"三剑客"是《南方文坛》张燕玲主编发起的命名,是为打造广西写作群体而做的实质性工作。"三剑客"中的李冯北漂到北京后,给张艺谋导演写了电影剧本《英雄》和《十面埋伏》。之后,他的小说就写得少了,和广西的关系也渐渐不那么紧密了。于是,广西的许多人就把凡一平归为"三剑客"之一。

张英:你小说的画面感很强,语言简练,人物如绘画般,精准地还原了生活。在写作上,你是花了大功夫的。

东西:强大的想象力和强大的还原力,对小说创作很重要。小说立不立得住,要让读者相信你虚构的世界和眼前的世界一样真实可信,要把读者的注意力带到小说中,让人信赖,这是写作的硬功夫。有的越写越悬浮,仿佛抽空了生活,没有真实感,原因是把自己与现实彻底隔绝了。不是物理上的隔绝,而是心理上的隔绝。我想把生活中丰沛的、水气淋漓的、鸡鸣狗叫的、香气扑鼻的东西带进小说中,再好的创意都需要烟火气,再伟大深邃的思想也需要贴切的现实。苏童说"半红不紫"最有利于写作,大意是既能被读者知道又不至于被干扰。我连"半红"都没达到,长期处于安静的写作状态中,这样的状态让人冷静。另外,我交的朋友都比较"底层",不只是象牙塔里的,他们的真实时时刻刻提醒着我写作不能飘,尤其是心性不能飘。最近我写了短篇小说《天空划过一道白线》,是接地气的作品,写我家乡的环境。我也写了夹在中美之间的姚简教授,他是我短篇小说《飞来飞去》里的主角。无论写什么题材的作品,都要做到真实性。

好作家不怕机器人代替

张英:拉丁美洲"魔幻现实主义"对你小说的影响大吗?

东西:拉丁美洲"魔幻现实主义"对中国作家的影响是全面性的,但也是概括性的,好像每个作家都可以受到它的影响,好像套在每个稍微特别一点的作家身上都合情合理。对我来说,拉丁美洲文学爆炸只是一种现象。由于这种现象太强大,吸引我去读这批小说。一看,发现小说中的某些生活与我家乡的生活相似。这样的相似性让我在写作上有了启发。但不是唯一影响,占比不到百分之三十。

张英:集中阅读你的小说时,我会跟拉美作家的小说联系起来。原因是南方和边疆,那种大自然充沛的浩荡元气,在小说的世界里像洪流一样扑面而来,元气十足。精巧的叙事、独特的故事、鲜活的人物和精准的细节,又有现实感。

东西:这是作家与故乡的关系。印第安的一位酋长说,他踩着路上的尘土就像踩着祖先的骨灰。我是在大地上赤脚走过路的人,每当写作遇到困难的时候或我觉得稍微虚一点的时候,就会想起小时候赤脚走路的情景。中国南方植物茂盛,多雨,民间文化丰富,想象力奇崛,具备产生魔幻现实主义创作的土壤，却没产生这种创作流派，或者说创作方法。当别人写成了，我们再去对照，原来这种方法早产生于民间了。

张英：东西小说的背后，隐藏着三角形，一是对生活足够了解和自身具备的还原能力；二是优秀的文本结构能力；三是现代小说独特的叙事方法。

东西：你的这个说法突然给了我启发——是不是在写作上三角形是最稳定的呢？小说家背后有这三点在支撑，能形成小说的稳定性？

张英：20世纪90年代末，我在出版社做编辑，编过一本《拉丁美洲短篇小说集》，里面有篇小说叫《河的第三条岸》，主题是等待，写生活里某些荒谬的片段，让你感到非常真实。后来，余华发表在《读书》杂志的随笔提到过这篇小说，说很喜欢。

东西：虚构出的荒诞的不真实的世界，读者却觉得它就是我们的生活。能写出这样的作品，那就是高手。现在的读者不像20世纪八九十年代的读者，在阅读上愿意追求难度。现在的读者更喜欢直白的爽文。一旦这样的阅读成为主流，我们的小说将越来越单一。

评论家李敬泽在《回响》研讨会上提出一个观点：人性的复杂性尤其需要艺术创造的复杂性来确保和照亮。说得太精辟了。20世纪八九十年代，作家不敢轻易把作品拿出来，每拿出来就要有一点新的东西。像《河的第三条岸》这样的小说，是有新东西的小说。新生代作家的身上还有先锋小说的精神，正是这种坚持保证了作品所带来的惊喜。

张英：这曾经是一种常识，现在被很多写作者遗忘了。娱乐业的发达，市场的诱惑，让很多作家丧失了创作的野心，只满足于讲平庸的故事和传奇。因为容易写，容易复制，没有挑战和困难，也容易在影视上变现。

东西：放心，还有一批作家在默默地追求有难度的写作。他们这种追求会牺牲一些读者，因为他们自己设置了小说的阅读门槛。回想当年卡夫卡，他有多少读者？他到死都没有出书。曹雪芹写《红楼梦》时是喝着稀饭写的。他们的作品出版、受欢迎都是在他们死后，但我们都得承认他们是好作家。如今媒体高度发达，人人都有发表的机会，这种机会造成了发表没有门槛。真正的写作者会为自己设置难度，会回避你提出的问题。

张英：只有这样的写作，才不会被机器人、人工智能、ChatGPT替代。

东西：人人都在担心人工智能会代替作家的写作，能代替吗？张柠教授在朋友圈发了一段感想，说让ChatGPT来中国排排会议的座次试试，它肯定排不好。目前写作者还可以乐观地面对人工智能写作，将来无法预测。

小说的"点子"很重要

张英：每次写长篇小说以前，你的准备期有多久？

东西：会持续很长时间，反反复复琢磨、构思。《回响》构思了两年多，想法早就有了。只要构思好，写作速度就会上来。构思的时间长，会让你找到一些好角度，加上你有阅读经验，会做横向对比、纵向对比，就找到了小说的差异性。差异性找到之后，小说方向定下来，你就得把它忘掉，扎扎实实地、真心实意地回到生活中来，丰沛的生活就能进入小说。小说本来是虚构的，如果你在小说里再不加点真情实感和真材实料，小说就彻底虚脱了。越是虚构的，你就越要用真材实料去填充。这个真材实料是你的生活感悟力，不是技术。你的生命感受在小说里释放，感情和体温进去了，小说自然就有了感染力，人物才鲜活，才能引发读者的共鸣。如果我们对生活的感悟已经迟钝，就进不去，所以要保持灵性和触感。

张英：你打腹稿的时间长，想明白了才动笔。有"点子"，还有控制力，当断则断，不啰唆，绝不拖泥带水。

东西：我希望写有精确的方向的小说。写小说前，我更多是思考，找小说的爆发点、触发点。我也观察，形成观念，再去生活中找故事，来完成这个想法。说白了，是主题先行。但主题往往来自有新意的角度，再去完成它。有了方向感，写作就不会漫溢，或失控。围绕焦点写，所以有股吸力在那，跑不丢。

张英：你害怕"失控"？

东西：故事大致想明白了，结构想好了，人物的作用和关系设计好了，结尾都基本清楚了，便是精准的写作了。这个过程中，可能会发生某些偏移，这种偏移我叫"叙述的走神"。如果在叙述中走神了，有时候开开小差，但要回得来。闲笔闲得好，或小差开得漂亮，对小说的叙述是有好处的，那是很好的状态。但走神不能走到无边无际，连主题都跑了，那肯定不是好小说。

张英：进入互联网时代，文学的写作难度，艺术的突破和创新，在降低，在往下走。一会寻找故事，一会寻找人物，一会寻找对话，一会寻找叙事，老在很低的维度里打转。

东西：网络文学兴起之后，作品发表变得容易。只要把自己的文章挂到网上，就会有读者。读者也分层次，现在压力那么大，在网上阅读的人都想读些轻松的文字，这可以理解。但不应该把文学的全部希望寄托在某一群人身上，要靠多样化的写作共同完成。我们有"伟大作品"产生的焦虑感，好像每年都应该有伟大的作品产生。回望历史，哪有那么多伟大的作品？最近和作家们见面，不经意聊起那些卖了百万册的畅销作品。好像畅销是写作的唯一追求。传统小说跟某些青春类图书比,即便你卖了百万册也是小数字,人家动不动卖千万册,更不能比点击率,有的点击率动不动就几亿次。不管承不承认,创作已经细分了,不能一锅煮了。比如我写《回响》时,既构思了犯罪的层层转包,又描写了人物的隐秘内心,还加入了一些心理学知识。小说这么写,读者认可。但拍成网剧播出后,观众最关心的是谁是凶手,根本不需要你的那些小心思。这是两种类别的读者,对作品的要求是完全不一样的。

张英:对写作有要求的作家,有创新突破欲望的作家,他对自己有基本要求。这就是冯唐说的艺术"金线"。

东西:我于20世纪80年代开始写作,碰到了文学的好时代。那时,我们大量地阅读和学习,专门找难啃的书来读,专门写难写的小说。有了这些"童子功",或者说形成了这种文学观念,想要放弃或改变很难,像与生俱来的基因。20世纪90年代,我们这批作家开始在文坛冒头,仿佛个个都有艺术追求,人人都设定了写作目标。我们看文学大师的创作谈、访谈,看他们的作品,遇到好的作品相互推荐,经常谈论文学的贡献,贡献人物、贡献结构、贡献语言、贡献细节,写他人之未写,讲他人之未讲。身处其中,其乐融融。写作基因就像人格形成,在成长阶段已经定型,这辈子你要写什么样的作品早就定型。当然,后来也会做调整,但基本的路数却很难调整。

长篇小说的写作

张英：你写了四部长篇小说，《耳光响亮》《后悔录》《篡改的命》和《回响》，每部小说的题材都很独特，写作手法有变化，很难得。

东西：我不想重复自己，也不想和其他作家的小说雷同，每部小说写之前，都有纠结，想有变化。前三部写年代，有一定时间长度。《耳光响亮》从1976年开始写，写我们这代人的迷茫。《后悔录》写一个人三十年的后悔，主要写情感的后悔。《篡改的命》写乡村人进城改变命运的故事。到《回响》，就全面往人的内心里写，对心理挖掘特别兴奋。小说的现实长度是一年，但心理长度是几十年。在现实长度里写心理长度，这是我的兴奋点、创新点。

张英：四部长篇小说，每部小说都有象征和核心思想关键词。

东西：《耳光响亮》是"耳光"，《篡改的命》是"篡改"，《后悔录》是"后悔"，《回响》是"怀疑"，每部小说都有核心切入点。有时候作家很得意，在每部小说的十字路口设置好了路标，在迷宫里给读者设置了陷阱。有的读者不喜欢这个，喜欢生活流的，你概括得太清晰，他反而会拒绝。作家各有各的写法，也不能全都是福克纳的写法，比如《喧哗与骚动》概括了时代的情绪；也不能全是马尔克斯的写法，比如《百年孤独》写了拉丁美洲的孤独；也不能全是卡夫卡的写法，比如他写了人的变形。也有东野圭吾的写法，也有村上春树的写法。一个作家别企图让所有的读者接受。

张英：《耳光响亮》用了很多荒诞和夸张的写法，但有很多真实的细节和精准的场景描写，让人感同身受。

东西：《耳光响亮》是成长小说，和我的心理成长经历差不多。里面用了很多荒诞、夸张的手法，我称之为"漫画式"的写作。比如杨春光设计羽毛球比赛让牛红梅流产，又为流产的孩子开了追悼会。这样的情节设计，肯定不是生活中的，但很给力，把一个男人的虚伪刻画出来了。

《耳光响亮》和传统意义上的小说相差得太远了，在有的读者眼里，几乎是在搞笑。然而我在写它时，却那么投入，有时甚至深陷其中，为人物落泪。

张英：《篡改的命》讲述一个底层的失败者，不甘心失败，想扭转家庭的命运，把希望寄托在孩子身上，有意设计了一个调包计，想方设法把自己的儿子送到了富人家庭里。这是一个虚构的小说，也是一个很传奇和很戏剧的小说，但是你把它写得以假乱真，把不可能变成了可能性，而且落在纸面上让读者相信它，这是很牛的一个功夫。

东西：不是"调包"，是"定点投放"。写调包的小说太多了，写"点定投放"的小说则没有。这是一种狡猾的人生观，也是无奈的选择。我看见乡村里那些想改变命运而又改变不了的人，像我一样年龄慢慢地变大了。他们曾经雄心勃勃，曾经充满梦想，可最后都遭遇了失败，拖着伤痕累累的身体回到农村，只能把梦想和希望寄托在他们的孩子和孙子的身上。他们这辈子没法改变了，但是他们的下一代能改变吗？少数也许能改变，但大多数还得重复父辈的生活。为了不屈服命运，汪长尺打起了小算盘，把孩子送给富人甚至是仇人，而自己却做起了"影子父亲"。他让孩子过上"寄生"的生活，很不道德却值得同情。

生活是非常丰富的，它的丰富性甚至超过了我们的虚构。有时候我感觉我的写作都不是真正的写作，而是现实的搬运工。在这样的现实面前，小说家的写作，有逻辑的写作或者有理性的写作，甚至不堪一击。但是，小说家再怎么难也要去写，不去跟生活比传奇，而是跟生活比思考。为了完成这一任务，作家也有许多手段和技法，有的是通过极端、荒诞的手法，去达到一种真实性的效果。在《篡改的命》里，为了让读者相信这个父亲能狠心把孩子送出去，所以在前面叠加了许多困难在他的人生里。为什么他有这么多困难？因为作者把千千万万个他这样的人的遭遇，叠加在他的身上了。当然在送的过程中你发现，父亲也在找自我安慰，他抱着孩子出去的时候说"只要你哭，哪怕是哼哼，我立马把你抱回去。"，但是孩子没哭还笑了。这就把责任推到孩子身上去了。如果我们用粗暴的、简单的方法去写，或者在这种必须用力的地方，耍了滑头或者用了荒诞,那读者不会信服你。

张英:《篡改的命》也是很贴地气的写作,灵感来源于湖南卫视的节目《变形计》吗?孩子和父母互换身份和家庭,彼此重新选择;农村和城市的不同阶层的家庭,互换家庭,在一起生活一段时间。

东西:《篡改的命》不是互换,是"定点投放"。汪长尺为了改变儿子的命运,决定把儿子送给富人抚养,为了儿子,甚至不惜付出自己的生命。他这是被绝望劫持了。《篡改的命》的灵感来自我对改变命运的思考。社会竞争越来越激烈,孩子从出生开始就在教育上竞争,后面上学、工作也是竞争。好的工作、高收入的岗位就那么多,在塔尖上半部的只有少数人,普通人怎么办?社会上有一种"拼爹"的不良风气,像我这样来自底层的孩子,如果不是通过写作改变命运,我真的不知道怎么跟别人"拼",或者根本就"拼"不出来。这不是某个国家特有的现象,别的国家也有。我写这部小说的时候,韩国的电影《寄生虫》还没出来。我的小说发表后,一天我正跟陈建斌导演讨论剧本,突然就看到了韩国电影《寄生虫》的新闻。当时我就惊出了一身冷汗,会不会这个电影和我的构思一样?如果是那只能说是天意,我们的文本根本不可能互相看见。后来看了电影才发现虽然主题相近,但表达的方式却完全不同。韩国的电影《寄生虫》用了空间的关系,这是很牛的构思,我喜欢。

张英：《篡改的命》这部小说，发表和出版后，围绕故事的真实性，还引发了争议。在20世纪八九十年代，农村偏远地区和小城小镇，穷苦人家送孩子，或让自己的孩子认富裕些家庭的男女当干爹干妈，企图借此转运发财，有这样的社会背景。

东西：《篡改的命》表面写城市与乡村的矛盾，核心是关注人的命运，写小人物的无奈，无法选择的选择。阶层固化、贫富悬殊会带来这样的问题，所以国家才加大了扶贫力度。你和我通过高考改变命运，再通过自身努力获得认可，这个通道是畅通的。但上不了大学的孩子，要么外出打工，要么留在乡村，没有更多的机会。这是值得研究的一个群体，也是值得关怀的群体。我和他们有一样的背景，所以对他们的生活感同身受。没有这样背景的读者，不一定能理解他们。有位记者问我，乡村真的像《篡改的命》那样吗？我回问，你到过乡村吗？他说到过农家乐。农家乐不是真正的乡村。

张英：听说余华看了这部小说，给你发了几条类似的社会新闻。城市和乡村之间，差距太大，很多城里人一辈子没去过中西部地区的大山，无法理解那种艰难贫苦。

东西：余华是对现实非常清醒的人，他懂中国的现状。很多作家写着写着，把自己写忘了，把自己写成名人后，觉得中国只剩下名人生活了。他们不知道，在广阔的大地上，有很多我们看不见的生活。余华很接地气，站在平民立场，所以能保持清醒的认知，这点特别可贵。

张英：你作品不多，质量却很高，说明你对写作有严格的要求，不满意的不拿出来发表。

东西：写作有疲劳期，疲劳时容易丧失警惕性。为缓解疲劳，我写得较慢。尤其过了 50 岁，要求会放松、会大意。我的经验是：时时刻刻保持对文学的热爱，每写一篇都把自己当成初学者。用这样的态度面对写作，能做到不放松。王蒙老师在 80 岁还能写好小说，并写得神采飞扬。除他的天然优势，也因为他是一个自我警觉者。纳博科夫 56 岁时，写出《洛丽塔》这样的作品。他们都是一辈子写作的典范。50 岁后，人的思想成熟了，只要稍虔诚，就能写出成熟度极高的小说。写作的时间如何更长久？要自己提醒自己，别把自己当成全面掌握技巧的写作者，而是刚刚初学的写作者，这招真有用。

张英：最后一个问题，你成名后，有很多机会调到北京、上海、广州工作，你都放弃了，一直待在广西，是什么缘故？

东西：害怕现实的压力，偏居一隅，南宁的生活压力相对低一点。这地方的消费水准不太高，我又熟悉。生活在这，有我的亲戚朋友，我写作的根系在这。在这里既可以看到城市生活，也可以在几小时之内回到家乡。到北上广那样的城市，生活的压力骤然增大，我不知还能不能坚持写小说。

独特是一种自醒，是边缘作家唯一的写作出路

▲ 东西、祁十木（广西民族大学文学影视创作中心作家）
● 原载《广州文艺》2023 年第 4 期

祁十木：我想就您最近的作品及"新南方写作"这个概念向您请教。作为成年后来到南方学习、生活，并尝试在这片土地上书写的年轻人，我很少在自己的写作中发现所谓的"南方痕迹"，一落笔还是会写童年与故土。那么地域影响我们的写作吗？我们应该去发现、寻找它的痕迹吗？

东西：地域对创作的影响是无形的，也是不知不觉的。你在南方生活十年，落笔时却没有"南方痕迹"，是因为你都生活在校园里，十年中有七年身边都是学生。校园的生活相对比较单纯，甚至有些封闭。但是随着生活面的拓展，相信"南方痕迹"会越来越重。地域与创作的关系不需要寻找，它自己会找上门来。给写作贴上地域标签并没有什么优先权或豁免权，写得好才是硬道理。福克纳如果不出生在南方，他也会把北方或者其他地方写好。写作不像商品，贴了标签和原产地就能

卖个好价钱。我们为了写好作品而写,而不是为了某个标签而写。你想当合唱歌手,就贴个标签;你想独唱,就不要硬贴标签。但无论你贴不贴标签,地域都会对创作产生影响。

祁十木:在一次会议中,您对青年作家如何寻找自己的"坐标"提出过一些建议。您说不仅要找到文学史的坐标,还要找到地理坐标。我一直认为这无比重要,也尝试在"坐标"之上写作,但这两年也有些怀疑,对"坐标"的迷恋似乎会加重"影响的焦虑"。这种"地理坐标"是否指的是作家要植根在某块土地上写作?如福克纳、莫言等。如果想要拓宽"坐标"的边界,该如何做?作家到底应将自己放在何处?

东西:文学史的坐标,意思是要知道文学的发展状况,知道什么样的写作在什么样的位置,有一个参照。了解这点,我们才不会盲目自大。我们今天兴奋的题材或创作方法,有些早就被前辈作家使用过了。如果不知道历史坐标,会显得肤浅。地理坐标是指一个作家要知道自己处于什么地方,知道自己的根系在哪里,即知道自己在什么地方汲取写作营养。我在这个地方汲取营养,并不说明我只能写这个地方,我也能写出人类的普遍境遇。好作家能成为地方标签,但地方标签却不能保证你能成为好作家。作品和作家的影响可以拓展,甚至全球覆盖,没有坐标,但作家生活的地方只能是一个点,这个点就是他的地理"坐标"。

祁十木：长期以来，在谈论您的作品时，无论是您还是其他人都很少提到您如何表现了桂西北、河池或天峨。当然，这并不是说我们没有读到表现地方性的细节，而是说您对现实、历史的反思，对苦难、生存、真相的荒诞化表达，都呈现出一种普遍性。这些故事在南方或北方，在中国或国外，在当下或远古都有可能发生。由此产生的问题意识，或许才是作家所要着力表达的地方。作为给当代文学留下无数关键词的作家，您是否考虑过您的作品表现出的这种特质与地方性写作之间的关系？

东西：有人放大环境，有人放大人物；有人强化风俗，有人淡化风俗；有人死磕地方性，有人死磕思想性……各有各的套路。放大环境的，比如沈从文，总在强调湘西，即使虚构的地名也能在现实中找到对应，人们在谈论他的作品时总在谈论他的地方性。而淡化风俗死磕思想的作家，由于强调了普遍性与共性，所描写的环境被忽略了。忽略不等于不存在，无论你如何隐藏都不能否认你与环境的关系。比如你来自北方，写作的最初，你在动用童年记忆，但写着写着，当你在南方生活了足够长的时间后，南方的记忆就会悄悄地潜入你的笔墨，只是你不愿意承认或者没有意识到而已。作家特质肯定有地方的影响，但不是唯一的，它还要和阅读、写作观、世界观勾兑。为什么一个中国作家会有卡夫卡的写作特质？因为他阅读了卡夫卡，他的地方题材或者说现实题材与卡夫卡的特质产生了共鸣。

祁十木：您的作品一直都很重视人物的塑造。近十年，您的两部长篇小说《篡改的命》《回响》，一些短篇小说《私了》《飞来飞去》等，更是将人物摆在了创作的首要地位，诞生了一系列如冉咚咚、汪长尺、姚简等鲜活的人物……您在《要人物，亲爱的》中，谈到小说创作中塑造人物的重要性。这种倾向是什么时候开始的？您笔下的这些人物，他们身上是否有着"南方的血统"？对人物的塑造来说，地域性能起到哪些作用？

东西：不写人物也能写出好小说，尤其是短篇小说。我之所以要强调写人物，是发现好多作家只写故事。一个独特的人物，比如阿Q，胜过千千万万的故事。写好一个人物相当于科学的发明创造，既要有思考力也要有概括力。何谓好的人物？那就是要有典型性、普遍性和启示性。如果读者能在人物身上找到共鸣、得到启发、产生共情，那这个人物就算是塑造成功了。当然也不乏从生活中照搬的人物，如果成功那就是生活的馈赠，地方的恩赐，但这样的机会不多。文学作品中大多数人物都经过作家的提炼概括，人物一旦经过作家加工，就扯不清了。因为加工工具即作家的大脑，或是进口的，或是国产的，或是中外合资的。材料重要，工具也重要。材料属于地方，工具却不只属于地方，它甚至有欧洲的、俄罗斯的配件。

祁十木：您以语言为例，认为"新南方写作"的意义更多是对新思考、新写作的呼唤。这些年您的创作中，语言变得直接、生动，但也非常驳杂，尤其是您对网络语言的使用。但您的作品中，广西地区的粤语、白话、壮话等方言却不多，这似乎与很多作家谈到地方性写作就先涉及方言写作不同。这一点您怎么看？就您而言，写作三十年后，还有一种新的文学语言存在吗？

东西：方言是地方性写作的鲜明标签，我曾经迷恋过一阵，但现在我动摇了。由于媒体的高度发达，方言很容易就变成流行语，比如一些东北方言经过小品传播后，很快就变成了流行语，成为"普通话"。现在上网的、刷手机的，无论他们在北方或是南方，嘴里常常不经意地蹦出各种方言，甚至粤语夹客家话、夹陕西话。因此，凡是精彩的语言我在写作时都使用，而不想拘泥于一地方言。在长篇小说《篡改的命》里，我让农村人说城里话，让农民说知识分子的话，让过去的人说现在的话。这种打乱有特殊效果，我想试一试。

祁十木：从《美丽的南方》（陆地）到《走向花山》（杨克），再到《没有语言的生活》《被雨淋湿的河》（鬼子），许多人认为文学桂军的创作似乎总呈现出一种不同于其他地域的特质。就您看来，是否真的存在这样一种特质，它是什么？在新的时代，新的南方创作中，广西作家与其他南方作家相比，有没有什么独特的地方？

东西：与其说这是特质，不如说作家们在创新。但所有的创新集中在一起，也就成了广西作家的特质。广西作家独特，标新立异，反抗同质化、格式化写作，这不是天生的，否则等不到我们这一代作家来突破。独特是一种自醒，是边缘作家唯一的写作出路。边缘作家如果总是跟在别人的屁股后面写作，那就永远冒不出来。所以，必须创新，必须独特。没想到，绕来绕去，连这种警醒也是拜地域所赐。

祁十木：在《南方"新"起来了》这篇文章中，您提到对"新"的南方写作来说，产生一种"新"的思考是必需的，而它的意义是宽阔无边的。对您个人而言，或者说对广西这样一个"中国文学的拉美"而言，"新"南方究竟"新"在何处？对于它的未来，您还有什么别的看法吗？

东西：我理解的"新南方写作"是一群新的南方作家在写新的南方现实。现实每天都是新的，只要取材于现实，那就是新的写作。新的南方作家即年轻的一批作家，他们有新思维、新手法。至于中老年作家们过去写出来的名篇，算不算"新南方写作"，有待达成共识。如果我们承认"新南方写作"早就开始了，只是现在才总结，那中老年作家过去写的名篇似乎也可以纳入。一切都在磨合中，探讨中。"新"是激励也是陷阱。照搬生活也是"新"的写作，因为生活每天都是新的。但我期望的"新南方写作"，最好有一点儿"新"的思考，否则我们对不起这个"新"字。

每一次写作都像爬一座高山

▲ 东西、傅小平(《文学报》记者)
● 原载《野草》2022 年第 2 期

"凡是你看过的作品,都有可能变成你的血液。"

傅小平:你的第一部长篇小说《耳光响亮》是这样开头的:"从现在开始,我倒退着行走,用后脑勺充当眼睛。"我的阅读也相仿,从你的新作《回响》开始,把后脑勺当眼睛,"倒退着"翻阅了你以前的一些作品。总体感觉,你写的多是在现实生活里不太可能发生,或者说不怎么符合常情常理的故事。相比而言,这部《回响》倒是显得特别合乎情理。你讲述的故事虽然有些离奇,情节发展过程中又有颇多反转,但大体上都在情理之中。这个虚构的案件有直接的现实依据吗?像《红与黑》《安娜·卡列尼娜》《包法利夫人》等,多少都有据可循。

东西:曾经看过一个案件报道,很简单的几百字。它给我的启发是它"击鼓传花"式的结构。我用这个结构来写案件这条线,但我写的案件是虚构的。

傅小平:你在小说里让吴文超推荐夏冰清读,并让慕达夫在课堂上讲这三部作品,想来是有用意的。

东西:这三部作品都是我喜欢的作品。去年重读,读出了从前没有读出的意味,所以把它们植入到小说里。这三部作品主线讲的都是情感故事,作者对女性的刻画非常成功,植入它们也有写作上的借鉴、暗示。

傅小平:因为你提及多部经典,孟繁华老师在《在"绝密文件"的谱系里》里说,小说首先是现实的回响,其次也是文学史的回响。如果说,这三部作品主要对应小说的情感线,《冷血》则主要对应案件线。你也多次谈到这部小说,是不是对你写《回响》有启发?

东西:写到一半的时候才想起《冷血》,因为冉咚咚的父亲冉不墨把他写的新闻报道结集出版,并冠以"非虚构",于是便想到这部"非虚构"代表作。我当然喜欢《冷血》这部作品,卡波特写得太好了。不是在《回响》中提到的每一部作品都对我的写作有影响,但又不能否认它们对我的影响,因为凡是你看过的作品都有可能变成你的血液。

傅小平:《冷血》在小说里登场,是源于慕达夫的介绍。

"卡波特是谁？"大概也是冉咚咚对他的第一次追问。虽然慕达夫夸口要将她父亲的报告文学集与《冷血》进行比较，当真比较后，却发现前者除了时间地点人名站得住脚，其他都站不住，文笔既不优美也不细腻，作品既不冷静也不客观。这是否也在一定意义上体现你对国内非虚构作品的某种观察？因为从阅读体验上看，这部小说似乎带有一点非虚构色彩。

东西：仅仅是调侃冉不墨的作品集，并不代表我对国内非虚构作品的观察。一些非虚构作品，写得非常好，一点也不像冉不墨那本用消息和报道凑成的集子。如果一部虚构小说让你这样的专家看到了非虚构的色彩，我得为自己写得真实可信暗暗高兴片刻。

傅小平：读到第一章第一节徐山川送夏冰清《草叶集》时，我还疑惑你为什么会有这一设计，读到了第三节，才知道原来徐山川初中时看电视，看到克林顿曾送了一本给莱温斯基，才有了这一效仿之举。这部小说差不多是我读过的你小说里最为严肃的一部，但这样的细节，还是透着荒诞性和反讽性。

东西：这不是反讽，而是事实，当年克林顿送给莱温斯基的诗集就是《草叶集》。当然，一部作品再规矩也有活泼的时候，一个人再严肃也有荒诞和反讽的时候，更何况荒诞和反讽是我的常规武器。

"心理推理，就是抓住人物心理的关键点来写。"

傅小平：一部小说里谈到这么多经典作品，基本上能说明作者反通俗或追求经典性。作为一位如谢有顺老师所说的"通晓现代叙事艺术的小说家"，你当然不会满足于写一部破案小说，为此在案件线之外设置了感情线，还运用了心理推理的手法。这是一种向内转、往深处掘进的写作，但眼下读者似乎偏好浅阅读。你又特别强调小说要抓住读者，这种尝试会不会有点吃力不讨好？

东西：所谓心理推理，就是抓住人物心理的关键点来写，而这个关键点与读者的纠结是重叠的，并不是漫无边际的心理活动。什么时候向内转？什么时候向外转？就像老司机打方向盘，是有节奏的。方向盘打好了，会增加作品的可读性。

傅小平：心理推理和心理描写有什么区别？小说写心理，有可能会放慢叙事节奏。展示人物心理，同时又不延缓情节推进，你是怎么处理的？

东西：心理推理是很紧凑的。心理推理和心理描写不是一回事。《尤利西斯》或《追忆逝水年华》，是一种无边无际的心理描写，一般人很难读完。但心理推理是要捕捉别人的心思，就像此刻我揣摩你想什么，有什么企图。这样的推理和揣摩充满了悬念和紧张感。

傅小平：小说涉及不少心理学知识，像"简幻症""晨昏线伤感""被爱妄想症"等专业术语，我是第一次读到。有些小说不出现这些术语，也会写到类似的情境。在你看来，多了解、研究知识，对写作者来说有何必要性？

东西：小说只写故事是近几年来的事。我们开始学习写作的年代，除了写故事还强调作者对人性与世界的探索。心理学家不是神，那些林林总总的心理学名词都是高明的心理学家推己及人后概括出来的。作家也可以做心理学家，如果足够敏感或者有发现的智慧。你点到的几个心理学术语是我的创造，不一定完美，但至少表明了我探索的勇气。这几个心理学名词都是有感而发的，我希望这个世界井井有条，变得简单，我也常常在晨昏交替之时感到伤感。

傅小平：很多人都多少有过这样的经验，你写出了一种普遍的心理感受，特别有说服力。在怎样融合这部分心理学知识上，你又有何考虑？如果把一些知识点放到注释里展开，会不会让某些地方行文更顺畅？

东西：我读小说从来不看注释，那会严重影响阅读的乐趣。这部小说中并没有过多的知识堆积，凡是有的地方，都是与人物的心理融合的。创造心理学名词是为了塑造人物，让读者对人物的心理形成有所了解，而不是为了创造名词而创造。

傅小平：涉及心理学知识的地方，你一般都是几笔带过，不过在第 38 节引用美国社会心理学家沙赫特的观点时，你有比较多的展开。

东西：引用沙赫特的心理学测试是一个小故事，约 400 字。这个心理测试的故事是为了说明曾晓玲为什么会爱上徐海涛，想要说明越身处危险的环境越容易产生爱情。

"如果小说不讲究，就跟信息和故事差不多了。"

傅小平：提到埃米尔·米歇尔·齐奥朗时，你加了"20 世纪怀疑论和虚无主义的重要思想家"的前缀。一般说话时，我们不会这么正式地言明身份，可以不用道出身份，或者把"前缀"放到注释里。

东西：说这话的人是慕达夫，他是教授，文学评论家。我和他的身份有一点重叠，有时候我说话也会把人物的身份说出来，因为这样更能说服对方。如果别的角色说这话，那就与身份不吻合了。

傅小平：读你的小说，能读出存在主义的味道。张清华老师说，你的小说有一种非常深刻的虚无性，你的写作是"伦理其表，哲理其实"，亦即你把心理问题扩展为伦理问题，并且把伦理问题上升到哲学的境界。你自己是怎么看的？你不怎么在小说里提到哲学家，或者谈哲学思想，而是把哲学化在小说里了。

东西：张清华兄的评价是抬爱，他说的虚无性是指小说里的爱情，他不仅看透了我，也看透了爱情。小说不等于哲学，但想在小说里放点想法的作家还是很多的，这也是很多作家写小说的真正动力。

傅小平：张清华还认为，你是"小说家当中的艺术家"，你不是按照生活逻辑来叙述，而是按照叙述逻辑来写作。这个说法也挺有意思。只是何谓生活逻辑，何谓叙述逻辑，这之间有什么分别？

东西：生活逻辑就是忠实于现实，叙述逻辑就是写可能的现实。所谓的荒诞派与超现实派都是叙述的逻辑，而不是拘泥于生活的逻辑。有一类作家写现实，有一类作家写可能的现实，我属于后一类。感谢张清华兄的表扬，其实我写得还不够艺术，但我争取更艺术。

傅小平：还有一种说法，认为把小说作为艺术来做，会写得精致、讲究，但太过了，又有可能使小说逼仄、狭隘。你是怎么平衡的？

东西：小说写得讲究不一定只是精致，也可能是阔大。讲究不仅仅是细节和文字，还有如何让小说接通现实与心灵，如何抓住时代的精神等。如果小说不讲究，那就跟信息和故事差不多了。

傅小平：《耳光响亮》正文前的"叙述者档案"为何缺了年龄这一栏？你是有意让其空缺吗？

东西：从叙述者的喜好就知道他的大致年龄，我不想固定一个年龄。

傅小平：可以当作一种叙述的"缺位"，也说明你要写的是可能的现实。谢有顺老师说，你有一个重要的才能，那就是为小说找寻关键词，用关键词来概括一种现实，一种人生。一般来说，你构思小说的逻辑起点是什么？

东西：有时候是一个关键词，有时候是一个人物，有时候是一个案件，有时候是一个想法，有时候是一处环境，有时候是一种伤感或感动，有时候是因为愤怒或生气……每一扇窗户都有可能吹进来灵感，但每次的起点都不一样。

傅小平：关键词思维，或者说哲理思考，确实会让小说有很强的聚合力和概括力，但也可能导致延展性不够。从这个意义上，潘凯雄老师在肯定《后悔录》的同时，说整部长篇就是写一个人三十年不断后悔的心路历程，显得有一点单调，是有道理的。《回响》因为有两条线索互相缠绕，显得立体化，复杂化了。书名本身也包含了这个意图。这个书名好就好在，让人产生颇多联想；不好就在于，指引性太强，读者的理解或解读，会自觉不自觉地围绕"回响"这个词展开。

东西：好几个读者都跟我说"回响"的指向性不明确。也许是评论家的点评和作者的解释让你对"回响"产生了指向性太强的印象。可见解读是危险的，尤其是作者自己解读。

"回响"就是一标题，每个读者有每个读者的理解。有一位细心的读者跟我说"回响"第一次出现是在描写刘青说话的时候，因为他有点结巴，所以他在重复字词的时候造成了回响效果。这样的理解也不错。过去的几部长篇小说标题的指向性更明显一些，比如"后悔""篡改"等。"后悔"是想与"忏悔"形成对应，但"篡改"就过于直白了，生怕别人看不明白似的。所以，今后我的小说标题会越来越含糊。

傅小平：这挺好的，多些空间，让读者自己去填补。就这部小说而言，读者大概会问你为何设置一个所有当事人都能找到脱罪理由的结尾。从写作技术层面看，这能把小说导向复杂和多义，也会引向更深层次的思考。当然你最终还是让冉咚咚找到了证据。相比之前三部长篇的结尾，这几乎称得上有些温暖了。这是为了让主人公，也让读者有所慰藉？

东西：也许是因为我变得宽容了，青年时激愤，现在不那么激愤了，多了些温暖。当读者看了沉重的案件和情感的纠结之后，需要松一口气，需要在紧张的气氛里吹过一丝暖风。温暖是作者对读者的补偿。

"作者的写作,既要珍惜惯性又要提防惯性。"

傅小平:上次和马原老师聊天,他说不管《兄弟》有怎样的争议,它都是余华个人的突围之作,是他了不起的突破,因为解决了阅读问题。你赞同吗?你是否从他们这批经历过所谓转型的先锋作家这里受到过一些启发?

东西:我不觉得余华的写作有阅读上的转型,余华小说的可读性并不是从《兄弟》开始的,而是从他一开始写作就有的。我被评论家划入"先锋小说"之后的"新生代作家"队伍。这支队伍的小说一入道就有烟火气,对现实天生地有亲近感,起步时就注意可读性。

傅小平:语言在你的写作中占有什么样的位置?余华谈到《篡改的命》显然不是一部语言优美的小说,说它是生活语言,又有不少书面语言的表述;说它是书面语言,又缺少书面语言的规矩。但他同时说了,你的语言给他生机勃勃的印象,这些都符合我读你小说语言的感觉。你自己怎么看?你一般怎么打磨语言?

东西:优美是语言的一个标准,准确生动也是语言的标准。优美的语言容易学,准确生动很难。我的语言一直不优美,因为优美的语言一旦过度使用就像过度化妆,脸上会掉粉。我一直以准确生动为语言的目标,现在网上就有许多生动的语言,网民的造词能力不可估量。从好作家的作品里学习语言，从民间（网上）学习语言，从思想里生发语言，放飞想象找准语言……好的语言在细致的观察中，常常在与人物共情时产生。

傅小平：《回响》在增强小说可读性上做出了可贵的尝试。

东西：传统文学的读者越来越少了，如何抓住读者？我想到推理，但又不甘于只写类型小说，便一直思考如何用类型文学的写作方法，去完成纯文学的创作。最先的困难是找不到类型小说与纯文学的契合点，后来契合点找到了，那就是心理推理。我兴奋于对人物内心的开掘，这恰恰是影视作品无法从作家手里抢过去的手艺。开始写的时候，不觉得意外，但写着写着，意外越来越多，发现写作的过程就是学习的过程，我在写作中完成了一次自我认知的升华。

傅小平：都有哪些意外？你一般会花很多心力在构思上，既然构思已经很完善，后来的写作多少都有点按部就班了。

东西：即使构思得再仔细，也会在写作过程中被推翻，有的甚至面目全非。打破构思的时候，往往是出彩的时候。构思只是一个大概框架，意外也许是对框架的改变，但更多的是不断跳出来的细节，或者情节的反转，或者人物行为以及心理的摇摆、扩充等。比如冉咚咚和慕达夫的心理活动，都不是提前构思好的，而是写到此处时才冒出来的，他们的一些想法（潜意识）连我都吓了一跳。

傅小平：可见写作的过程也是和人物一起成长的过程。有个思维定式，认为类型文学一定是读者多，纯文学就缺少读者。实际的情况却未必如此，且不说经典名著至今依然有很多读者，像《基督山伯爵》《飘》，以及阿加莎·克里斯蒂的部分小说，更是融合了两者之长，一直深受读者欢迎。所以，两者未必界限分明。在你看来，两者本质的区别在哪里？又可以怎样取长补短？

东西：类型文学有套路，更注重可读性和情节性，常常抽离现实；纯文学会有比类型文学更多的追求，比如现实意义、主题深度、人物的典型性、结构的创新、语言以及细节的讲究等。

"你塑造的每一个人物，都是你心灵的一小块。"

傅小平：你在《要人物，亲爱的》文章中，针对文学人物缺失的说法，认为当代文学缺失的不是人物，而是那些躲在心灵深处的需要我们不断勘探和挖掘的人物，那些有待我们去解剖的生活和心灵的标本。应该说，你的写作就是在弥补这种缺失，也由此塑造了冉咚咚、慕达夫这般堪为"标本"的人物。你一般是预先设定要塑造一个怎样的人物，还是在写作过程中让人物按自己的逻辑发展？

东西：主要人物事先会有轮廓，只是一个大概，但越写越清晰，越写越丰富；次要人物是在写作过程中为需要而设置。

当人物的人格形成后，作家就很难去改变他们了，他们会按照自身的逻辑成长。比如，《回响》里的冉咚咚，我多次想纠正她的过度怀疑，想把她写得可爱一点，可只要一纠正，小说就没法往下写。她就是这个性格，如果没有她的过度怀疑，整部作品就要推翻。

傅小平：就冉咚咚而言，很多读者读后都会觉得她有些强势，有些偏执，也可以说是有一种不服输的性情——你小说里的女性，像《耳光响亮》里的牛红梅、《后悔录》里的张闹等，也有这个特点。不同的是，冉咚咚的强势又有很大一部分源于她的工作。到了后来，"她能记住案件的每个细节和日期，却常常忘记她答应过的买菜，到学校接唤雨以及参加亲人们的聚会"。你展示出工作对生活的侵蚀过程，看似细水微澜，实则惊心动魄。这里的悖论在于，很难在工作与生活之间划出一道清晰的界限，所以冉咚咚自己都纳闷怎么就"活成了自己的反义词"。很少有作家像你这般集中描绘过这个过程。

东西：许多看似不相关的情绪其实都有联系，我想到一个术语——情绪传染。早上出门，你本来高高兴兴的，但因为看见某件事不高兴了，到了办公室还在不高兴，于是你的情绪就会传染给同事，同事又把情绪传染给同事，甚至家人。冉咚咚在生活中的情绪和工作有关。她长期办案，那些强奸、行凶的案件给她带来了负面情绪，也给她的侦破带来了压力，于是她要找一个情绪宣泄口。找谁呢？只能找自己最亲最爱的人慕达夫。慕达夫成了她的情绪垃圾桶，如果慕达夫不理解她不爱她，会不愿意做这个垃圾桶，慕达夫是爱她的，所以他才忍受了她的过激情绪。过去我们写正面人物都是写他们做了哪些事，而这次我更多的是写他们承担了什么。

傅小平：实际上，冉咚咚破案的过程，就是一个心理推理，或者勘探人心的过程。基本上每个人物此时的表现都可以从他们彼时的成长环境找到渊源。比如徐山川的妻子沈小迎，彼时明明是自尊心强的人，此时却表现得很佛系。那一定是掩盖了什么，事实也证明就是如此。这样推断大体没错，但会不会也忽略了某种偶发的、非理性的因素？当然，你写易春阳杀人过程时强调了这种因素。

东西：这个案件有多人参与，到了易春阳这一环必须发生变奏。刘青找他是偶然相遇，并不是建立在信任的基础上。当你找不到解决问题的办法时，也会把希望寄托在偶然上。但推理不能过多建立在偶然上，否则读者会不信。我写的荒诞小说，就没有多少读者喜欢。而这一部《回响》想要跟读者和解，就得加强逻辑性。

傅小平：慕达夫虽然名为"达夫"，却不是郁达夫再世，所以只是心有所"慕"。或许是作家本身了解文人，便于做自我剖析，也或许是文人本就比较复杂多面，所以文人的形象大多不怎么正面。你也借慕达夫之口说："中国文人几千年来虚伪者居多，要是连自己的内心都不敢挖开，那又何谈去挖所谓的国民性？"但慕达夫这个人物形象，却是挺正面的。此外，他还是个学者或评论家。这是出于人物塑造的需要，还是现实生活中评论家确实给你留下比较好的形象？

东西：我对职业没有偏见，之所以给慕达夫这个身份是因为他要有渊博的知识，而且还要有见识，有高度的认知能力。只有具备这些素质，他才可能忍受妻子过度的质疑。他以宽容对待妻子，是因为他爱她理解她，知道她患了焦虑症。如果明知妻子患了焦虑症，还不停地怼她，不停地跟她讲道理，那就是残忍。所以，爱也有多种方式了。包括冉咚咚对慕达夫质疑，也是爱的变形。潜意识里她是在跟慕达夫撒娇，这一点也许冉咚咚自己都没有意识到，但慕达夫意识到了。

傅小平：你塑造这个人物，有没有受托尔斯泰笔下卡列宁的影响？从他身上能看出卡列宁的影子，但似乎少了点卡列宁式的平庸。

东西：这个人物和卡列宁不是一回事，卡列宁是在控制安娜，慕达夫是完全迁就冉咚咚。慕达夫在分担冉咚咚的心理负担，是在帮助她克服心理困难。写夫妻共同克服心理困难是我的一次尝试。慕达夫的好，是为了衬托冉咚咚的难。

傅小平：慕达夫开始追求冉咚咚时，为了讨好未来的岳父，可谓"不择手段"。不是说他在场面上说漂亮话，而是他毕竟不按本心，违反自己的原则，写了吹捧文章，这在学术上多少有点忌讳。我一开始觉得这个人物油滑世故，但后来，他给我的感觉越来越正面，而且还挺有原则的。这种转换又很自然，这个人物前后是怎么统一起来的？

东西：慕达夫追求冉咚咚时，只是耍了一点嘴皮子和玩了一点小聪明，并不伤及他的整体形象。他也不是完人，也有庸俗的一面，也有浪漫的企图。当他和冉咚咚的关系越来越紧张，当他经历了被怀疑被心理折磨后，他终于知道日常即浪漫，过好平凡的生活才是真英雄。

傅小平：你不怎么写文化人，只有《耳光响亮》里给牛红梅写了"康桥体"情诗的杨春光，勉强算一个。所以，慕达夫这个形象，对你来说也可以说是一次突破。这个人物代入感很强，比如他写《论贝贞小说的缠绕叙事》，就像是你写了一遍《论东西小说的缠绕叙事》。他虽然不是个作家，但给我感觉是融入了你的一些观察、体验和思考。"每敲出一个字就反感这个字，好像反感是写作的全部意义"，这样的经验，你自己也有过吧？琢磨事情时，在书房里走七步，再难的事情都能在七步之内想清楚，也或许是你自己的习惯吧？

东西：人物是作者生产出来的，他们的身上肯定有作者的基因。我以前说过，你塑造的每一个人物都是你心灵的一小块。慕达夫与我有些许重叠，他的见识和态度当然也会置入我的见识和态度。别的人物，也都会放入作者的情感和体验，甚至是自己经历的细节和说过的话。

傅小平：你在创作履历里透露，你在 1997 年 6 月利用业余时间，在一间陋室里唱着《国际歌》完成了《耳光响亮》。这是个很有意思的场景。

东西：那时候的我就像崔健的一首歌名——《一无所有》。在写作上我也认为自己一无所有，于是常常听一些摇滚，舒缓自己的情绪。《国际歌》对我影响最大的歌词是：要创造人类的幸福，全靠我们自己。

傅小平：人与人之间的隔阂与交流，怀疑与信任，在你很多小说里都一以贯之。"疚爱"这个词本身，也包含了这样一种张力。这个概念有心理学依据吗？

在临近结尾处，你让冉咚咚自省："她没想到由内疚产生的'疚爱'会这么强大，就像吴文超的父母因内疚而想安排他逃跑，卜之兰因内疚而重新联系刘青，刘青因内疚而投案自首，易春阳因内疚而想要给夏冰清的父母磕头。"

东西：我是一个内疚感特别强的人，只要内疚就设法弥补，于是就想到"疚爱"这个词，一度还想把它当小说标题，但担心指向性太强就放弃了。"疚爱"这个概念没有心理学依据，但它是我的深刻体会。我想，这个词有可能会被认可，运气好的话也许能成为心理学名词。

傅小平：你创造的几个词，都很有现实性，也很有概括力。你的四部长篇都设置了开放式结尾，这应该是现代意识和先锋意识的体现。这部小说看完后，我想了一下，小说故事如果继续，会怎么发展？案件线，我大致能想到徐山川会被追责。感情线呢，冉咚咚都产生"疚爱"了，她是幡然醒悟回到家庭，还是和邵天伟"纠缠"下去？慕达夫分析说，冉咚咚之所以对他百般挑剔，是因为她心里已经有了邵天伟。这也为冉咚咚的感情归宿，增加了悬念。

东西：我也不知道他们的结局，因为我也纠结。但既然冉咚咚拒绝了邵天伟，那就给她与慕达夫的关系留下了想象的空间。

傅小平：我之所以这样问，是因为你在《篡改的命》后记里说："我喜欢十年一部长篇小说的节奏，原因是我需要这么一个时段，让上一部长篇小说得以生长，而不想在它出生后不久，就用自己的新长篇把它淹没。"这句话看似为自己慢节奏写作找"理由"，但也可以理解为，一部长篇小说完成后的沉淀对你很重要。这次带有转型性的写作给你带来了什么？

东西：我完成了一次自我认知，写完这部小说，我发现了好些我过去没有意识到的潜意识。这是一个深广的领域，值得好好探索。因此，我的下一部长篇将会在这方面拓展，会有崭新的写法。

"写小说需要滋养,就像养一棵树或一片植物。"

傅小平:对你来说,从乡村到城市,会不会也是一次重要的转型?你是怎么完成这次转型的?尤其是怎样开始对城市有归属感?

东西:题材从乡村写到城市,是不是可以称为题材转移?但我在写作方法上却是一以贯之的。《篡改的命》写城乡两极,《回响》在侦破的过程中,也追到乡村。其实,我一直在关注城与乡,只不过乡的篇幅在减少,但它给城市的冲击力还是挺大的。也许这是一种写作策略,是潜意识的选择,仿佛在脸上涂了厚厚的粉,一旦卸妆就会看见底色,当底色亮出来时惊讶也会随之而来。

傅小平:相比那些在乡村长大,有乡土情结,也重在写乡村题材,以至于偶尔涉足城市题材也脱不了乡土气息的作家,你应该说是比较早认识到应该写城市、城镇的作家。从你的小说实践上看,也确实是比较早就做出调整了。

东西:这种调整是因为生活地的迁移,也是为了扬自己的长避自己的短。我写作的最早冲动是想写乡土的美、善良以及一些根性的东西。那时父母还活着,村里还有许多年轻人,他们劳动和娱乐的身影现在回忆起来心里都是满满的感动。所以,在我创作的早期,我写了《幻想村庄》《商品》《没有语言的生活》《目光愈拉愈长》等。但是,父母去世后,我回乡的次数越来越少，我发现我对乡村的理解出现了偏差。乡土已不是我想象的乡土，更不是沈从文笔下的"边城"，它发生了翻天覆地的变化。

傅小平：所以到了你这一代作家，就很难像莫言他们那样，建立一个自己的"高密东北乡"了。

东西：我曾有过建立文学根据地的雄心壮志，也曾以乡土的代言人自居，可是一个一年只回乡几天的人，还有为乡土代言的资格吗？没有了，就连他对乡土的理解都可能是肤浅的。我是带着乡土写作的简单模式进入城市的，当简单遇到复杂，稳定遇到流动，传统遇到荒诞，系统遇到碎片，其冲击力相当大。慢慢地，我被复杂、流动、荒诞和碎片的题材裹挟，并被打破格式化的写作吸引。但无论我的写作题材如何城镇化，我心中始终有一个参照，那就是乡土，即传统坐标。我不想把所有问题都装进乡土这个筐里，这不是一个流动人口或者一直在路上的作家的真实写照，明明是城市的问题，却故意搬到乡土里去说，那样做是对乡土的亵渎。我想让乡土的归乡土，城市的归城市，城乡交织的归城乡交织。

傅小平：无论你写城市，还是写乡村，你实际上写的都是广西，放在全国范围内看，就或许会被归入"边地写作"。你认同这个概念吗？大概也有人会说，你的写作之所以能独具风格，也多少受惠于边地带来的异质性经验。

东西：我们不能说鲁迅只写浙江，更不能说阿Q是浙江人。我相信鲁迅的那句话：嘴在浙江，脸在北京，衣服在山西，是一个拼凑起来的角色。以此类推，我也可以说我写的不仅仅是广西，当然地理环境是，但人物就不一定局限于广西了。广西给了我民间文化的滋养，给了我地理上的定位，但同时我也阅读外省作家的作品，阅读全世界作家的作品，阅读对写作的影响是巨大的。凡是用汉语写作的作家，其写作营养的构成都很丰富。身处广西，对写作的最大益处就是安静，避免了一些不必要的浮躁情绪。

傅小平：你的写作之所以别具一格，还因为你写影视剧本。有同类经验的作家，强调编剧对自己无论在写作心态，还是在作品气质上，都产生比较多的负面影响。所以他们是一面从中获利，一面又牢骚满腹。福克纳在传记中也抱怨过他在好莱坞编剧的经历，但他也承认自己从影视里吸取了有益的滋养。编剧经验对你的小说写作也产生过好的影响吧？不过，除了情节上有较多反转设计之外，你的小说看不出太多影视的痕迹。

东西：如果你热爱小说，并对小说有坚定的信念，那么即使你像雷蒙德·卡佛那样去当洗衣工、割草工或者去做任何其他工作，都不会影响你的小说创作。一个写剧本的人回头写小说的难度，和一个去当搬运工去写报告文学的人回头写小说的难度是一样的。这是两种工作，分清楚就好了。写剧本的一些技巧，也会反过来帮助你写出更好的小说。现在我看某些小说，几眼下来就能发现节奏不对，逻辑不对。某些短篇小说还没写到两千字，已经出场了十几个人物，深觉技巧欠缺，而写剧本首先就得解决这些问题。那些称写剧本写坏了感觉的人，也许一开始就对小说的热爱没那么坚定，他回不来不是因为手艺坏了，而是因为小说的稿费太低。假如小说的稿费超过剧本的稿费，估计百分之九十的作家都会说写剧本没有写小说的感觉。

傅小平：《回响》由你自己操刀改编成网剧，这和写小说相比有什么不同的经验？

东西：小说有大量的心理推理，写剧本就不可能把大段的心理推理说出来，而是要变成画面，变成人物的行动。小说可以奇数章写案件，偶数章写情感，可以玩结构，写剧本就得打乱，不能玩结构，否则观众会逃跑的。影视剧首先要考虑如何吸引观众，小说可以不考虑这个。影视剧对台词要求非常高，这会反作用于小说中写好对话。

傅小平：你怎样调整状态？譬如你写了部网剧，要是马上让你再次进入写小说的状态，会有难度吧？你多半会给自己一个比较长的缓冲期，这会不会也是你创作量不大的一个原因？

东西：即使不写剧本，我也不会马上进入下一部长篇小说的创作。写一部长篇小说于我是一次消耗，会有一种被掏空的感觉，因此，我要靠阅读和生活来弥补。一部接一部无缝连接，那就像写作机器。写小说需要滋养，就像养一棵树或一片植物，养茂盛了我才会开写。

傅小平：除剧本外，你很少涉足小说之外的体裁，散文、诗歌都很少写。不过《耳光响亮》里的那首"康桥体"，写得挺有意思的。是不是从这部长篇之后，你连中短篇小说都很少写了？你现在给我的感觉是长篇小说作家，这是有意识地选择吗？这个创作轨迹是怎么发生的？是不是越到后来，越感觉中短篇已经不能容纳你想表达的感知和经验了？

东西：散文、诗歌、中短篇小说都在写，但近些年确实写得少了。原因是我在写长篇小说时不能分心去写别的作品，我太专心于长篇小说了，而长篇小说一写就是几年，因此就没法写其他品种。但我会在这部长篇小说与下部长篇小说的间隙写中短篇小说和散文。写作起步阶段，我沉迷于中短篇的写作，但写到这个阶段，却越来越迷恋长篇小说了。原因是这种文体更能考验个人的能力和毅力，更有可能被广大的读者接受。如果说短篇是一花一世界，那长篇就是一个庞大的系统。当你从单兵作战到指挥千军万马时，那种感觉是完全不一样的。

傅小平：作家的写作理念各有不同，说到写长篇写短篇有何不同，却大都相近。实际上除长篇外，你基本上写的是短篇。即使是中篇，也是短中篇。

东西：即便是长篇小说，我也不会写得太长，所以中篇小说也不会写成长中篇。如果我能写成长中篇的小说，那一定会是长篇小说的题材。短篇小说我也写得不长，像《我们的父亲》《私了》都是六千字。小说以篇计，比较科学。我认为短篇小说是一气呵成和一口气读完的小说，而中篇小说就相当于长篇小说中的一章，是看一部电影的长度。长篇小说则可以无限地长，看自己的气力和需求。经现代小说熏陶过的作者，对文字有讲究和苛求的作者，一般不会把小说写得太长。我追求小说的细节密度和信息密度。

傅小平：你的小说虽然有哲理性的一面，但又强调感官印象。你写过一篇《目光愈拉愈长》，我觉得，你也是"耳朵愈拉愈长"。你从几近沉默的《没有语言的生活》开始，写到《耳光响亮》，又经由近乎独白的《后悔录》，到包含了众多声音的《回响》。你确实比较多地诉诸感官，尤其是诉诸听觉。为何？

东西：也许这是对童年生活的一种反弹。我出生在一个相对封闭的山村，那里的美没人传达，外界不知道，而外面的信息又到达不了那个地方，于是我深感无助。《没有语言的生活》就是写这么一种状态。我对语言是崇敬的，就像村民敬惜字纸。对语言和文字有敬畏感，是因为渴望表达。当你在童年缺少话语权后，就会珍惜后来的话语权，对文字和语言就有了更高的要求。

傅小平：读完你几部长篇的后记，我就感慨如你这般强调写作困难的作家，并不多见。好像每次写小说对你来说都是障碍重重。问题是即使有那么多困难和障碍，即使编剧的身份给了你不写或少写小说的理由，你还是乐此不疲地写着，何以如此？你又是怎么克服困难和障碍的？

东西：写作中遇到困难是好事，因为困难越大越有可能写出好作品，翻过一座高山和如履平地是不一样的。我愿意每一次写作都像爬一座高山，既气喘吁吁、挥汗如雨，又享受登高望远的乐趣。马尔克斯说过写作既是一大乐事也是一件苦差，刚开始探索写作奥秘时心情是欣喜愉快的，但随着时间推移，写作就变成了苦差。按说掌握了写作技巧之后，写作理应变得越来越容易，可每一个成熟的作家反而觉得越写越难。除了责任心越来越重之外，也有超越自我超越同类题材的压力。我甚至想，感觉写作越来越容易的作家，很可能还停留在写作的初级阶段。

阅读犹如呼吸

▲ 东西、舒晋瑜（《中华读书报》记者）
● 原载《中华读书报》2021 年 8 月 18 日

舒晋瑜：您童年时代最喜欢的书有哪些？有童年偶像吗？

东西：童年最喜欢的书是大自然。当时在乡下，根本没课外书读，整天浸泡在大自然里，与牛与树与狗与月亮星星为伴。童年没有偶像，如果硬找，那就是班里打架最狠的那位，因为如果自己能打就没人敢欺负你。当时对前途一片迷茫，能健康地活下来是首要任务，能不能上学都无关紧要。

舒晋瑜：您在学生时代读过的书中，最好的是哪一本？
东西：《莫泊桑中短篇小说选》。

舒晋瑜：您会为学生推荐书吗？如果有，会推荐什么书？
东西：不推荐，因为推荐了他们也不读。现在的学生大部分已经不读传统小说了，包括一些硕士生，他们写论文提到的书都不读，只在网上看梗概或者别人的评论。有个别勤奋的学生，私下里会推荐，但也不常推荐，因为我知道每一代人有每一代人的阅读趣味。

舒晋瑜：您曾经用"呼吸"形容阅读的重要性，特别生动准确。

东西："阅读犹如呼吸"，是某天早晨我醒来时脱口而出的比喻。因为有呼吸，我还活着；因为有阅读，我还活着。就这么简单。我有阅读饥渴症，生怕自己所学会被淘汰，生怕脑袋里生锈、心灵蒙尘，所以只要一有时间就会阅读，仿佛计算机软件自动升级。不阅读我就会全身不自在，似乎缺少了维生素。有人做过测试，阅读比喝茶更有放松效果，它能让你的情绪瞬间平静，能让你的血压维稳。

舒晋瑜：那么您本人觉得有什么"药效"吗？能否谈谈您的阅读习惯？

东西：一本好书能释放你的压力，打发你的无聊时光，当然也有可能打开你的智慧之门，滋养你的心灵。阅读扩充我们的认知，丰富我们的想象，补充我们的情感，优化我们的语言，它不仅培养我们的细节能力，还锻炼我们的结构能力以及提高我们的写作能力……阅读有百利而无一害。我从未听说阅读是因为别人劝告，阅读者不需提醒，他们早已在阅读中找到乐趣、知识、思想、才华、智慧和寄托。这种美妙我甚至都不想转达,就像我不想转达你必须呼吸。别相信优质的人格是天生的,他们之所以优质是因为在背地里疯狂地阅读。

我的阅读习惯是,每次抓到新书都会翻翻,能吸引我的就一口气读下去,不能吸引我的就放到一边。这是没有功利的阅读,特别地享受。这种阅读不会立刻见效,却能进入你的血液,塑造你、提升你、活跃你。

舒晋瑜:最近您在读什么?

东西:在重读米洛拉德·帕维奇的《哈扎尔辞典》。当年是草草地看,非常佩服他创造了词典体小说。阅读中,发现除了词典体这种创造,作家还有把小说当圣经来写的野心。该小说发表于1984年,我认为文法上有《百年孤独》的影子。《哈扎尔辞典》已经成为新经典小说,这样的作品对我来说,有激励作用。另外还读了耶茨的《革命之路》,这部小说再一次印证了我对长篇小说的看法。作者把内心冲突写得一波三折,将生活琐事上升为哲学,我很喜欢。

舒晋瑜:有没有反复阅读的书?

东西:我的书柜最重要的位置摆着《鲁迅全集》、《卡夫卡全集》、《萨特文集》、福克纳作品集、加缪作品集、托尔斯泰和陀思妥耶夫斯基全集等文学作品,我写作的间隙常常抬头看看它们。像《鲁迅全集》,顺便翻出哪一页,都不会失望,他犀利的文笔、看问题的角度,都令我佩服;卡夫卡则像鲁迅一样冷,但比鲁迅荒诞,不是喜欢绝望,而是想从绝望中看到希望。

舒晋瑜:您在访谈中多次谈到司汤达的《红与黑》,托尔斯泰的《安娜·卡列尼娜》,福楼拜的《包法利夫人》。为什么?

东西:二三十岁时,喜欢阅读新潮的作品、先锋的作品,学到一些标新立异,但现在却喜欢读传统的经典的作品,而且喜欢重读,重读才发现当年我没有把它们读懂。写作时,感觉自己的感觉没当年敏感了,但阅读时却发现自己越来越敏感了,过去不注意的字词或者细节或者人物情绪,现在一眼就抓得住。是因为不同时期阅读会有不同的关注点吗?反正是常读常新。过去舍得浪费时间,可以乱读,现在懂得节约时间,所以不乱读。

舒晋瑜:您认为哪些作品对于掌握写作技术有所帮助?前提是写作有技法可循的话。

东西:有专门谈写作技能的书,比如怎样确定主题,怎样描写风景,怎样结构作品,怎样优化语言,等等。基本技能容易学,但脱颖而出的技能不能只靠几本书、十几本书。比如,我们读托尔斯泰的《安娜·卡列尼娜》,那也仅仅是学会了怎样写安娜·卡列尼娜,而学不会如何写《回响》里的女主人公冉咚咚。你得从许多小说或者人生经验里学习写小说,得从好多诗歌或人生感悟里学会写诗歌。别指望读完某些书你就能成作家,这不可能。

舒晋瑜:写作即使有技法可循,即使同一个老师教导,各人所得也有高下。我想除了个人天赋、悟性和经验,读书方法也很重要。您能谈谈自己的阅读方法吗?

东西:开始是乱读,好读的,有特点的,不好读的,都读。然后,读我喜欢的作家推荐的作品,寻找营养的源头。之后,读世界观相近的作家作品,读对这个世界有近似看法的作家作品。当你对这个世界有明确的看法时,你就知道你想阅读什么了。为写作准备,我会读同类题材的作品,学习这类题材的专业知识。还有一种读法,那就是把你喜欢的作家作品全部读完,包括他的日记、创作谈、创作年表、传记、评论他作品的文章等。

舒晋瑜:您的枕边书有哪些?

东西:现在枕头边不放书了,阅读和写作都在书桌上完成,躺到床上就是安心睡觉。我的书桌上,现在放着《罪与罚》和《红与黑》《安娜·卡列尼娜》《冷血》《生命中不能承受之轻》。这是前段时间重读的,还没有整理。下一步我想重读《午夜之子》和《撒旦诗篇》。

舒晋瑜:您最理想的阅读体验是怎样的?

东西：去年重读《红与黑》，真是美妙无比，特别是司汤达对人物的心理描写，准确、细腻、通透。司汤达竟然在一百多年前掌握了这么先进的写作技巧，以至于我都怀疑文学是进步了还是退步了。这本书我是在写作的间隙重读的，就在书房里。

舒晋瑜：您最喜欢哪一类文学类型？

东西：我喜欢标新立异的作品，特别有创意的作品。比如卡夫卡把人变成甲虫，马尔克斯把现实当神话来讲，福克纳语言的缠绕，加缪发现"局外人"，萨特的理性和冷峻，卡尔维诺写人分成两半或者只在树上生活，贝克特的荒诞，川端康成的耻感，博尔赫斯的精巧，米兰·昆德拉的留白等，当然也喜欢托尔斯泰的宽广与扎实，陀思妥耶夫斯基的深刻和阴郁……

舒晋瑜：如果您可以带三本书到无人岛，您会选哪三本？

东西：不知道，读过的肯定不会带了，一定是带还没有阅读过的。而且还要看在岛上待多久，如果是待一年以上，任何三本书都满足不了我的阅读欲望。

越内疚,越爱

▲ 东西、舒晋瑜(《中华读书报》记者)
● 原载《中华读书报》2021 年 7 月 28 日

作家东西给我的印象,向来都是散淡闲适、幽默轻松,可是读其作品,却如在暗夜的密林中穿梭,那些"呼啦啦喷涌"而出的"坚实的细节",使他的小说"全程紧绷,全程高能,构成了密不透风和高潮迭起的打击力"(韩少功语)。

这种感觉在他的新书《回响》中尤其突出。从某种意义上,这是一部正能量作品。小说塑造了一位女警察冉咚咚,她以其敏感、细腻和多疑的缜密思维,一而再地战胜案件的迷局、战胜丈夫出轨的迷局,同时也战胜巨大的心理压力,最终以超人的智慧和精神力量将凶手绳之以法,而感情的迷局,答案交给了读者。

评论家张清华赞赏东西自觉地处理广泛、复杂、深刻命题的写作姿态。他用"推理其外、心理其内,伦理其表、哲理其实"来概括《回响》,认为它在艺术上经得起严格挑剔。而最早评论东西小说的中国作协副主席李敬泽,以唐代诗人李冶的名诗《八至》诠释《回响》。他甚至觉得,李冶的"至近至远东西,至深至浅清溪。至高至明日月,至亲至疏夫妻",冥冥之中是为千百年之后的作家东西而写,也是为《回响》注解。因为这部作品就是"至近至远"的东西所写的"至亲至疏"的夫妻。

侦探·心理

舒晋瑜:小说的名字《回响》,是不是有多重含义?

东西:主人公的名字原来叫"冉冬冬"。确定了小说名字为《回响》之后,我改成了"冉咚咚"。标题《回响》是四个"口",强调声音,"咚咚"这两个字也是声音,甚至是回声。在现实中看到的事情,在心理上产生什么样的反应,其实也是一种回响。这次我转为向内写,发现丰富的浩瀚的"回响"。

舒晋瑜:既要有能力设置出有难度有魅力的谜题,更要提供有说服力的解谜过程。《回响》融合了心理和侦探两条线索,应该是您最具挑战性的写作吧?

东西:之所以愿意接受挑战,是因为纯文学的阅读面临萎缩,我想尝试一下怎样才能吸引更多的年轻读者。我尝试挖掘人物的心理,心理就是现实生活的回响。

舒晋瑜：信任与怀疑依然是这部小说的主题之一。产生这样的写作念头，有什么契机吗？按您以往的写作速度，《回响》的出版相对来说比较快。

东西：人与人之间、夫妻之间、朋友之间，我不知道是什么原因，信任度在下降，骗子特别多，我想问个究竟。落实到家庭爱情，出轨不重要，这类小说太多了；我要问的是爱情，冉咚咚问得最多的是"你爱不爱我"。为什么问？是因为今天爱的浓度被稀释了，爱被捆绑了很多东西。主人公希望维护爱情，所以她在追问、在寻找，这一点特别珍贵。

以前是写得太慢了，十年一部，玩着写。现在年龄大了些，思考和写作手法都趋向于成熟了，更懂得节约时间。

理想·疚爱

舒晋瑜：您怎么看冉咚咚这个人物？有些读者感觉她有些偏执。

东西：都觉得冉咚咚有些病态，但细究起来她是执着的、可爱的。她是爱情的理想主义者——这样的人有错吗？我们能苛责这样的人吗？何况她丈夫的行为举止充满了疑点。这使她对美好的爱情产生了怀疑，行动反射防御过当，扩大化了。她的反应不是无根之木、无源之水，而是现实刺激的结果。任何一个心灵反应都是有来源的。经过这种考验之后，相信她和慕达夫的感情会更美好。

舒晋瑜：慕达夫的身份是学者兼评论家，感觉您写起来特别游刃有余，但凡有他出现的辩论都特别有趣，而且很有知识含量和信息量。他和作家之间的关系，包括他的评论作品，既有准确中肯，也有敷衍，似乎是当下某些评论家和作家的关系的真实写照？

东西：本来我想把慕达夫写成作家，但我觉得作家没那么好，就把他的身份变成文学系教授了。我在塑造一位好的教授、好的评论家。慕达夫的知识很专业，他在处理感情纠纷时处理得很好，他看透了人性，是非常通达的人，知道怎么爱，也受得了委屈，有包容的胸怀。我们在生活中看到的渣男太多了，就会希望在文学作品里找一个理想的好男人。小说的最后还是有希望的，写作还是要看到光明，看到美好。我写的时候就是有一种理想主义的。

舒晋瑜："她没想到由内疚产生的'疚爱'会这么强大，就像吴文超的父母因内疚而想安排他逃跑，卜之兰因内疚而重新联系刘青，刘青因内疚而投案自首，易春阳因内疚而想要给夏冰清的父母磕头"，小说也给了冉咚咚因内疚而产生的"疚爱"。在看这部小说之前，我从来没有认真思考过这样一种因内疚产生的爱。

东西："疚爱"是我自创的。写作时体会主人公的情感，也结合自己的性格特点和生活经历。任何人无法避免做错事情，我是一个特别有内疚感的人，做错或说错什么，会觉得对不起别人。主人公有疚爱，生活中我们也会碰到这种情况：越内疚，越想弥补。每个人心里都有，只是没有注意，没有专门研究，内疚能产生非常深的爱。

教育·人性

舒晋瑜：2015 年出版的长篇小说《篡改的命》，也关注了中国传统式的教育，即上一辈做不到的事情，会把希望寄托到下一辈上。今天的《回响》，则写了父母希望子女过上"幸福"的生活。这种"变形"的爱，大概只有中国的父母才能做到。无论是《篡改的命》还是《回响》，总体上来说都是非常"中国式"的作品。

东西：当下我们对孩子的要求太过苛刻，太过格式化，以至于很多年轻人连孩子都不敢生了。家庭对孩子的影响在小说中形成了对比。年轻人的心灵的扭曲和教育方式有很大关系。慕达夫的父母、夏冰清的父母、刘青的父母、吴文超的父母都希望孩子重复父辈的生活，或接近父辈的生活。如果说中国的父母有宗教的话，那孩子就是他们的宗教。他们把所有的希望都寄托在孩子身上，包括把自己想得到而又没能得到的人生也放到孩子的肩头。

舒晋瑜：小说在写作形式上也很有实验特色。除了比较明显的双线结构外，还有书信与小说的结合，增加了叙事的繁复和情节冲突，这种戏中戏的结构从叙述风格来说也别具一格。

东西：侦探和感情两条线索分别以奇数章、偶数章叙述，奇数章和偶数章在第 9 章交织在一起，第 9 章我还用奇数节和偶数节来呼应奇数章和偶数章的内容。这里隐藏着一种阅读方法，如果只想看案件，可以选择 1、3、5、7、9 章来看；如果只想看感情，可以选择 2、4、6、8、9 章来看，但是这么看损耗会比较大，貌似可以分开的东西，暗中会互相影响。

在心理描写方面，也有一些尝试。冉咚咚在问嫌犯和丈夫时会跳出很多心理活动，她会在说话的过程中产生疑问：我为什么说这种话？我不想说出来的话为什么说了出来？我为什么活成了自己的反义词？这种心理活动和对话交织，也是一种探索。我尝试尽量把当时的人物状态更准确、更立体地展现出来。

舒晋瑜：中山大学中文系教授谢有顺认为您对人性的分析、探求、认知，以及对人性残存之希望的守护，在中国当代作家中不仅独树一帜，而且也是走得最深、最远的几个作家之一。

东西：把人性写得越复杂，越证明我想单纯，我特别想简单，想一锤定音。并不是说自己是什么就写什么，作家喜欢写自己的反面，或者非自我，离自己越远的人物作家越感兴趣，就像演员愿意挑战离自己远的角色。如果一个写作者接纳了他不想接纳的，理解了他不想理解的，那可能才是真正的成熟。

技艺·网络

舒晋瑜：影响您写作的因素有哪些？

东西：第一，我保持喜欢，因为喜欢这个职业，所以我不停地要用作品来证明我是作家，要不停地写下去，坚持下去；第二，我保持敏感，对现实和人性有及时的反应；第三，我仍然有表达的欲望，有组装汉语的爱好，保留着渴望作品发表和出版的原动力……既然有这些保留，心灵就会召唤，迫使我写下去。看到好的作品，我总希望自己也能写出好作品，希望去追赶甚至想超越。

负面的影响也有，那就是写作中会有各种干扰。当你写到生活能够混下去之后，就想"躺赢"。人都是趋利避害的，本能地就会选择不累的途径。写作中遇到翻不过去的坎，或者构思不够完美的时候，也会影响情绪。为什么我写得慢，写完一段总是反复看？那是因为遇到困难让自己产生了怀疑，产生了不自信。但是，战胜困难之后会有巨大的快乐，会有写作的幸福感。

舒晋瑜：您是怎样克服这种障碍的？

东西：需要专心，专注才会有奇思妙想。每个作家都会面临不专注的问题，特别是具备了写作技能、年纪增长之后，会有构思的疲劳感。如果对自己没有更高的要求，写作是不会疲劳的。之所以感到疲劳，是因为想超越自己。思考力、敏感力随着年龄的增长会退化。作家们都说，写作不仅需要智力还需要体力。遇到再大的困难，只要保持专注，一两天想不清楚，一个星期总会想清楚，一个星期想不清楚，一个月总能想清楚。关键是你如何才能做到一个月甚至几年都对这个问题保持专注？我的办法是学会拒绝，尽可能地拒绝应酬、不必要的活动，把自己弄得孤独一点，被冷落一点，然后阅读、生活、思考。

舒晋瑜：您每天花在网络或手机上的时间多吗？

东西：越来越长，现在都通过手机看新闻和文章了，从过去的每天半小时，变成了每天两小时左右。当我写作劳累需要休息的时候，就特别喜欢看手机，甚至在手机上看球赛和电影。

舒晋瑜：网络带给您的影响有哪些？

东西：生活方便了，掌握知识方便了，联络朋友也方便了。网络正在消除教育的不平等，也正在消除中心城市和边缘城市的信息不平等。因为对网络过分依赖，过去我看书要死记硬背的习惯没有了，认为需要引用时可以上网去查。但自己的独特性也受到了侵蚀，所见所闻所言高度同质化。

舒晋瑜：您很重视读者，尤其是年轻读者。而《回响》正在改编成网剧，您有什么期待？

东西：作者重视读者都是一厢情愿的事，有点像单相思。作者写作时会站在读者的角度思考问题，但当作者写得入迷的时候，根本就不会考虑读者。过分迁就读者未必能写出好作品，好作品往往是与众不同的，往往是从被读者冷落开始的，卡夫卡、曹雪芹、纳博科夫莫不如此。至于《回响》改编网剧，我只做编剧工作，成品还要看导演、演员和各部门的努力。我当然希望网剧能火，尤其是有幸与冯小刚导演合作。如果网剧火了，那阅读《回响》的人也许就慢慢多起来了。

写心理现实更需要技术含量

▲ 东西、陈曦（《现代快报》记者）
● 原载《现代快报》2021 年 6 月 27 日

我们能像侦破案件一样侦破爱情吗？作家东西的小说《回响》，塑造了一位对案件穷追不舍、对爱情追问到底的女性形象。

东西是余华、苏童等先锋作家之后最重要的作家之一，与毕飞宇、韩东、李洱、艾伟等被评论界称为"新生代作家"。1996 年以中篇小说《没有语言的生活》惊艳文坛，并斩获首届鲁迅文学奖。其后的长篇小说《耳光响亮》，成为新生代作家中率先"走出 80 年代"的新文体典范，又因蒋勤勤主演的同名电视剧火出了圈。

在上一部长篇《篡改的命》中，东西将笔触指向了"拼爹"这一社会现象。农村青年汪长尺本来有机会去上大学，却被别人冒名顶替，随后他不得不成为一个进城打工者，为了不让儿子重复自己的命运，他通过自我篡改——定点投放孩子，来改变汪大志的命运。小说出来后，社会新闻不断地呼应。在这个层面上，生活何尝不是对艺术的模仿？

《回响》是东西的第四部长篇小说，除了保持他一以贯之的写作风格之外，还拥有了更为客观和深刻的书写，也多了一份对人物和现实的深层理解，其可读性超越了之前的任何一部。

也有人觉得，相比前作，《回响》这部包裹着悬疑和情感外衣的小说"现实性"不那么强。东西在接受《现代快报》专访时表示，现实性有社会层面的也有心理层面的。"以前我写那种直面现实的小说，有人说能不能含蓄一点。现在我含蓄一点了，又会有人说不够直面现实。直接描写人物是一种写法，但写镜子里的人也是一种写法，我认为现在的这种写法更需要技术含量。"

情感越是简单化，越有可能是彼此在应付

陈曦：你在朋友圈转发了《回响》的节选推送，附言："关于爱情"。这是一部关于爱情的小说吗？

东西：这只是转发时的一个噱头，并不代表这就是整部作品的主题。爱情这个主题太大，即使涉及，每部作品也有其侧重点，说这是一部关于怀疑与信任、提问与回答、因与果、罪与罚或疚与爱的小说都可以。用"爱情"来概括一部小说就像用"命运"来概括一部小说那样，不会错，却也不一定对。

陈曦：冉咚咚的形象很复杂，她是职场上的女英雄，同时她对情感也有着非常高的要求，猜疑、神经质，甚至到了洁癖的程度。

东西：假如我们想一想她的工作特性以及她的压力，再想一想环境对她的影响，那么她的所有表现我们就理解了。她的神经质和猜疑，最终都被生活证实，从这个角度来看，她是对的。只是在生活中我们不喜欢这种正确，不喜欢纤毫毕现，而更愿意保留一点神秘，并把这种神秘称之为浪漫。

冉咚咚每天接触的都是案件，看到的都是行凶、行骗和背叛等等，她有太多的心理垃圾，当自己承受不了的时候便要向人倾倒，向谁倾倒呢？显然是倒给自己的爱人最安全。她之所以要对慕达夫追问到底，是因为她在寻找心理安全，她害怕看见的事实发生在自己的关系中。她既要侦破案件，又要破解丈夫疑似出轨之谜，还要战胜自身的精神压力，最后将凶手绳之以法，她是我心中的女英雄。

陈曦：如果生活中碰到这样的女性，你是觉得很有魅力还是觉得"恐怖"？

东西：很有魅力。简单化的情感是动物级别的，高级的情感都非常复杂，而实际上情感越是简单化，越有可能是彼此在应付。冉咚咚渴望有长久的爱情，她希望每天爱情都是新的，于是她要去追问、去激活，但她激活过头了。而她的过度追问，用于侦破案件则大显神通。她的身上有过人的才华，却失于控制。她是有缺点的人，也是有魅力的人，准确地说她是一个内心特别丰富的人。因为职业的原因，也因为她天生聪慧，所以她看得比别人深，甚至能看到别人的潜意识。这是她的才华，也是她的烦恼。如果我们把别人想什么都看出来了，那会很麻烦。

陈曦：文学教授慕达夫作为一个丈夫来说，非常完美，这个人物身上有你本人的影子吗？

东西：我没那么完美，慕达夫也不完美，他的许多潜台词都没写出来。他之所以对冉咚咚如此迁就，是因为爱她。而这一点，恰恰被冉咚咚忽略了。文学作品中的每一个人物身上都有作者的影子，因为作者写来写去都是在写自己，但人物又绝对不等于作者。

陈曦：你认为什么是爱情？你相信爱情吗？

东西：我相信有爱情，因为我强烈地感受过。但爱情到底能持续多久，是这部小说探索的部分内容。我们不缺爱情，缺的是爱情的持续力。写完这部小说，我发觉能把平凡的生活过好就是英雄，能把夫妻生活经营好就是爱情。爱情在不同时期有不同的表现形式，小说中我把慕达夫与冉咚咚的爱情分为三个时期，即"口香糖期""鸡尾酒期"和"飞行模式期"。

我也在小说中表达了这样的观点："爱在不同时期有不同

的表现，就像服药，不同的年龄段服不同的药量。"

陈曦：夏冰清的谋杀被"层层转包"了，从最初的出价200万，到最后只收1万元，行凶者都有自己的理由，他们觉得是为了爱。

东西：这是人的冷漠，而每个冷漠者的内心都有一个温暖的渴望，他们都是因为爱或者证明爱去行凶，却忽略了受害人的痛苦，也就是把自己的爱建立在别人的痛苦之上。他们把行凶当成一笔生意在做，这多少有点像工程的层层转包。当他们把行凶当工程来做时，我们的心里便生凉意。生命本无价，但在罪犯们的心里却有了价码，所以，我想通过反向叙述来重申生命的无价。

没有写岸上的树却写了树的倒影

陈曦：你写上一部长篇《篡改的命》，是为了回应一种质疑，那就是有人说今天的作家"羞于对现实发言""丧失了直面现实的写作能力"，那么写作《回响》是想回应什么？

东西：如果作者说出了某部作品的写作动机，那也许只是众多动机之一。我写作没有单一的动机，连当初热爱文学渴望发表和出版的动机都还保留着。《回响》最初是想写一写夫妻之间的情感问题，但构思时觉得仅这条线太单薄，思维就滞涩了，几乎是暂停似的纠结。十多年前写《后悔录》时，我就对人物的内心着迷，可每次写都觉得深入不够，于是，这次我想来得更彻底一点。为了说明情感没法勘破，我加了一条可以勘破的追凶线，但写着写着，发现这一条线上的人物内心同样宽阔无边。

陈曦：《回响》中雇凶杀人被层层转包，《篡改的命》写档案被冒名顶替、命运被篡改，这些情节我们在社会新闻中也读到过。你认为小说应该提供哪些新闻提供不了的东西？

东西：如果说灵感来自新闻报道，那是有先例可寻的，比如司汤达的《红与黑》、福楼拜的《包法利夫人》的灵感都来自社会新闻，就是新闻给了作家灵感，但写出来的已不是新闻。还有一类来自亲眼所见，比如托尔斯泰的《安娜·卡列尼娜》，托翁亲自参与了一个殉情女性的收尸工作，但他写出来的安娜却不是那位殉情的安娜，因为他把他的洞见和理解加入了小说。如果一个作家都要写自己的亲身经历，而不是通过媒体、转述来找灵感，那他的灵感也许是有限的。《聊斋志异》的作者蒲松龄开茶馆听茶客讲故事，然后写小说，也是从道听途说中找灵感。按今天的观点，咱们的蒲老师也是从社会新闻或者花边新闻里找的灵感。灵感是酿酒的酒药，但它绝不等于酒。小说不是写表面现象，而是写人性，写人内心的复杂和宽广。读新闻我们知道发生了这件事，但读小说我们知道为什么会发生这件事，而且是从人性的深度来探讨这件事。文学不是重复新闻，文学是作者对时代、现实以及人生表达体验式的看法。

陈曦：相比《篡改的命》，《回响》的现实性或许没那么强。那么在这部小说里面，有着哪些新的探索和追求？

东西：现实性有社会层面的也有心理层面的，这个小说写的是心理现实，就像没有写岸上的树却写了树的倒影，没有写自己的喊声却写了群山的回应，所以叫《回响》。以前我写那种直面现实的小说，有人说能不能含蓄一点。现在我含蓄一点了，又会有人说不够直面现实。直接描写人物是一种写法，但写镜子里的人也是一种写法，我认为现在的这种写法更需要技术含量。

现在的人民语言在哪里？在网上

陈曦：很多严肃文学作家不屑或者避免使用网络词汇，但《回响》里有意识地使用了不少网络流行语：佛系、躺赢、确认过眼神……《篡改的命》各章节题目则直接以死磕、弱爆、抓狂等来命名。我的感觉是有意为之。这是出于何种考虑？是否会担心失去了文学的意味？

东西：我曾经写过一篇文章《每天都有新词句》，专门讲过这个问题，感兴趣的朋友可以在网上搜索出来。"文学的意味"是什么？是要使用几百年一成不变的语言吗？或者一定要使用教科书里的语言？以前我们说精彩的语言来自人民，来自民间。那现在的民间在什么地方？在网上。现在的人民语言在哪里？也是在网上。艾伟也曾问我为什么要用那么多网络语言，我说不知道，写的时候是自动跳出来的，因为它生动、准确，所以就用了，而且也不多，整部长篇里也才用了四五个网络语。一部20多万字的小说，仅用了四五个网络语，如果还扎眼的话，要么是用得不成功，要么是用得好。这些今天我们称之为网络语的语言，明天就是我们的常规用语，事实已经证明了这一点，好多十几年前的网络语现在已经成为我们司空见惯的日常用语。

陈曦：在你看来，什么是好的小说语言？

东西：准确、生动、含蓄、优美和幽默。如果能陌生化，更好。

陈曦：你会觉得自己的作品被低估了吗？

东西：没有，我反而常常觉得自己的作品被高估了。

《回响》：写镜子里面的人

▲ 东西、罗昕（《澎湃新闻》记者）
● 原载《澎湃新闻》2021 年 6 月 19 日

继《耳光响亮》《后悔录》《篡改的命》之后，作家东西写出了他的第四部长篇小说《回响》。小说首发于《人民文学》2021 年第 3 期，由人民文学出版社推出单行本。

故事以一起年轻女性被杀案为开头，多个犯罪嫌疑人次第浮现。而负责这起案件的女警冉咚咚，在调查中突然发现丈夫私自开房。东西按"案件线"与"感情线"推进小说，在奇数章写冉咚咚的推理和侦破，在偶数章写冉咚咚与文学教授慕达夫的婚姻危机，最后一章两线合并。当一条线的情节跌宕起伏，另一条线的情节近乎静止，但两条线上的人物都内心翻滚，相互缠绕形成"回响"。

特别的是，东西在这次写作中首次尝试了"推理"和"心理"元素。一开始他写得不自信，每一章都发给做刑侦的朋友看，当朋友告诉他自己被故事迷住了，他才慢慢建立了写作的信心。而在心理学领域，大半年的阅读与学习让他对他人与自己的复杂性有了更多的认知，也让他对笔下的人物心生更多的理解与包容。

他想写出人心的无法揣摩。

"如果说以前我是直接写人，那这次我是写镜子里面的人。"6月18日，东西就新作《回响》接受罗昕记者专访。他说，当现实投射到我们的心理，每个人的反应各不相同，就像照镜子，如果照的是哈哈镜，那整个身体都变形了。"什么样的材质有什么样的投射反应，而这个材质就是我要塑造的人物，我通过他们对现实和情感的反应来塑造他们。"

在他看来，现实有两种，一种是真实发生的，一种是"我认为它是这样发生的"。真实发生的事在经过人的讲述后，往往都变成了"我认为它是这样发生的"。而"我认为它是这样发生的"是小说家的天职，没有这个"我认为"，那就是社会新闻，而不是文学。

在小说结尾，冉咚咚破案成功，但故事依然没有结束。慕达夫对冉咚咚说："别以为你破了几个案件就能勘破人性，就能归类概括总结人类的所有感情，这可能吗？……感情远比案件复杂，就像心灵远比天空宽广。"

"人物包括作者真正的成熟，或许就是能够容纳种种复杂与矛盾，而不是简单的非黑即白。"东西说。

把生活部分案件化，把案件部分生活化

罗昕：2015 年聊起《篡改的命》时，你说自己下笔越来越慢，写完一个段落至少看十遍，有的甚至二十遍，才敢往下写。这次写《回响》，是什么样的写作状态？

东西：还是像写《篡改的命》那么慢，这是我的写作习惯，每写一千多字就反复回看，生怕用字不准确，写歪了，生怕漏掉了更好的词和细节。这是不自信的写作，是卡夫卡式的，"每一个障碍都使我屈服"。看了一些心理学方面的书，我才知道这种貌似认真和严苛的状态，其实是一种心理疾病或者说偏执。但我认为写作是需要这种偏执的，否则你就写不出不一样的作品。

罗昕：你对于长篇小说的开始向来谨慎，过去三部长篇的写作节奏是"十年一剑"。《回响》的构思开始于四年前的春天。当时为什么想写这样一部小说？最早在脑海中架构的故事，是什么样子的？

东西：开始我想写一部关于信任与怀疑的小说，以家庭为背景，用爱情来做试金石，但这样写难出新意。这部小说的新意在哪里？新意在写心理推理，就是把生活案件化，增加可读性，同时也加入心理学知识。家庭、婚姻和爱情，是我们都会面临却难以捋清的问题，我想捋一捋。但临近写作了才发现，自己的心理学知识实在有限，便停下来，一边构思一边阅读心

理学方面的书籍。大约一年后，我觉得光感情线太单薄了，必须再加一条有关案件的线索，让它跟感情线对比、呼应。于是，便有了"奇数章专写案件，偶数章专写感情，最后一章两线合并"的构想。结果，案破了，爱情却无法破译。

罗昕：无论是哪条线，"推理"和"心理"都缠绕其中，女警冉咚咚既要推理案情，又要解开丈夫的开房之谜，既要洞悉犯罪心理，又要和丈夫打"心理战"。此前你对"推理"和"心理"这两个领域都是相对陌生的，为什么想到把它们合在一起写？你认为它们之间可能产生怎样的"化学反应"？

东西：推理是需要心理学知识的，了解人性或人心是推理成功的前提。破案高手都是心理学家，心理学家都是破案高手。同理，作家与心理学也是这样的关系。出道至今，我一直写传统意义上的小说，也就是纯文学作品，但纯文学作品的阅读市场严重萎缩，如何吸引更多的读者是我这类写作者的严峻课题。这一世界性难题，法国新小说作家罗伯-格里耶他们也碰到过。他曾经用侦探或推理的外衣，包裹他的新小说，但写着写着，基本上没有推理而只有新小说。于是，我想，能不能来一个既有真正推理又有新小说元素的小说？

罗昕：《回响》确实具有很好的可读性，以命案开篇，充满了刑侦与悬疑色彩，吸引读者不断追问事情的真相。对于这部小说，你希望它"既有真正推理又有新小说元素"，也说过既不想把它写成猎奇剧,也不想写成简单的感情戏。除了把生活部分案件化,你也试着把案件部分生活化,可否把这种平衡理解为《回响》有别于类型文学意义上的通俗小说的地方?

东西:我尽量让案件生活化,就是在写案件的奇数章里,把笔墨重点落在嫌犯们的家庭影响、心理构成上,并试图挖掘他们的作案动机、成因。这样,奇数章的风格就与偶数章的风格统一了。

有好多前辈作家把案件写成了纯文学的经典,比如司汤达的《红与黑》,陀思妥耶夫斯基的《卡拉马佐夫兄弟》,卡波特的《冷血》,马尔克斯的《一桩事先张扬的凶杀案》,等等。我在阅读以上小说时,不会把它们当成通俗小说,反而觉得很不通俗。

没有"我认为",那就是社会新闻,而不是文学

罗昕:一开始看这部小说,我还不大明白书名为什么要叫《回响》,似乎直到第六章写刘青说话的状态时,才第一次出现了"回响"二字。但在阅读中,我越来越觉得这是一个很好的名字,无论是案件线还是感情线,都充斥着现实对心灵的投射,也因此存在着与"原声"不一甚至完全相反的"回响"——比如语言,很多话是"正话反说";比如幻觉,跟现实大部分是相反的;还比如记忆,"记忆是为需要服务的,就像历史任人打扮"。我很好奇,这个小说名是在写作的哪一个

阶段冒出来的？和之前的三个长篇相比，我感觉这个小说名不那么直接，它更幽微、细腻、耐人寻味。

东西：心理学有一个"投射效应"，就是把自己的喜好投射到别人身上，遇到类似的人投射会比较准确，但遇到不相似的人，投射就会产生严重偏差。当现实投射到我们的心理时，我们的反应也各有不同，就像你照镜子，如果你照的是哈哈镜，那整个身体都变形了。所以，什么样的材质有什么样的投射反应，而这个材质就是我要塑造的人物，我通过他们对现实和情感的反应来塑造他们。如果说以前我是直接写人，那这次我是写镜子里面的人。

这或许就是"回响"的最初来源，书名是小说写到三分之二时才决定用的，越想越喜欢，觉得现实与心灵，此家庭与彼家庭，幻觉与真实，爱与恨，等等，凡是有对比的地方，都有可能产生回响。

罗昕：写"镜子里面的人"，这个提法真有意思。《回响》用心塑造了一批人物，尤其在人物的童年、经历、家庭关系方面费了不少的笔墨。我发现，受害者夏冰清的讨好型人格、冉咚咚的偏执型人格、嫌疑人吴文超与刘青的自卑、嫌疑人易春阳的"被爱妄想症"，其实都在他们各自的"过去"里有迹可寻。从这个意义上，我们是否也可以把小说两条线里的种种现象与后果，理解为"当下对过去的回响"？

东西：你的概括太好了。我们之所以成为我们，不都是过去塑造的吗？以前，我对电影或文学作品中的人物性格成因，动不动就回溯童年和家庭非常反感，认为今天的我与昨天的我没有关系，我今天的所有表现都是横空出世的，没有谱系。但写这部小说时，我才意识到我这样的想法是对过去的排斥，潜意识里是在排斥过去的不好或者说是想故意遗忘过去的负面情绪。而事实是，任何一个人都不可能摆脱过去对自己的塑造，包括一个民族的性格，包括集体无意识。

罗昕："回响"作用于行为，更作用于不为人知甚至不为己知的心灵。小说行文密布着各种心理学分析，如斯德哥尔摩综合征、沙赫特的情绪产生实验、荣格提出的集体无意识……

批评家吴义勤将《回响》视为一部典型的"心理现实主义"小说，因为小说里的"现实"包含着突出的心理体验。他说："小说中的世界不是作为'（典型）环境'而存在的，不是我们所看到的作为客观存在的世界。作家更多时候是通过人物包括案犯们的讲述，提供了他们对这个世界和自我的理解，因此这个世界是一个'人'的世界。"

你如何回应"心理现实主义"小说这个提法？你认为客观现实世界与个人主观意识里的世界，是一种什么样的关系？两者之间怎样相互作用甚至相互撕扯？

东西：我认可"心理现实主义"这个界定。现实有两种，一种是真实发生的，一种是我认为它是这样发生的。"真实发生的"现实经人讲述后，往往都变成了"我认为它是这样发生的"，现在每个国家的新闻都是这么讲述的，每个国家都在选取每个国家的角度。因此，任何经过讲述的现实，都已经不是完全的现实，它在经过讲述时已经被修辞了，这就是"罗生门"。

"我认为它是这样发生的"是小说家的天职。没有这个"我认为"那就是社会新闻，而不是文学，文学比社会新闻更加"我认为"。虽然都有"我认为"，但文学更倾向于求真求善求美，而且对人心的滋养更有效，为了这个有效，作家会写出一种可能的现实。如果说现实提供启发，那主观意识就提供了想法。

罗昕：前面你说到，为了写这部小说，在一段时间里你一边构思一边阅读心理学方面的书籍，最后呈现的文本让我们看到你为这部小说所做的充足准备，也看到你作为严肃作家的严谨。在这部作品里，关于如何处理鲜活具体的故事和相对抽象的心理学知识之间的关系，你有什么样的独特体会？

东西：对于心理学理论，我好像只是部分地使用，有些心理是我的发现，是写到此处时自发跳出来的概括。小说主要还是写人，写情节、细节，偶尔的分析是想给人心找到理论依据，但更多是心理直觉或潜意识的反应。

文学创作不应该受已有的知识约束，知识是拿来为创作服务的。比如冉咚咚，她的性格看起来有些偏执，但只要我们注意到她的职业和压力，就能理解她的行为了。她自己也意识到了偏执，所以她问自己：为什么活成了自己的反义词？明明心里是这样想的，可说出来的意思却与想的完全相反。写出她的心理矛盾，也许才真正地把她写准确了。人心比天空浩瀚，人物包括作者真正的成熟，或许就是能够容纳这些矛盾，而不是简单的非黑即白。这些认知的转化，好像都是心理学知识进入文学后的化学反应。

罗昕：到最后，冉咚咚破案了，但故事依然留下了很大的想象空间，比如，慕达夫是否真和贝贞发生过婚外情？他是否就是那个对卜之兰始乱终弃的文学教授？冉咚咚的"疚爱"，是否足够强大到挽回她与慕达夫的婚姻？……

这是否可以理解为：小说两条线，案件线能解，但感情线无解？就像慕达夫说的"感情远比案件复杂，就像心灵远比天空宽广"。你如何看待爱情和婚姻的关系？

东西：不止一个读者问我到底慕达夫出没出轨，我说这是一道测试题，答案就是心理投射，认为慕达夫出轨的他已经出轨了，认为慕达夫没有出轨的，他还没出轨。我只能说小说，没有资格说爱情与婚姻。作家不是婚恋专家，作家只发现有趣的现象加以描绘，而提供不了答案。而关于婚恋的答案，也许都是伪答案，爱情和婚姻被一代一代作家书写，其原因就是其复杂性和广阔性，也有人说爱情和婚姻其实很简单，所以，说不清楚。《回响》不是往简单上写，而是想写出心理的无法揣摩，即使你是神探，即使你是心理学家。

所有的铺垫，都是为了最后那道光

罗昕：在我看来，《回响》除了探究人心，也在人与人的"关系"，尤其是"亲密关系"上给予我们很多启示。小说中出现的亲密关系，无论是子女与父母的关系，还是夫妻关系、情爱关系、朋友关系，大多是千疮百孔的。比如夏冰清的父母对女儿"一问三不知"；比如冉咚咚能洞悉罪犯心理，却无法走进丈夫的内心；比如吴文超得到了夏冰清的信任，却也辜负了她的信任。你对现代社会中的亲密与信任，是相对悲观的吗？

东西：小说里也写了相信，比如夏冰清相信吴文超，慕达夫相信冉咚咚，刘青相信卜之兰，徐海涛相信曾晓玲。徐山川的选择是为了维护原家庭，徐海涛的选择是为了买房子给曾晓玲，吴文超的选择是为了证明自己离开父母后仍然活得好，而刘青的选择则是为了投奔恋人卜之兰，就连易春阳行凶也是为了幻觉中的爱。由于他们造成了夏冰清的不幸，所以，他们的选择是不道德的，虽然他们的出发点都正确。至于冉咚咚，她对慕达夫的极端不信任，恰恰证明她爱他。当她在案件中找不到信任之后，就要在最爱的人身上找信任，我想她的过度偏执里有女人撒娇的成分。

罗昕：徐山川、徐海涛、吴文超、刘青、易春阳，他们接力似的完成了"杀人"——从念头诞生到行为落实。小说里有一段写得特别残酷，是说暴行发生了，但所有当事人都能找到脱罪的理由——

"徐山川说他只是借钱给徐海涛买房，并不知道徐海涛找吴文超摆平夏冰清这件事。徐海涛说他找吴文超，是让他别让夏冰清骚扰徐山川，而不是叫他杀人。吴文超说他找刘青合作，是让他帮夏冰清办理移民手续或带她私奔，却没有叫他去行凶。刘青说他找易春阳是让他搞定夏冰清，搞定不等于谋害。而易春阳尽管承认谋杀，但精神科莫医生及另外两位权威专家鉴定他患间歇性精神疾病，律师正准备为他作无罪辩护。"

徐山川是杀人念头的起源点，易春阳是杀人行为的执行者，他们的罪行是显现的。但我在某种程度上更关注中间的徐海涛、吴文超、刘青，他们本身和夏冰清并无冲突，吴文超还喜欢夏冰清，但因为都有一己私欲，都需要钱，所以即便隐隐知道可能会有命案，也推动事件发展下去。他们手不沾血，个个看似无辜，却都是无形的犯罪者。看得见的凶手避不过法律的惩罚和道德的谴责，而那些看不见凶手的地方似乎才正是文学家需要直面且格外着意的幽暗地带，这一环环相扣的杀人过程，承载了你的哪些思考？

东西：这样的思考真不应该由作者自己来说，我一说也许就损耗了现实与人性的复杂。之所以写这种"接力关系"，是觉得这个结构有意思，有意味，它与现实形成了对应关系，打破了过去写谋杀案的套路。我注意到这种"接力关系"，最先出现在工程领域，就是层层转包。当用这种关系写谋杀时，它产生了荒诞的效果。人人都染指了这个杀人工程，但人人最后都不想负责任，这不就是现实吗？这不就是心理现实吗？它不是正好对应了我们的责任转移或焦虑转移吗？

罗昕：确实，这也是现实一种。无论是案件线还是感情线，《回响》都让人感到现实的沉重与无奈，但结尾还是有一个地方给出了一点光，就是夏冰清被杀的缘起——徐山川，终究被冉咚咚找出了谋害的证据。

如果没有这一点，我的感受会和小说里的冉咚咚一样：这么多人参与了作案，但最后只有一个间歇性精神错乱者承认犯罪，这严重挑战了她的道德以及她所理解的正义。

东西：所有的铺垫就是为了这道光，因此，这道光才显得明亮。我的内心太需要光了，尤其在疫情面前，在各种考验面前。冉咚咚经历了那么多考验，如果没这道光，那她追求的意义就会没有意义。黑泽明导演在跟马尔克斯交流写作时说，他在写剧本之前先想好了结局，他是为结局而写作。我想，我也是，虽然我没有提前想好结局。过去我喜欢悲剧的结尾是相信希望孕育在绝望之中，现在我喜欢光明的结局是因为害怕黑暗。

每一次写作，都是一次自我学习的过程

罗昕：你曾说过，向上的能量要通过向下的写作获得。你

会将《回响》视为一次怎样的写作?

东西:你越是爱一个人,你对他的要求就越高,对亲人对恋人都是这样吧。如果你只用鼓励,只说好话,那你爱的人是不会进步的,而你所需要的正能量也不会产生,只有从污泥中出来的洁白才更洁白。冉咚咚对慕达夫的爱,通过折磨来体现,但他们都没意识到。批评家张燕玲在她的评论文章中说,冉咚咚为了抓到凶手,必须克服案件迷局、丈夫的疑似出轨、个人的身心抑郁……这应该是正能量的体现吧。哪个英雄人物不经过磨难?如果我们只看到磨难,而不看结果,那磨难就把我们消耗了。假如我们只要结果而不要磨难,那人物形象就没有可信度。

罗昕:从后记来看,《回响》这部小说对你个人而言也意义非常。小说主人公冉咚咚追问案件,追问感情,最终还是落到了追问自己。而写小说的你,无疑也会通过这次充满心理分析的写作,一次次审视自己,走近自己。经历了这次写作,你收获了什么?它有没有影响到你看待世界的方式?

东西:我的认知力、包容力和对他人的理解力有所提高了。记得余华曾在一篇创作谈里说过,大意是他在写作中自己向自己学习,这话是有道理的。我的每一次写作都是一次自我学习的过程,尤其是对人物的心理进行探索时,我有惊异的发现,发现了许多过去不曾注意的隐秘角度,也更辩证地看待问题了。

写完这个小说，好些过去我不理解的事我理解了，一些我曾经记恨的人也不再记恨了。因为每个人都有自己的角度，站在别人的角度来看，疑难问题迎刃而解。所以，我在小说中通过人物之口说："了解自己比了解别人更难，如果没有镜子你永远看不到自己的屁股。"

罗昕：你以前的作品多充满了荒诞性、偶然性和戏剧冲突，但《回响》并非如此，它强调逻辑严谨，也多了许多日常的意味。从夸张到严谨，从戏剧到日常，这样的变化，是出于写作题材与内容本身的要求，还是你的写作观发生了某种转变？

东西：多半是写作题材的要求，假如你要写一部推理小说，那推理就必须严密，否则读者不信。写推理小说挺难，更何况是心理推理。面对难题，我在写作前比较重视，并告诫自己别玩虚招。开始写得不自信，每一章都发给搞刑侦的朋友看，结果把搞刑侦的朋友给迷住了，写作的信心才慢慢建立。当然，我的写作观念也发生了一些变化，那就是越来越实，我想变一变，写跟过去写的不一样。但是，换一个题材我不知道会不会继续这样写，也许下一个题材又写回去了。

罗昕：从1995年的《耳光响亮》到2005年的《后悔录》，从2015年《篡改的命》到今年的《回响》，仅从长篇来看，你是否意识到自己的小说正在发生变化？而在变化中，又有哪些是你坚守不变的存在?

东西:作家变来变去都是在写自己,写自己的内心,写自己对世道人心的理解与不理解。如果非得总结,我想我一直注意跟现实的关系,注意小说的可读性和细节的描写,并努力追求语言的陌生化。但我不知道我做好了没有,自己说的不算,读者才是最后的验货员。

罗昕:我还看到《回响》里有一段关于"凡尔赛"的提法,这是去年年底在网上很流行的一个词。在写小说的同时,你是否也关注着外界正在发生什么?作为一名严肃作家,在了解最新讯息和坚持个人文学趣味之间,如何保持平衡?

东西:我每天都会用一定的时间来刷屏,生怕漏看什么惊天动地的大新闻。在《回响》里,我自创了一个心理学名词——"守夜人心态"。主人公冉咚咚一直失眠,她说她有"守夜人心态",因为害怕自己睡着了,坏人出来干坏事,所以要醒着。而我们今天执着于刷屏,潜意识里也有这种心理。我是关心当下的,但这些碎片信息非常容易被覆盖,要看许多无聊的消息,才有可能遇到一条让你耳热心跳的消息,因此,时间成本非常之高。必须关注,但又不能迷恋,必须抽出大量时间来思考和阅读经典,才有可能让自己保住敏锐的思考力。既要保持好奇心,又要拒绝被天量的信息掩埋,这对害怕孤独的我们来说,何其难也。

年过50岁体力下降，
写作的心情却更为急迫

▲ 东西、刘雅麒（《北京青年报》记者）
● 原载《北京青年报》2017年12月26日

刘雅麒：最初是怎么迷上文学创作的？

东西：20世纪80年代，作家是个神圣的职业。人们除了阅读，没有更多的精神食粮可以享受。所以，大家都崇拜作家。这是我想写作的原因之一。之二，我上的河池师专，毕业后要分回家乡当教师，只有写作才可能改行，才可能离开偏远的县城，有前辈因写作而调到省城的例子为证。之三，我有委曲有感动有故事，想写出来让别人知道。

刘雅麒：从开始写作到现在，对"好作品"的理解有怎样的变化？

东西：最初觉得好作品应该是鲁迅那样的作品，思想深刻，人物鲜明，语言准确，细节生动。这是一个"高大上"的标准。但随着阅读量的增加和写作技艺渐长，我在这些标准上加盐撒胡椒，慢慢变得不那么正儿八经。可以来一点荒诞，再加一点幽默，想象力是不是可以再飞扬一些？现在，我希望写小说时心胸更宽阔一点，结构更美一点，可读性更强一点。不管我对好作品的要求怎么变，但有两点是始终不变的，那就是，好作品一定要跟"现实"有关，一定要跟"心灵"有关。

刘雅麒：你的创作灵感通常来源于哪儿？

东西：我早期的短篇小说《幻想村庄》的灵感来自一次梦境。在梦里我闻到酒香，醒来，一动不动，生怕跳跳眼皮状况就会消失。可不管多么小心，酒香也只在我鼻尖前保留了不到一秒钟。我继续一动不动，回忆它的味道。那是粮食的香，准确地说是苞谷酒的香，夹杂些许焦煳。脑海顿时出现父亲站在土灶旁熬酒的画面，甑子、墙壁、水蒸气以及哔剥燃烧的木柴也都一一浮现，整个村庄都复活了。这样的灵感只有一次，它有过去的生活打底。而更多的灵感来源于对现实的琢磨，对心情的整合，或者说一时冲动……比如《后悔录》就是对"后悔"这种心情的整合，一悔就是30年。比如《篡改的命》《耳光响亮》，是对现实的琢磨。至于一时冲动，那是某些素材积累到一定程度后的爆发。只要想写，就一定会有灵感降临，除非你超级麻木或者假装麻木。

刘雅麒：你有怎样的写作习惯？一部小说从构思到成文一般需要多长时间？会反复修改自己的作品吗？写作遇到瓶颈时

如何面对？

东西：喜欢在下午和晚上写作，这个时段效率特别高，原因是过去总是在上午把工作处理完毕，下午就偷偷地写，养成了习惯。写作时一定要喝红茶，因为不抽烟。每天写到一千字心里就"啷哩个啷"，特别高兴。如果一天写了两千字就开始警惕，生怕文字不讲究或者哪里有漏洞。短篇小说一般构思十天半月，也有一个月的。写作时间不定，不会超过两个月。长篇小说构思往往超过半年，需要一年以上的时间来写。没有用电脑写作之前，往往是一稿过，错的地方就用糨糊粘贴修改。用了电脑写作之后，每一段至少看十遍以上。开头部分往往反复修改，原因是要找小说的腔调。每当写不下去，就去散步，或躺一躺，在书房"徘徊"。这时候是焦虑的，需要关掉手机，一个人安静地待着。一旦找到突破口，心情大好。这是写作中的小快乐，每一次写作都由无数个翻越障碍的小快乐组成。

刘雅麒：请用几个关键词概括你的创作风格。

东西：荒诞、奇特、发现。比如《把嘴角挂在耳边》，写的是未来世界人类已经不懂得笑了，需要有老师专门辅导怎么笑。《请勿谈论庄天海》写谁都没见过庄天海，但他却像影子一直伴随着我们。《痛苦比赛》写在一个没有痛苦的世界，美女征婚的唯一条件就是谁痛苦就嫁给谁。奇特，是想找不一样的角度、人物、主题和结构。比如《没有语言的生活》中父亲是盲人，儿子是聋人，儿媳妇是哑人，他们利用各自的健康器官达到了有效的沟通，让我们这些耳聪目明的人顿感无语。至于发现，这是我写作的原动力，可以是发现生活中的五颜六色五味杂陈，也可以是发现人心有多深奥或宽广。《后悔录》试图发现人心，《篡改的命》试图开采命运。

刘雅麒：请谈谈你的阅读史。不同阶段对书籍的偏好有什么侧重？你有怎样的读书习惯和读书方法？最近在读什么书？

东西：我的阅读从中学的语文课本开始，我在那上面读到了鲁迅和契诃夫的作品，由此追踪阅读他们。后来我读郁达夫的小说和散文，原因是他写得太真诚了，把青年人的叛逆和苦闷都写了出来。再后来我系统地阅读了沈从文的作品，原因有二，一是我家乡的环境与他家乡的环境极其相似；二是在我读中文专业的时候他不在文学史里。再再后来我开始阅读中国四大文学名著，读莫泊桑、雨果、巴尔扎克、福楼拜、托尔斯泰、卡夫卡、福克纳、加缪、萨特、马尔克斯、罗伯-格里耶等外国作家作品和中国寻根文学作品以及先锋小说家的作品。初读时喜欢读情节，特别喜欢有点"颜色"的情节和斗智斗勇的情节，之后偏好那些有想法有深度有技术含量的作品，特别偏好那些挖掘人心直面现实技术创新的作品。最近在读心理学方面的书籍，并重读《阿Q正传》，立志做一名新时期的阿Q。

刘雅麒：什么机缘使你到新加坡南洋理工大学当驻校作家？在新加坡有哪些难忘的经历？在你看来新加坡高校的中文

系教育和中国高校相比有何特色？

东西：是朋友的推荐。推荐人是南洋理工大学中文系的教师，当年他在北大读博士，曾听过我的演讲也看过我的《后悔录》。他推荐后，南洋理工大学中文系立即向北大中文系主任了解我的情况，主任说非常OK。这是新加坡国家艺术理事会和南洋理工大学中文系的合作项目，每年会请一位（海峡两岸的）华语作家驻校写作，兼给喜欢写作的中文系学生上课。三年前作家苏童去过。南洋理工大学校园很美，我在微信和微博上都晒过校园的美照，好多人点赞。最难忘的经历就是吃新加坡的美食，辣椒蟹、娘惹菜和肉骨茶都非常好吃。由于我只上小说课，对他们的教育没有更深的了解，所以无法与中国比较。但印象较深的是他们的学生动手能力极强，我在学校的几场演讲都是学生来操办，宣传片也是学生自己拍摄剪辑，做得很不错。

刘雅麒：你有很多作品被翻译成很多文字并被推向海外。海外的作家、学者、读者对你的作品有怎样的评价？

东西：中国作家走向海外，我所知道的只有莫言和余华等作家的作品比较成功，其他的都不畅销。我的作品在法国一家出版社连续出了四本，这只能说明他们愿意出版却没有商业的成功，也没引起多大的关注。有韩国作家说你的作品在韩国还有人买，但很多作品没人买。有韩国评论家写评论，也有硕士生、博士生以我为研究对象，表扬到肉麻的语言也有，但都没有造成多大的影响。往往是某个出版社或者某个翻译喜欢你的作品，但并不代表这个国家的大部分读者喜欢，所以"革命尚未成功，同志仍需努力"。

刘雅麒：喜欢与什么人交朋友？

东西：小时候喜欢交块头大的人，或许是在寻求保护。青年时期喜欢交有智慧的人，能从他们的身上学到东西。中年后，喜欢交平和之人，饱读诗书之人。似乎什么样的人我都能交往，前提是他愿意跟我交朋友。以前交朋友是为了倾诉，现在交朋友是为了聆听。

刘雅麒：早年的乡村生活经历，对你日后的创作产生了怎样的影响？

东西：一个作家最好的早期训练是什么？海明威回答："不愉快的童年。"童年的愉快与不愉快都成了我日后写作的养分。乡村与我有一条相连的脐带，这条脐带让我知道乡村与亲人们的真实状况。只有知道乡村，才敢说知道一个真实的中国。乡村的经历让我敬畏自然，同情弱者，反对奢侈浪费，勇敢坚强。投射到写作中就是关注小人物，关注他们善良与坚韧的品质，关注他们的耐力与天真；喜欢用野生的词语，喜欢不拘的想象，并夹带不切实际的诉求。

刘雅麒：通常多久回一次老家？回乡时有什么感受？

东西：每一次写作都有回乡的感觉，有时是因为使用了一句方言，有时是因为写到某类人物，有时是因为写累了想偷懒……总会莫名其妙地想起故人往事，甚至从过往的经历中吸取动力。一年回去一两次，但常有电话往来。因为不身临其境，对乡村当下的感受已不那么恰切。

刘雅麒：自己作品中的哪个人物让你最有代入感？为什么？

东西：《后悔录》中的曾广贤，因为我一直活在后悔中。这么回答，其实我有些心虚，因为我所写的每一个人物都是我心灵的切片，他们都能让我代入，只说某一个就得罪了一大堆。

刘雅麒：你的很多小说如《耳光响亮》《没有语言的生活》《我们的父亲》《后悔录》等都被改变成知名影视剧作品。你怎么看自己作品的影视化改编？

东西：首先小说是写给读者看的，但如果能有人买影视改编权，我也喜欢得不要不要的，因为改编费比文字稿费高。有了改编费，更能安心地写小说。十年前，我参与我作品的编剧工作，那时候还能在影视剧里夹带一些小说的私货，《耳光响亮》就是一例。但是后来，彻底娱乐化、市场化之后，我就不写剧本了，真是傻傻地跟不上市场的步伐、时代的步伐。现在卖版权就是卖版权，不掺和，让影视归影视，让小说归小说。

至于改得怎么样，你即便关心担心也没有用，影视剧是集体的产物，是导演和制片说了算。

刘雅麒：据说陈建斌导演对你的小说《篡改的命》有兴趣，为什么会选择与陈建斌合作？在长篇小说被改编成电影的过程中需要做很多减法，这部小说的影视化改编过程中你最不希望割舍的是？

东西：看过陈建斌导演的《一个勺子》，有想法，有劲道。于是跟他说《篡改的命》，他感兴趣了，我们就讨论。我写了两稿，现在他在磨剧本。他是一个好演员，演戏时常有出彩的细节和台词，磨剧本是他的强项。他的原则是剧本没磨好，轻易不会拍。这种工匠精神深深地感染了我。至于如何做小说的减法，这个问题我们在讨论的过程中已经解决。电影有电影的规律，再舍不得的小说部分在电影中未必合适。

刘雅麒：如何看待年龄增长？年过五十对你来说意味着什么？

东西：年龄的增长谁都逃不过，所谓"逆生长"都是安慰。年过五十意味着思想更成熟，体力却下降，写作的心情更为急迫。这时的我再也不以挣钱为目的，不以热闹为目的，而是想安静地写自己想写的东西。什么是自己想写的，用细胞会不会尖叫来衡量。

刘雅麒：最近关注的社会问题是什么？

东　西：在广西东兰县有我参与扶贫的两个农户，希望他们尽快脱贫致富。我家乡的侄子跟我借钱建房，我知道他没有能力还我，但我必须借。在省城医院正躺着我的一位患白血病的亲戚，住院费快撑不下去了。进城打工的外甥的小孩学习成绩不理想，小学三年级开始补习，因为补习费很贵，他没钱添置新衣，我每半年清理一次衣柜，把我的衣服和鞋子送给他……每天都在关心这些鸡毛蒜皮的问题。

刘雅麒：有哪些难忘／有趣的梦境？

东　西：经常梦到自己在吹肥皂泡，肥皂泡五光十色，好看极了。但我不满足，还在使劲地吹，肥皂泡越吹越大，大得像一座高楼，但我还在使劲地吹。有时吹到憋气，忽然就醒了。

刘雅麒：现在每天的工作、生活状态是怎样的？最近在忙些什么？

东　西：早上锻炼，看书。下午写作。晚上或聊天或写作。最近在忙开会，也在写一部长篇小说的开头。这部长篇小说是未来一年的工作，完成后再做新的规划。

写作是弱者的事业

▲ 东西、李宗文（《南宁晚报》记者）
● 原载《江南》2016年第6期

秘密是我写作的原动力

李宗文：很多人都有过快乐的童年，你的童年是压抑的还是快乐的？

东西：面对大自然，我是快乐的；面对人类，我比较抑郁。我的家乡在广西天峨县谷里村，那里较为偏僻。在我童年时，森林茂密，常听到野兽长嚎，春天有野草莓，秋天有野果子。我常跟伙伴们钻到林子里采野果，甚至埋伏在草地里偷看野鸡。有时我们一玩就是一天，忘了饥饿，忘了家里父母的着急。但是，面对人类，我的快乐极少。原因是乡村利益边界不够清晰，每一个家庭都从自己的角度出发，为了捍卫自己的土地、宅基地，为了保护自己豢养的鸡鸭牛马，常常要跟邻里甚至亲戚争吵。在那个环境里，如果家里没个狠人，鸡被偷、牛被盗、树林被盗伐、土地被占是常有的事。我的家庭成分不好，父亲善良软弱，母亲貌似强悍却强不起来。所以，童年时我常被欺负，很少看到别人的善意。

李宗文：现在你常在微博上晒出家乡的美景，好像已经跟家乡和解了。

东西：美国作家威廉·福克纳说："我爱南方，也憎恨它。这里有些东西，我根本就不喜欢，但是我生在这里，这是我的家。因此我愿意继续维护它，即使是怀着憎恨。"这就是我对家乡的感情。从写作的角度来说，童年时的不幸也许是件好事，它让你早熟，让你看懂人性，知道人情冷暖；它让你敏感，让你观察，甚至可能培养你的毅力。但前提是，你必须能够活下来，并接受教育。当你离开故乡，当你成熟之后，你会发现人性本来如此。乡村里的那点吵闹和你后来见识到的险恶，根本不值一提。沈从文曾经逃离过故乡，鲁迅也曾不愿回乡，莫言当兵离家时也暗暗发誓再也不回来。但是，他们都从故乡汲取了创作营养，最终对故乡一往情深。我想这是乡村作家的宿命。

李宗文：当时你觉得高考容易吗？你的学习情况是怎样的？

东西：对高考当时没什么感觉，不像现在的孩子一上学就要肩负重任，不是清华就是北大或者出国留学。我父母送我上学读书的目的非常简单,就是能识几个字,能记工分,在生产队里不被人暗算。因为没有强制性目标,所以读书比较放松,对教学质量没有要求。我上初中是在村里面上的,学校很简陋,缺少师资,没有英语、物理、化学老师。老师也没有升学率约束,全凭学生自觉,四分之一的时间用来劳动,五分之一时间用来打篮球。因为没有别的体育设施,上体育课就是在泥地里打篮球。同学们一跑起来,尘土飞扬。所幸的是,我从村初中考上了县高中,全班只有我一人考上。这一步非常关键,它让我享受了全县较好的师资,也在朦胧中看到了希望。在县高中,我的成绩慢慢上升,高中读三年,然后参加高考。

李宗文:接下来你在大学办起文学社来?

东西:应该说是参加了文学社比较准确。在高中的时候我就有写作欲望,作文偶尔被语文老师表扬,甚至拿到班上当范文来读。有三分之二的同学都怕写作课,但是我特别喜欢。写作课一来我就兴奋。在读高中时,我就想写小说,却苦于没有能力。到了河池师专学中文,发现学校有一个"新笛"文学社,每年都搞征文比赛,社里还办了一张小报,可以发表诗歌、散文和小小说,于是就迫不及待地申请加入。我特别喜欢征文比赛,但获奖不容易。好多文学社社员都写得比我好。我于是恶补,看书写作,读世界名著,用别人的手法写自己的故事。我的故事比其他同学多,因为我从小就知道张家长李家短,知道谁家的父子反目为仇,哪一家的媳妇偷人了。这是乡村生活的馈赠，让我从小就懂得了大人们的秘密，而秘密是我写作的原动力。过去是想写出别人的秘密，现在则想写出内心的秘密。我读的是师范类学校，毕业后要当老师，因此有一技能必须学习，那就是刻蜡纸。我们领到刻板和蜡纸之后，并不急着学习刻字，而是把那张蜡纸当成一张报纸来办，号召同学写短文，刻在蜡纸上，然后印出来分发。这是我最早主办的文学"刊物"。后来，慢慢地在班上写出了一点名声，开始成为文学社的核心成员。

李宗文：当时的作文大赛有奖品吗？

东西：发表有稿费，获奖有奖品。稿费对我们这些穷学生很重要。我参加文学社之后，办报纸发表诗歌散文小说后就有收入了。那时候我们的伙食费一个月就十八块钱，而办报纸写稿后一个学期我能挣二十块钱，相当于每个月增加了五块钱的收入。有这个收入就特别有自豪感，是通过写作或者办报纸得到的。办报纸参加文学社还锻炼了自己的组织能力，比如号召同学去参加比赛，然后又如何组织老师来评奖，如何组织学生们来参加颁奖等。

李宗文：你真正经济独立是工作以后？

东西：毕业后，我分回家乡天峨中学做高中语文老师，每月工资三十六元左右。一个月也就这么一点钱，如果家里来亲戚，请吃一两顿饭，工资就全没了。不管怎么省吃俭用，每个月的最后十天，基本没有早餐费。没有就不吃早餐，等发了工资再恢复。记得有个月末，又没早餐钱了，正发愁，一家出版社退回了我寄去买书的一块多钱。出版社说那本书销完了，钱退回。我拿着那张汇款单跑到邮局，把钱取出来，赶紧买了两个面包。我有了工作之后就开始了经济独立，但偶尔家里还资助我。比如，我从天峨调到河池时的搬家费就是家里支持的。当时家里卖了一头猪，母亲就把钱拿给我了。

李宗文：从乡村到县城再到省城，一步步靠近城市，意味着你的人生发生什么变化？

东西：20世纪80年代，写作能改变一个人的工作环境，我们称之为写作可以改变命运。比如说我因为写作的特长，从天峨县调到河池地区行署办公室做秘书。做了两年，我觉得这份工作不适合我，还是想写作，于是就调到了河池日报社副刊部做编辑。到报社去做记者编辑的好处是能接触读者、作者，能更多地了解社会。特别是做副刊编辑后，交了一批爱好文学的朋友，大家都穷开心。后来，我又从河池日报社调到了广西日报社副刊部。之所以要离开县城，原因是县里太偏僻了。偏僻到什么程度呢？从县城到省城坐车需要两天时间。有时候我上完课，坐在自己的宿舍门口看着进城的公路，忽然看见一辆吉普车晃晃悠悠地驶来，整个人包括整个县城都兴奋，仿佛那辆车里坐着自己的亲戚。加之县城人口少，爱好写作的人不多，你很难找到志趣相投的人。20世纪80年代是中国刚刚改革开放时期，中国打开了大门和窗口，迎接各种思潮的到来，青年人蠢蠢欲动，都想有所作为。而待在偏僻的县城，信息闭塞，交流困难，总觉得自己迟早会被这个世界甩下。于是，想离开，去远方，就像今天的年轻人北漂那样，相信城市。当时，一个中学教师要离开县城是非常难的，除非你有硬关系，或特长。我是靠写作特长离开家乡的。到了省城之后，起码能见到杂志社的编辑，能跟当时在省里成名的青年作家们交流思想。更实际的是工资比县城高，生活质量有所提高，写作的心态较为从容。

李宗文：你最近的长篇小说《篡改的命》里面，现在的乡村的孩子，没有你幸运。高考被人冒名顶替，命运在毫不知情的情况下被人篡改。从被动篡改到主动篡改，结局很辛酸。你是一个通过高考改变命运的人，为什么对高考如此失望？

东西：我不是对高考失望，是对今天的命运改变失望。在我成长的那个年代，草根还是有希望的，还是有可能通过努力改变命运的。但是今天，少数草根还有希望，大多数却难改变。

获奖是因为运气

李宗文：你发表或者创作的第一部作品是哪部？对你一生有多大影响？至今对你影响特别大的作品是哪部？

东西：我发的第一篇小说，是一篇小小说，标题叫《校徽和我们》，发表在文学社办的报纸上，描写的是两个同学戴着不同的校徽回到家乡时的不同心理。刊物第一次公开发表的是一首诗，叫《山妹》，发表在《河池日报》副刊。那首诗写的是两个如花似玉的山妹，忽然就死了。这来源于真实故事。春节我陪亲戚去她们家相亲，到了 10 月她们双双病死。我头一次感到生命如此脆弱，并深深惋惜。1992 年，我第一次用笔名"东西"在《花城》发表短篇小说《幻想村庄》，这才是我创作的真正开始。以前都是盲人摸象，零零星星地写，却没有找到写作的开关。从 1992 年开始，算是懂得写作的一些窍门了。这一年，我同时在《收获》《作家》发表了两个中篇小说。改变命运的作品是 1996 年发表在《收获》第 1 期的中篇小说《没有语言的生活》。这篇小说后来获得了首届鲁迅文学奖，彻底地改变了我。

李宗文：你为什么会想到写《没有语言的生活》这篇小说？

东西：1994 年我已经被叫作青年作家了，我在一些知名杂志发表了小说，有幸被广东省作协青年文学院客聘。他们在全国客聘八名作家，每月发 1200 元的工资，被聘的作家有当时很红的余华、陈染、韩东等。我是被聘人员中年纪最轻、资历最浅、成就较低的。回到河池，当时我还在河池日报社工作，我就想写一篇能证明自己的作品。1995 年 2 月，我回乡过年，姐姐告诉我，年前村里来了一个听不见的人，他帮大家做事，大家给他饭吃，给他酒喝。可怜的是，你讲什么他听不见，叫他锄地，他去劈柴，叫他割草，他去割菜。他的行为让我产生联想，就是指令和结果相悖。回城后，我开始写这篇小说，写了两千字，发现不行。写一个失聪的人，未必能超越那些写盲人或哑人的作品。于是我停下来，在书房里徘徊，找突破口。一周后的下午，我忽然双手一击，想，为什么不把盲人、哑人和聋人放在一起来写？他们的状态不正是一种看不见、听不到、说不出的状态吗？直到这时我才兴奋，才觉得这个小说值得一写。

李宗文：这篇小说发表顺利吗？为什么偏偏是它能获奖而不是另一部？

东西：写作和发表的过程都有插曲，获奖是因为运气。现在回忆，这篇小说从开始写就伴随着好事。我在写这篇小说的过程中，接到了《广西日报》副刊部李延柱主任的来信，他说想把我借调到广西日报副刊部工作，问我是否愿意。我说可否等我把这篇小说写完，再去报到，他说可以。记得是1995年3月15日，我把稿件写完，投进邮筒，第二天就到《广西日报》副刊部去报到了。大约半个月后，我接到《收获》编辑钟红明的来电，她说稿件李小林主编看了，认为是我到目前为止写得最好的，但不能在1995年发出，原因是1996年《收获》要每期同时推出一个名作家和一个新作家。我的这篇小说被《收获》1996年第1期推出，同期中篇是著名作家王安忆的《我爱比尔》。因为这篇小说发表于1996年，它被复刊后的《小说选刊》责任编辑冯敏看中并选载，获得了当年《小说选刊》优秀作品奖。当时评委会主任是王蒙老师，他对这篇小说的点评是"所选角度绝决，读来有余音绕梁之感"。在杂志上看到这样的点评，让我有了写作的信心。1998年首届鲁迅文学奖开评，评选作品必须是1996年以后发表的作品。这篇小说恰好在评选范围。试想，如果这篇小说不在《收获》搁上大半年，那后来的运气也许就没有了。因为中国作协从1989年之后差不多十年没评奖了，所以中篇小说首届评十部。初评时，这个小说排在第十三位。我以为没戏了，但终评排第七位。终评委主任是王蒙老师。2016年夏天，广西有关部门请王蒙老师到南宁讲课。获奖18年后我第一次有机会与王老师近距离接触，询问当时评奖情况，他说都这么多年了，具体情况已不记得。而那个让我修改小说结尾的《收获》主编李小林先生，至今我未见过面。除了感谢前辈给予我无私的支持和帮助之外，我必须承认运气不错。

李宗文：评论家说你早期的创作中带有先锋派小说的印记。先锋派、意识流还有20世纪80年代的各种流派对你创作的影响有多少？

东西：影响肯定有，具体多少算不出来。当时中国处于改革开放时期，全世界的新思潮、各种新的创作方法哗地涌入，用今天的网络语来说,简直是亮瞎了。而年轻人喜欢叛逆,喜欢标新立异,喜欢接受新生事物,这一特性与新思潮新方法相遇,难免会擦出爱情的火花。那时候,凡是写得不像小说的,我都会找来读,凡是有新点子新想法的作品,大家都会相互传阅。传统的现实主义作品,寻根派、先锋派的小说我都读。写小说的时候,凡是好的方法我都拿来为我所用,因此有评论家说我是"东拉西扯的先锋"。

李宗文:你的作品里有夸张、荒诞和幽默的成分,且都关注现实。这样的特质今后会有变化吗?

东西:这就像依附在我身上的灵魂,没法改变。即便有所改变,这些特质也还隐藏在字里行间。就像我最近写的长篇小说《篡改的命》,仿佛是现实主义的写作方法,但里面用了许多荒诞的幽默的反讽的东西,甚至还用了一些魔幻的东西。并非我有意为之,而是在写作过程中这些方法会自动弹出,就像你学了武功,打架时功夫会自动跳出来帮助你。

李宗文:有人说你的幽默是"东式幽默",能否介绍一下?

东西:那都是朋友们开玩笑时说的,因为身边有几个胸怀宽广的朋友,所以说起话来毫不留情。他们都经得起调侃,受得了讽刺。因为他们的存在,大大地丰富了我的语言。《关于凡一平的流言飞语》(东西《叙述的走神》)和《回到起点》,

都是写他们的，既好笑又不留情面。这似乎也是我的小说语言风格。

李宗文：你一直喜欢用反讽、幽默的语言来写小说，从《耳光响亮》就开始了。我不相信那个时候，你的语言是朋友们陪练出来的。

东西：骨子里有，反讽和幽默是小人物自我保护的武器。面对压力和焦虑，我常常用幽默和反讽来化解。当然，也需要一点天赋，有的人想幽默也幽默不起来。更需要一点勇气，否则不敢自我讽刺。

李宗文：作家想写好一篇小说，首先必须学会讲好一个故事。故事不好，就会失去很多读者。保持艺术性和失去读者不可兼得时，你选择哪个？

东西：很多作品故事性强也未必有读者，有的小说故事性不强读者却很多。比如，卡夫卡的《变形记》，故事性强吗？不强，但很多人喜欢。最佳的小说是既有故事性又有艺术性，故事性和艺术性并不排斥，两者可以相得益彰。即便如罗伯-格里耶这样的法国新小说派作家，他也常常用推理小说的套路来写探索性极强的作品。故事性强是个很高的要求，讲故事不等于故事性强，写好故事才叫故事性强。何谓写好？那就是故事里有艺术，有人物，有思想，而不仅仅是讲一堆离奇的故事。

李宗文：你觉得你讲得最好的故事是哪个？

东西：我讲过很多故事，比如《没有语言的生活》中"看不见""听不到""说不出"，比如《后悔录》写一个人每一步都在后悔，比如《篡改的命》里写汪长尺改命……我不敢说这些故事都讲好了，但你会发现这些故事与现实、与人的内心都有关系，它不是猎奇，是与我们内心有关的故事。小说不是故事会，它所讲的故事一定要与现实和心灵相关。

李宗文：小说也有个定位问题。比如说一篇小说，常常被界定是通俗小说还是纯文学作品，而雅俗共赏是大家爱提的一个说法。事实上真能做到吗？最近有人认为，雅就是雅，俗就是俗，追求雅俗共赏可能会把作品弄坏。你怎么看？

东西：在我的脑海里，只有好小说和坏小说的区别，没有雅与俗的划分。关键是雅与俗由谁来鉴定？每个人心中的雅俗概念都不一样，有的貌似雅，其实俗不可耐，有的貌似俗，却写得非常好。

李宗文：能说说你心目中的好小说和坏小说吗？

东西：我心目中的好小说是有思想有人物有巧妙构思和精准语言、精彩细节的小说。我特别喜欢开创性的写作，就是没人写过的那种，让我脑洞大开的那种。比如卡夫卡把人变成甲虫，加西亚·马尔克斯敢于打破魔幻与真实的界线，福克纳把一个故事写四遍然后订成一本，加缪发现"局外人"，萨特发现"墙",鲁迅发现"阿Q",等等。凡是不符合上述要求的,都是我不喜欢的小说,也许不能叫坏小说,但缺少上述条件,离好小说一定有距离。

李宗文:你的小说达到好小说的标准了吗?
东西:不知道。但我有写作目标。

写作是弱者的事业

李宗文:20世纪八九十年代的作家们忙于和卡夫卡、加缪、萨特或者福克纳、海明威套近乎,兴奋于现代派、后现代派和魔幻现实主义的写作方法。21世纪到来,作家可能希望和张艺谋、陈凯歌走得近一些,如果小说被他们看中,那自然心里会比较开心。而再下来,作家可能会谈及韩寒、郭敬明,到了近年,可能一些更陌生的名字会出现在我们的嘴边。对这种变迁,你怎么看?

东西:无动于衷。我不会特意去写一篇作品投谁所好,也不会什么流行就去写什么。我只贴着现实来写,并追问我的疑惑。至于我的作品获得了类似于影视改编这样的机会,那是意外之财。高兴,但不沉迷。有些导演确实捧红了一些作家,但也不是所有的影视作品都能把作家捧红。我的作品影视改编有七八部,但一直不是很火。至于80后的作家,他们很成功,但成功是不能复制的,尤其不能倒复制,就是60后去复制80

后的成功之路。在写作这条道上,新人辈出是自然规律。写作需要定力,作家需要做自己,千万别按别人的套路出牌,那样的话自己就没了。用一生来写作的人,类似于跑马拉松,5公里是一个目标,10公里也是一个目标,但这都是小目标,最终的目标是50公里或100公里。

李宗文:你说过"影视改编是为了文学自救",现在你还坚持这个观点吗?现在你还写不写剧本?写剧本对写小说有没有负面影响?

东西:这个观点只对我有效,对别人我不知道有不有效。因为纯文学作品稿费太低,而卖影视改编权和编剧费要高得多,有时甚至高出一两百倍。在我最困难的时候,是影视版权费帮助我脱贫,是剧本创作让我买房买车。因为剧本创作,曾经有几年我的小说产量下降。写剧本是为挣钱,写小说那是我的最爱。所以,写了几个剧本之后,我立刻回到小说创作上来。一般写过剧本的作家,都不太情愿回到小说创作,原因是收入差别太大。但是,我一脱贫马上回来。用《后悔录》《篡改的命》证明自己还能写小说,证明自己没有因为写剧本而坏了手感。现在,我基本不接剧本,就想写几个自己想写的小说。剧本也不是那么容易写的,想想都后怕。当年,我一边写剧本,一边听着剧组收工时叮叮当当的声音,真是"压力山大"。今天剧组收工了,但明天的剧本我还没写出来,想想那个压力,免疫力都下降了。近百人的剧组耽搁一天,连租机器连房费连明星的违约赔偿，一天损失就好几十万。所以，编剧即便通宵，也得把剧本赶出来。

李宗文：从写小说直接跳到写剧本，这是两种文体，你没有写作障碍吗？

东西：有。开始不懂，跟导演讨论多了，电影看多了，慢慢就懂了。现在只要一说写剧本，我立刻可以转换写作模式。最近还写了一个话剧《瘟疫来了》，发在《上海文学》，收入我的剧本集《天上的恋人》。写剧本，其实给我打开了另一扇门，那就是看了许多世界名片，从中学到很多写作方法。新小说里丢掉的一些创作方法，影视作品里还有，这些传统的创作方法，是写作的重型武器，对写好小说有帮助。

李宗文：如果书卖得好，影视作品收视率也高，那作家或编剧的心情自然会好一些。但如果情况相反呢？

东西：那也得认。卖书和影视改编只是一个标准，真正热爱写作的人，并不会受此影响。曹雪芹喝稀饭写《红楼梦》，当年既不能卖书，更不能影视改编，如果他不坚持，哪来这部名著？所以，并不是所有的写作都能解决作家的现实困难。

李宗文：你认为必须具备哪些能力，才有可能成为一个作家？

东西：美国作家福克纳说成为一个作家必须具备三个才

能——观察、经验和想象。德国作家歌德说没有勇气何谈才华。他们说的都对,但我的经验是首先要有成为作家的愿望,就是爱好,爱好是最好的老师。其次是善于思考,就是对观察和经验有独到的思考。再次是敏感,对现实对自然对人心高度敏感,这样你才会比别人更快地捕捉到创作灵感。然后才是所谓的技术,比如结构、语言、细节等等。技术是可以学的,但爱好、思考力和敏感似乎是天生的。只有敏感的人,想象力才会丰富。

李宗文:好多作家说写作的想象力非常重要,构思和语言包括一些细节都很有想象力。你的想象力是天生的吗?

东西:可能也有后天的原因。那就是我有幸出生在大山里,没有过早地看漫画书、电视剧,童年时有机会在大自然中撒野。我曾对着森林想象仙女,对着大山想象城市,对着夕阳想象地球,对着月亮想象宇宙,对着黑夜想象鬼魂,对着绝望想象希望……生活在封闭的世界里,想象目光穿越山梁。我曾经写过一篇小说《目光愈拉愈长》,里面的人物就有这种特殊功能,那个叫刘井的母亲,目光拉到城市,看到自己失踪的儿子过着幸福的生活。好像莫言先生曾经说过是饥饿塑造了他的想象力。一个人饿的时候,会想象食物,想着想着,想象力就发达了。还有一种锻炼想象力的办法,那就是多阅读,看那些极富想象力的文学作品。坐长途汽车也可以胡思乱想,我早期的几篇小说都是坐长途汽车想出来的。山区的汽车非常颠簸，不能看书，就看着闪过去的山脉乱想。现在，发呆也能启动我的想象。

一边投降，一边坚持

▲ 东西、李军奇（时任《精英》杂志记者）
● 原载《精英》2015年第8期

李军奇：写新长篇《篡改的命》时，主人公汪长尺有生活原型吗？

东西：没有。我写《没有语言的生活》的时候，很多人问我是不是在乡村里看到的，我说没有，实际上我就是想写一种看不见、听不到、说不出的状态，写沟通的艰难。我用20万字把一个人物给塑造出来了，可是这个人在生活中真的没有。我写作是尽量去找有共鸣的东西，绝对没有一个人坐在那里等着我去写的，而且还是这么曲折的一个人。

李军奇：《篡改的命》探讨了命运的不确定，你是宿命论者吗？

东西：我是一个宿命论者，有时候冥冥中很多东西是注定的。我自己一路走来的命运，里面有很多运气和很多挫折，有些是可控的，有些是不可控的，命运这东西太神秘了。以前我们常说，我们很自信，人定胜天，我们可以改变命运。随着年龄的增长，现在看来，很多事情其实是天注定的，很难改变的。

李军奇：《篡改的命》涉及乡村的凋敝，乡村文明如何维系，你怎么看这个问题？

东西：我对乡村的回望，前几年的中短篇小说也写到过。现在的回望，因为拉开了距离，有些思考在逐渐地成熟，可能更理性。现在的乡村不是我们想象中的乡村。表面上看，村庄里还炊烟袅袅，村民们还过着桃花源式的生活，但是底下汹涌的东西比过去多。人们的心情很复杂、很起伏、很焦虑。有学者说，中国稳定的最大根基就是乡村文明。以前的乡村元气充沛，在法律的边缘，会有人出来主持公道、主持公正，会讲求道德，谴责坏人。现在乡村的一些文明的基石在坍塌，同时也出现了一些难题，比如医疗和教育等问题。《篡改的命》对这个问题也有揭示，最后大家甚至投胎都要投到城里去。农村的一些问题非常严重，一己之力是很难改变的。

李军奇：你的小说标题非常讲究，有什么心得？

东西：标题就是第一眼抓住人、撞到人心里的那个东西。我写作标题时追求陌生化的效果，比如《没有语言的生活》《请勿谈论庄天海》《蹲下时看到了什么》《反义词大楼》……

能标新立异的时候，我就尽量标新立异。当然你不能为了出人意料而出人意料，你的内容要和你的标题吻合。

李军奇：你写作中喜欢走神，你说写作的快乐就在于不断地改变初衷，为什么？

东西：写作就是这样，你没有真正进入写一个作品的状态时，你的思考是有漏洞的，你的逻辑是欠缺的；当你真正开始写的时候，就是跟着人物走的时候。只有跟着人物走了，写作的状态才是最准确的。写作前我主张有一个大构思，但是又不主张有详细的提纲。我在小说创作前也会有一个大纲，但是往往写出来的作品已经跟大纲不太一样了，唯一一样的可能是人物的名字，有时性格会变，情节方向也会变。写开头的时候，根本不知道结尾。有时候一不留神地走神，为什么走神？因为你当时觉得你写的道路是有问题的，你不愿意接受它，所以你要开小差。写作不是找到一条道路，写作真正的方法是把所有走不通的道路堵死，就剩下最后一条路，这条路也许才是正确的。

李军奇：你曾认为手机阅读趋势是不可避免的，曾想把自己的长篇在手机上连载？

东西：我当时是想这样做，后来和出版社联系觉得可行性不大。他们分析说，手机阅读的极限是短篇小说。大家可能接受一两个小时的阅读，但是长篇那么长，从视力容忍度和连载的时间长度来看,好像都不合理,大家都说还是不做。我觉得微信、微博的传播面非常广。当网络小说来的时候,我们并没想到可以传播得这么厉害,影响力那么大,我们必须接受这个现实了。其实现在在微信上已经可以看到深度的文章了。

李军奇:现在很多人的阅读已经转到手机上了。

东西:这个好就好在手机是一个终端,每个人只要打开屏幕就可以看得见内容。如果是传统的纸媒,要通过多少渠道才能到达个人手上,一是时间的漫长,另外是操作肯定没有手机这么方便。手机现在已经成为人们的器官,把作品直接送到人的器官上,最直接。

李军奇:现在能让你兴奋的小说多吗?

东西:作为专业的作者,我在写作过程中也想找好的作品,我周围很多作家也推荐作品给我,有的他们认为很好的作品我读到一半就不愿意读下去了。在文学领域里,真是趣味选择不一样,标准也不一样,兴奋点也不一样。好作品肯定很多,但是我遇见的不多。就像恋爱一样,好的女人可能很多,但是适合自己的,不一定能遇到。

李军奇:你曾经说荒诞小说逐渐成为世界小说的主流,现在还这么认为吗?

东西:在大家都不觉得世界荒诞的时候,我写荒诞的小说。当大家都觉得这个世界已经荒诞了，我该怎么写？现在不是小说荒诞，而是现实太荒诞了，荒诞到我的写作都像在抄袭现实，荒诞到我们的写作反而不真实。怎么办？我开始收了，不那么荒诞了，反而是往实里走了。另外，向深处、往心灵的底层挖掘，把人或事写到极致。写作肯定不能照搬生活，如果照搬，可以借用一句广告语——我们不是写作，我们只是生活的搬运工。如果这样写，那人人都可以做作家。读者没必要经历一次，又来阅读一次。今天写作最难的地方，就是在遍地都很荒诞的现实里，作家如何去提炼和概括，然后把最需要表达的东西拎出来，写入小说。每个作家在写作时都会找一个角度，这很考验能力。《篡改的命》貌似荒诞，但往回收了许多，比我过去的小说都显得实。作家在面对荒诞的世界时，要调动他的智商、思想力、概括力、穿透力，去发现问题，发现美。

李军奇：这种悲观式的深刻，一直是你创作的自觉吧？

东西：评论家谢有顺评价我的小说，"他写了悲伤，但不绝望"。他认为我的小说还有天真。比如我小说里的人物，他们是挣扎在生存线上的一群人，他们不停地追问：我这样做道不道德？行为是不是可耻的？对孩子是否有影响？他们追问自己干不干净，他们要做干净的人，可是干净是要有资本的。这是他们的自省和坚持，他们一直饱含着对道德、对干净、对高尚天真的幻想。他们一边投降，一边坚持。就像洪水来的时候，他们抵挡得住第一波和第二波，但能不能抵挡得住第三波？到第三波可能有人就放弃了。汪长尺一直在抵挡，这是残酷中比较温暖、有点希望的东西。不是说贫困者有道德优势，而是说我们每个人都需要学会反省自己。我作为一个写作者，也在追问这些东西，当我被逼得要投降的时候，我还在坚持自己的底线吗？

李军奇：你的底线是什么？

东西：第一是不能害人，这是我要坚持的，我可能会得罪人，但我不能害人；第二，当我不想说的时候，可以保持沉默，我有沉默权。这可能就是最低的底线，是今天很多写作者最后的底线。

李军奇：对好的小说语言，你是怎么理解的？

东西：沈从文的语言为什么耐看，经久耐读？因为他的文字有美，有诗意，有内敛，像静水深流，这是一种非常好的境界。鲁迅的语言，非常准确，很犀利，这也是好的语言。好的语言不是只有一派或者一种风格，好的语言就是你写到这个地方，写到这个人物、这个场景时必须用这个字，这个字是唯一的，准确的，恰当的。在今天过度喧哗与骚动的语境下，如果你的语言能让人拍案叫绝，或者让人怦然心动，那这就是好的语言。语言在不停地进化，许多网络语言非常生动，比如"脑残""烧脑""憋成内伤"等。

李军奇：你的小说语言非常幽默，幽默也是分层级的，你喜欢什么样的幽默？

东西：我走的是冷幽默路线，和纯粹的搞笑有区别。冷幽默里有很多值得回味的东西，需要转弯和联想。有时在饭桌上，我们说点什么，几秒钟之内大家还不知道这是幽默，但几秒钟之后，大家都会心一笑。冷幽默如同悲喜剧，在笑里含酸，甚至含泪。有时候，写着写着，竟然在辛酸的事情上也露出幽默来，这种写作可能是五味杂陈的，这种效果对于读者是非常折磨的，不知道是笑还是哭。

李军奇：现实生活中你是比较低调的，这种态度会影响你的写作吗？

东西：低调的典范是著名导演李安，他拍了那么多好电影，还保持谦和，他的身上保留了中国传统文化中的谦和。写作界有很多狂人，可能他们是天才，我很尊重他们。我为什么不敢狂？因为我觉得自己的才华还不足以狂，有时甚至自卑。我妈说"人狂有祸，天狂有雨"。写几篇小说，算不得什么。但当我到了小说里，观点可能很嚣张。做人和写作是两回事，有时就是两张面孔。可是，尽管你真的想谦虚，有时也会得罪人。爱好不一样，观点不一致，说话太直，都会得罪人。狂不狂和写作没关系，每个人在生活中都可能有表演和虚伪的成分，甚至为了照顾别人的情绪说一些言不由衷的话。但是写小说就是面对自己的心灵，就是赤裸裸地战斗和描写，不用隐瞒自己，不会顾忌，尽量地敞开自己的心灵去写。

李军奇：你对批判的度怎么把握？

东西：别老批判别人，首先批判自己，批判"我"的弱点和"我"的恶。写作的灵感，可能产生于一次愤怒，也可能产生于一次伤感或者感动。如果愤怒了，那就是"愤怒出诗人"。但在写作过程中要把愤怒给忘了，否则你不是在写一个作品，而是写杂文。一旦进入小说创作，就要跟着人物走，就要设身处地地贴着人物写，而不是整天喊口号。如果要艺术，就得把批判忘掉，让读者从人物、故事和语言当中去领悟感悟。

李军奇：在小说影响日益衰减的当下，小说的批判性有多大价值？

东西：小说的影响力确实是式微了，可是我的每一部小说还是力求表达对现实的关注，处理好现实与我们的紧张关系。当大多数作家都在玩艺术的时候，还有少数作家在直面人生。《篡改的命》这部小说，由故事和人物生发出的批判性、尖锐性没有减弱。小说讲祖孙三代想改变命运，最后的改变是投降。父亲愿意为了孩子而选择消失，这是一种大爱。因为他很无奈，这种无奈就像是我们举着拳头往前冲，以为要跟现实打架，但是，你万万没想到，那些举着拳头的人某一天全部投降了。如果全体投降，那我们就得反省到底是什么原因。投降是不是也是一种批评，或者是一种提醒，或者就像鲁迅先生说的目的是"引起疗救的注意"？所以这个小说写的虽然是投降，但某种力量还是保留着的。作家奥威尔说当他的写作一旦离开政治，他就立刻失去创作的激情。而我，当我的写作一旦脱离了现实，就立刻失去创作的激情。

还能悲伤，世界就有希望

▲ 东西、谢有顺（评论家、中山大学教授）
● 原载《南方文坛》2015 第 6 期

谢有顺：很多诗人私下都对小说家有偏见，认为小说是俗物。小说家多热爱俗世生活，也远没有诗人那样具有理想主义气质。一个诗人对我说，我们诗人聚会，还常会为着一个诗歌问题争得面红耳赤；小说家却越来越世故，早已学会了妥协，不仅文学问题的论争已经进入不了他们的日常生活，就连普通百姓都洞若观火的社会问题，他们也不愿在公开场合发表意见了。这其实也夸张了。据我所知，小说家之间也还是常有争论的，只是仅限于三两好友之间，不再慷慨激昂而已。在很多作家的内心，严肃的文学问题依然在折磨着他们。完成了一个长篇小说，就开始琢磨着下一个长篇怎么写，寻思着在写法上如何才能创新，这样的作家也大有人在。很多初次接触你的人，都会感受到你的幽默、欢乐，但未必每个人都能真正触及你的内心，了解你内心所隐藏的郑重、庄严的一面。今天我们就来谈谈严肃的文学问题吧。

东西：好的，小说家多用形象说话，对人与世界的理解，多感性的描述。很多的想法，可能确实需要经由你们批评家的诱导才说得出来。

谢有顺：《后悔录》之后，我对你的长篇小说一直有期待，今年终于看到了《篡改的命》。看完之后，首先是感觉你的叙事语言发生了一些改变。《没有语言的生活》中那种苦难中的诗意语言少了，《后悔录》中那种大量的冷幽默语言少了。取而代之的是简洁、直白的语言，还有网络语言的大量使用。你这种语言改变是基于什么考虑？

东西：第一问，让我想起卡夫卡的句子，他在写一个人说话有力的时候用了下面的比喻——仿佛一根棍子从他的嘴里直直地戳出来。面对这样一个题材，可以说是比较沉重的题材，幽默和诗意确实少了一些，但简洁和直白非常有效。这些年，小说的语言在发生改变，特别是网络语言在改变我们的表达。像"脑残""心塞""憋成内伤""拼爹""逆袭"等等网络语言，非常生动准确，如果不为我所用，就像刘备得不到诸葛亮，实在可惜。除了网络语言，我还让过去的人物说今天的话，让草根说高富帅的话，让白富美说平民的话。这种陌生化处理，能达到幽默的效果，更重要的是能让读者一下就记住这个人物。比如小说里张鲜花催汪槐还债，汪槐实在没钱，就写了一张承诺书，说半年后还不了便把宅基地给她。张鲜花拿着承诺书到处炫耀,村民们说,我们也借钱给汪槐为什么拿不到你这么多的好处?张鲜花说,我这是资本运作。二十年前的农村人根本不会说资本运作,但这么写这个人忽然活了。我们必须承认时代的语言变了,写作者有义务敏感地去捕捉。

谢有顺:确实,一些作家的语言,十年前什么样,今天还什么样,他们只改变故事的形态,不改变语言,好像学会了贾平凹、莫言和先锋派的语言就掌握了一门先进技术,可以适用一生,再也不用改变了。其实,语言上的陈词滥调和价值观上的陈词滥调,一样是无趣的。他们不知道,就连那些被模仿者的语言都改变了。文学的语言也是有生命力的,也是在不断生长和创造的。一直以来,我觉得你是一个敏感的作家,不仅对语言敏感,也对写作题材敏感。《篡改的命》表面上是一个老故事——所谓"老",是指这是一个很多作家都曾经写过的改变命运的故事,但你这个故事却写出了新意——所谓"新",是指你写的命运改变与众不同,甚至有悖常理。你是怎么想到让汪长尺这样一步步地篡改命运的?

东西:我在家乡和城市间穿梭,经常看见乡村里那些想改变命运而又改变不了的人,像我一样年龄慢慢地变大了。他们曾经雄心勃勃,曾经充满幻想,可是现在却站在村头伸长脖子瞭望,瞭望谁呢?瞭望他们进城打工的孩子,瞭望他们曾经的梦想。每次回村看到这样的画面,心里酸酸的,就想他们这辈子没法改变了,但是他们的下一代能改变吗?少数也许能改变,但大多数还得重复父辈的生活。很不巧,他们出生在一个"拼爹"的时代,他们的爹只懂得伸长脖子瞭望,却帮不了他们升学、找工作。他们若要改变,除非出现奇迹。我像他们的家长一样,琢磨如何才能出现奇迹,想来想去,只有汪长尺的办法,那就是把孩子变成有钱人的孩子,自己做一个影子父亲。这个灵感是被逼出来的,是所有的想法都行不通了之后才产生的想法。

谢有顺:这其实就是荒诞,但又是当代社会的真实镜像。面对光怪陆离的当代生活,荒诞已经不是一种文学修辞,无须作家刻意去扭曲生活的逻辑,或者用夸张的手法去写一种貌似离奇的生活——荒诞已经成了生活本身,关键是,作家能否找到一种合适的方式来指证它是真实的。《篡改的命》中,汪长尺为了改变儿子的命运,决定把儿子送到仇人身边抚养,为了儿子,甚至不惜付出自己的生命。这样奇崛的情节,如果没有很好的性格和叙事铺垫,是很难说服读者相信你所写的是真的。这是你这部小说最大的写作难度,你如何在写作中解决这个写作的难度?

东西:正因为要解决这个难度,所以小说前半部才有汪长尺那么多悲伤的情节。他是一个脱了几层皮的人,是一个被父亲寄予厚望的人,是一个尊严被一点点削掉的人,是一个看清楚了环境然后要为后代赌一回的人。这样一个人,如果我们不站在旁观者的立场,不俯视他,不以知识分子自己对待孩子的

还能悲伤,世界就有希望 ‖ 149

态度来要求他，那么他最后一"送"就是合情合理的。这一"送"并非绝情，恰恰充满了他对孩子的爱，一种变形的爱，像一首歌里唱的"只要你过得比我好，什么事都难不倒"。汪长尺这一送，除了绝望，还夹带了些许希望，因为他觉得只要孩子进了林家柏这样的家庭，将来就会幸福。只要孩子幸福他什么事都可以干。其实汪长尺也是一个脆弱和敏感的人，他对生命的态度在小说一开始就埋下了伏笔。第一章，他高考没被录取被父亲汪槐大骂之后，曾经想到了自杀。虽然这个念头只一闪而过，但它是后来汪长尺选择结束生命的伏笔。像他这样的人生，即便林家柏不逼他，他也有可能选择消失，更何况这种绝望里还夹带了那么一丝丝希望。

谢有顺：汪长尺是被绝望劫持了，他选择把孩子送人，是他对生活所做出的奇异的"绝望的抗战"。他残存的那一丝希望是在荒诞和绝望中孕育的，是经过无数苦难之后积攒下来的一些希望的碎片。它甚至像爱情一样，有可能一夜之间就消失，所以它一出现，他就想紧紧地抓住它。这样的情节和叙述都是奇特的。这令我想起加西亚·马尔克斯在构思《百年孤独》的时候，曾经为找什么样的叙述方式犹豫，后来他决定用外祖母讲故事的方式来写这部小说。他在创作谈中说，外祖母讲故事的时候从来不怀疑她讲的故事是假的。叙述者首先要相信你的叙述是真实的，这样读者才会跟着你相信。说谎者如果连自己都不相信自己所说，如何能让别人相信？好的小说，就是要创造真实的谎言。我看见你在小说中构建了一系列的逻辑，让汪长尺的选择具备了合理性，但是你也为了这个合理性，在汪长尺的身上集中了太多的困难。这些年我们在媒体上看到的底层人物的困难，几乎让他汪长尺都摊上了，你好像要把小人物可能面临的苦难全部压在他一个人身上，难道你不担心这过于巧合了吗？

东西：是的，大部分草根遇到的困难，我都集中在了汪长尺的身上，我需要这个典型人物，来完成我内心的表达。写作的时候，我曾经犹豫要不要在他的身上叠加那么多困难，想来想去，必须叠加，否则这个人物就不成立了。写作中，有一种方法叫"困境设计"，就是要不断地给主人公设计困境，让其选择。他在选择中被作者慢慢塑造。鲁迅说人物的模特儿也一样，没有专用过一个人，往往嘴在浙江，脸在北京，衣服在山西，是一个拼凑起来的角色。显然，汪长尺也是一个拼凑起来的角色，他的身上集中了草根的命运。写着写着，我就觉得这不是写作方法的问题，而是彻头彻尾的现实。

有一位作者在看完本书后，给我发了一段微信，说："我最不能够认同的，是以荒诞来评价这部作品，也许把那么多的经历集中在汪长尺一家三代身上，的确有荒诞的表象，但是文学本身就是对生活的概括和提炼……我感觉就是现实，惊人的现实，那里面的每一个情节，都似乎在说我自己，以及在我们的现实生活里逼真地发生过……"

谢有顺：罗伯-格里耶曾在一篇文章里这样说："所有的作家都希望成为现实主义者，从来没有一个作家自诩为抽象主义者、幻术师、虚幻主义者、幻想迷、臆造者……"大家都认为自己是在表达现实。在古典派看来，现实是古典的；在浪漫主义者看来，现实是浪漫的；在加缪看来，现实是荒诞的；在凡·高看来，现实是模糊的；在毕加索看来，现实是割裂的。现实的图景一直都在变动，但它在作家那里依然是真实的，这表明，现实的边界正在扩展，我们需要用新的眼光来理解现实之于作家的意义。卡夫卡最初所描绘的世界图像被人看成是一种病态想象的产物，可现在，他的作品所呈现的，多数人都能领会这是一种现代的真实。

所以，一个曾经不喜欢卡夫卡的思想家被无端监禁多年之后说："我今天才明白，卡夫卡是真正的现实主义者。"这是多么痛彻的领悟。作家往往是时代的先行者，他们的精神触角会敏锐地觉察到一些新的现实，他们是在拓展现实的边界，以呈现生活那无穷的可能性。能把生活的荒诞写成一种新的生活形态，并让读者觉得这是真实的，这才是现代小说的写法。比如，我注意到，你小说中的人物，都有一个特点，就是性格都有点偏，有股劲，有现代感，这种现代感甚至也贯穿在你的叙事之中。对于接受过20世纪以来现代艺术训练的作家，我觉得小说写得过于传统、陈旧是不可容忍的，你对小说应有的这种现代意识怎么看？

东西：我不太喜欢只写常识的小说，当然，由于小说的浮夸之风盛行，有人说能够让小说回到常识就不错了。我一开始写作就想标新立异，就想跟过去的小说不同，比如最早写的《商品》《没有语言的生活》《肚子的记忆》等等。我信奉小说是发现。写作要有贡献，哪怕是小小的贡献。但是，我的标新立异总是维持着跟现实的关系。比如我在20世纪90年代初写的《商品》，就用结构来说明小说开始商品化了。《篡改的命》貌似用传统写法，但是夹杂了先锋的、荒诞的、魔幻的、黑色幽默的元素，这些元素并非我有意夹带，而是写到此处时它们自然地跳出来，为我所用。比如，我写汪长尺爬到墓地骂他爹，写汪大志有农村过敏症，写汪长尺投胎，写汪槐问鬼，写汪长尺和小文谈论小文的职业，等等，动用这些方法，全都是为主题服务。另外，我还用了电影中的剪辑和蒙太奇，小说的"引子"部分就是从后面抽出来的，让这一段提前是为了吸引读者。

谢有顺：同时，你还大量地使用了戏剧写作中的"巧合"以强化人物的矛盾冲突，使小说具有了极强的可读性。你用巧合塑造了一个汪长尺的对立面林家柏，可以说汪长尺进城之后的大部分困难都是林家柏制造的。这种戏剧化的写作既古老又传统，打个比喻，就像是从莎士比亚、雨果、巴尔扎克那里借来的武器。这部小说充满了这种戏剧性，是不是受了影视剧本写作的影响？

东西：如果我把在林家柏身上的故事分给三个人，他们分别是林家柏、赵家柏、钱家柏，那么这个小说的巧合或者说戏剧性立刻就弱化了。但是，在戏剧或影视剧创作中有"合并角色"一说，能够用一个角色来完成作者的写作目的，那就绝对不用两个人物。这里用了批判现实主义的写作方法，也借鉴了戏剧或者说影视剧的创作方法，使用了"对抗原理"。能不能写好主人公，取决于对抗力量对他的影响，在这里汪长尺的对抗力量是林家柏。汪长尺原本只想把孩子送给方知之，但后来发现方知之的丈夫是林家柏，林家柏是汪长尺的仇人，要把孩子送给仇人，这个难度一下就加强了，或者就更有意思了。为了孩子的幸福，汪长尺不惜向仇人妥协，向命运投降，这样的投降更为悲壮。试想汪长尺若是向赵家柏钱家柏投降，小说的力量就会大大削弱。穷人送孩子的事我们在社会新闻中经常看到，而送给仇人，定点投放，做影子父亲，则有了艺术的提炼。

  中国先锋小说之后，有一种反故事的写法，那种生活流、意识流仍然成为评价小说的重要标准。然而，即便是先锋小说作家，比如莫言、余华、苏童等等，他们都大踏步地后退，有的吸取民间文学方法，有的重拾传统的写作方法。而新一代的网络写手，他们更是大张旗鼓地写故事，因而博得亿万粉丝。这些我们曾经丢弃的武器，被新一代创作者捡起来重新开火，火力还很猛。所以，没必要害怕戏剧性，今天我们为什么还读莎士比亚，有一部分原因就是在读他的戏剧性。法国存在主义文学大师萨特，也写过许多舞台剧本，至今我还认真学习。戏剧性不是网络作家、外国文学大师的专利，它也曾是我们古典文学的重要手法。

谢有顺：其实，戏剧性也好，巧合也好，作品能不能成功关键在于你要说服读者，让他相信你所写的是真的。我曾说，阅读是作家和读者之间的一种契约，这个契约要一直维系下去，就必须一直让读者觉得你所写的是真实的。这个真实，可以是生活表象的真实，也可以是情理的真实或想象的真实。合乎情理、合乎想象的逻辑，即便适当扭曲生活的逻辑，读者也不会觉得你所写的是假的。"飞流直下三千尺"，"轻舟已过万重山"，谁都知道太过夸张了，但读者依然觉得好，就是因为读者知道，诗歌更多的时候不是服从于事实的逻辑，而是服从于情感和想象的逻辑。小说或许没有诗歌的自由度大，但小说依然有权利想象，有权利把人的情感、意志和灵魂放到生活的熔炉中去反复煅烧，通过一种绝境把人最复杂、深层的性格逼示出来。绝境意识往往会造就一种极致叙事，诞生一种极致真实，这也是一种现代艺术的修辞。

我在读你这部小说的时候，不断地跳出对小说逻辑的怀疑，又不断地被你的故事说服，这个阅读过程是美妙的。有时候我们只看到巧合，却不追问巧合是为什么；有时候我们只看到重复，却不想为什么会重复。比如汪槐招工的时候被人顶替，到了汪长尺高考又被人顶替，这种巧合和重复是很有力量的，它至少告诉我们改变的艰难，重复的悲哀。不管如何戏剧性，我们需要看到作家想表达的内心深层的内容，你想表达的，至少我看到了。这使得你的小说有一种重要的品质。用汪曾祺的话说，是有人物。一部小说，人物立不起来，就算不上成功，小说的写法无论怎样探索、实验，最终还是离不开对人物的塑造。

东西：在中短篇小说里我可以空灵诗意，甚至反故事反人物，但在一部长篇小说里，我必须塑造扎实的人物。没有人物，我的情感就没法寄托，像曾广贤，他寄托了我的"后悔"，牛红梅寄托我的"迷茫"，汪长尺则寄托我的"绝望"。陀思妥耶夫斯基在《罪与罚》里也是通过拉斯柯尔尼科夫这个人物来完成他的表达。人物是作者心灵中的一小块，这一块被发酵放大，最终成为一个活生生的人物。他们慢慢变成作者的邻居、亲人，甚至变成作者自己。某种程度上，作者是能通过人物彻底地融入小说的。所以，这部小说我写到最后真的很悲伤。我想，如果当年我没有考上大学，也许命运就和汪长尺差不了多少。

在我的写作中，短篇小说会把思想排第一，语言排第二，但在长篇小说创作中，我会这样排位：思想第一，人物第二，故事第三，情感第四，语言第五，细节第六……因为长篇是个大结构，需要饱满的人物，好的故事框架，充沛的情感，然后再来讲究语言和细节。为什么思想总是排在第一？因为没有思想，那你写的人物也许就是一个空壳。思想力还包括创新与突破，比如我就很喜欢法国新小说派作家罗伯-格里耶的电影剧本《去年在马里安巴》，这里面有思想，有创新，有震撼，当然还有一个滔滔不绝的人物。

谢有顺：看得出你的写作深受新小说的影响，近两年的短篇小说，比如《请勿谈论庄天海》《蹲下时看到了什么》，都有那么一股新小说的味道。我们不知道"庄天海"是谁，却不敢谈论他。一谈论他，我们就摊上倒霉的事，他就像某种神秘之力，抑或是因为我们内心极其虚弱而产生的幻觉。而《蹲下时看到了什么》，答案是看到了人性。平时我们都是站着看，而这篇小说是蹲着看，这是一个观察人性的绝佳角度。当然，你也深受荒诞派小说的影响。你的写作不是简单模仿生活，而是通过变形、荒诞的方式，写出生活的另一面，是更深的真相。你是要触动人的灵魂，写出真正的灵魂冲突。当你、余华还有阎连科等人都说出"现实比小说更荒诞"的时候，你是把荒诞写作当成了作家介入当代现实的有力武器？

东西：所有荒诞的写作都是希望这个世界不再荒诞，但世界如果不荒诞那就不成其为世界。在这个小说写完交给《花城》之后，大约6月6日，我在广州接受李军奇先生的采访。当天我们都注意到了一则新闻，一位贫困家庭的孩子身患怪病，父亲无钱医治，说，如果我从楼上跳下去孩子的病能好，那我就跳下去了。这种父爱，多么像汪长尺对汪大志的爱。后来，大约7月中旬，我又看到一则新闻，说1988年，有两对同卵双胞胎在哥伦比亚波哥大的一家医院同时出生。因为医院的一个失误，把他们四个搞混了。两个家庭以为是异卵双胞胎，就这样各领了一个自己的和一个别人的孩子回家抚养长大。在城里长大的两个孩子一个成了工程师，一个成了会计师，而在乡下长大的两个孩子都成了屠夫，在打理一家肉铺。今年7月这四人见面了，被错抱到乡下的那个有钱家庭的孩子，成了屠夫，而乡下被错抱到城里的那一个则成了会计师，这不就是"篡改的命"吗？这个新闻恰恰发生在《百年孤独》的作者加西亚·马尔克斯的家乡，难怪他要用魔幻现实主义来写作！确实，现实中每天都有荒诞的故事发生，有时甚至超越虚构。本来荒诞是我介入现实的有力武器，但现在我却像个生活的抄袭者，你的武器被生活使用了。怎么办？我想现实虽然荒诞，但仍需要写作者智慧地提炼和概括。

谢有顺：生活每天都在上演各类的荒诞和传奇，这些不过是表象。作家的意义在于，他能通过苦难看到一种命运，一种存在的状态。许多时候，存在是一种宿命，一种无法修改的错误——活着就是悲剧，这是存在的本质意义的黑暗。看到了这个本质，绝望就应运而生了。所以说，能写出绝望的作家，他的灵魂一定是生动的。从存在论上说，人无法修改自己的命运，但你塑造了一个人物，偏要改变这种命运的逻辑。事实上，你是在写改变的艰难与代价。表面上的改变，并不能影响命运的本质，甚至有可能走向命运的反面，接受命运本身的审判。你在小说中写汪大志，送到有钱人家后，从小变得势利、冷漠，甚至小小年纪就学会了诬陷好人（汪长尺救他，还被他倒打一耙)。在汪长尺的设计下,他的命运改变了吗?改变的不过是外在的生活条件,命运深沉的底色依然如旧。这是多么沉痛的事实。《篡改的命》表面上是写城与乡的矛盾,核心还是关注人的命运,是写小人物的无奈、痛苦,无所抉择的绝望感。这是朝向绝望的书写,汪长尺最后是心如死灰,心死是一种最深的绝望,或许,希望只能在绝望中诞生?

东西:确实,绝望中还是有希望的。

8月下旬我参加上海书展,一位读者跟我说,读完此书他有两个感想:一是改变命运是大家关注的问题,有共性;二是读完小说后,他觉得自己应该更善良,就是对那些草根要更好一点。他说他叫了一个修水管的上门修理水管,讲好价钱是三十元,但最后他给了他五十元。绝望的书写恰恰是不想让人绝望,我虽然是个悲观主义者,但从来没有放弃过希望。好像多年前,你曾经也写过一篇有关我小说的评论,题目好像叫《他写了悲伤,但不绝望》。这一部相比过去的小说,似乎冷一些,但是我相信仍有温暖,就像汪槐和刘双菊给汪长尺的温暖,就像汪长尺给汪大志的温暖。他们虽然困难,却都把温暖传递给了下一代。

谢有顺:我个人是很珍重这些有暖意的写作的。我总觉得,当下中国,心狠手辣的写作、黑暗的写作太多了;带着希望、暖意和亮光的写作太少。我们需要后者,但这确实又是一个无所希望的时代。一个作家,只有把希望藏得越深,力量才

还能悲伤,世界就有希望 ‖ 159

可能越大。直白、浅薄地写希望，只会令人生厌。正因为如此，我们刚才谈到，绝望中的希望才是真正的希望。没有经过苦难的磨砺、没有付出眼泪和代价的希望，都是轻浮的、廉价的。正如宗教意义上的救赎，必须付出死亡、流血的代价。没有死亡就没有复活，没有苦难也就不会诞生任何有价值的希望。你的写作，一直是有这种生存论意识的。《后悔录》中的曾广贤，选择了"后悔"作为他对自己的救赎方式，但到了汪长尺，他不再选择"后悔"，而是选择了死亡，决绝一跳，向死而生。人物的这种心理变迁，也表征着作家本人对世界的理解发生了巨变？

东西：汪长尺这一跳也是拯救，他在拯救汪家，在拯救他的孩子汪大志，也就是林方生。他父亲汪槐给他的任务，就是要改变汪家的命运，所以他在跳之前写了一张字条："爹、妈，汪家的命运已经彻底改变，我的任务完成了。"我们在前面谈到过，汪长尺是带着些许希望跳下去的，因为他相信这一跳会换取汪大志一生的幸福。至于对世界的理解，随着年龄的增长、经历的丰富，真的每天都在改变。生活提供了那么多鲜活的证据，如果我们不重视证据而凭空捏造主题，那就是格式化的写作。

谢有顺：如果用浪漫主义的写作方法，这里会写到幻觉，写到汪大志未来幸福的画面。但是，你没有写，相反，你让长大之后的汪大志（林方生）彻底销毁了自己在农村的痕迹（取走照片）。他后来知道自己生父是谁，知道生父的命运被人篡改了，自己的命运也被父亲篡改了，但他臣服于这种已被篡改的命运逻辑中。他选择安于现状，接受利益，他身上有一种令人无望的庸俗和屈服性。从某种意义上说，汪长尺苦心孤诣的篡改，制造的不过是另一个命运悲剧而已。那种对城市的假想，能承载他当年的梦想吗？这样的"篡改"真的有意义吗？

东西：希望即幻想，城市向往田园生活、向往慢生活；乡村向往城市，希望在城里挣更多的钱。正如汪长尺同学兴泽所说，"出去还有改变的可能，不出去什么可能都没有"。模仿兴泽的话，那就是篡改还有可能，不篡改什么可能都没有。

谢有顺：从小说人物的角度看，篡改完成之后，命运获得了阶段性胜利，但从更深的意义上讲，幸福并没有从天而降，命运呈现出来的是一种更大的虚无。恶是有力量的，但由恶所改变的世界，终究是灰色的，甚至是绝望的。《篡改的命》中，可以交易的死亡和可以篡改的命运一样，从终极意义上说，都是一种恶。只是，这种恶作为一种事实，并不为这个时代所批判，它更像是一种成功的力量，被时代的潮流所推崇、所裹挟。我在你的小说中读到了这种可笑的荒谬感，读到了含泪的笑，读到了一种改变者的意志，但最重要的是，我读到了一种生命内在的凉意。你是在预言什么吗？我希望这个预言是假的，我希望所有的读者都还能从你这部小说中读到悲哀之情。只要我们还能悲伤，世界就还有希望。

2015 年 8 月 18 日

不顾一切的写作，反而是最好的写作

▲ 东西、符二（评论家、时为云南大学文学院博士生）
● 原载《作家》2013 年第 1 期

符二：可否先谈一下您的童年？

东西：我出生的地方风景非常好，在一个高山之上，可以看得很远。我印象最深的是早上上学的时候，雾气很浓很重，从山上看下去，大雾像海一样弥漫。雾里只有一个很高的山头冒出来，其余都是一片白茫茫、乳白色的雾。那个时候我就觉得，这就是大海吧。傍晚，如果是晴天，看得非常遥远，太阳落下去的时候，落日像蛋黄一样，黄黄的，柔软的，一下就不见了，掉下去了。

当时，家乡非常封闭，不通公路，也不通电。小时候没有电视看，晚上点煤油灯。但是，我看的是天上的月亮，后来曾写过一个短篇小说，篇目是《天灯》。月亮，那时就是我的灯光。我听的是蛐蛐、知了的叫声，自然的声音，闻到的是草的香味，树木的气息，还经常摘野果子吃，和大自然很亲近。现在经常会想到那一幕幕的生活。当然,那时的物质生活也相对贫乏,估计比"50后"的乡村略好。我家的条件在村里算最好的,但和现在比起来物资相当的匮乏,能吃饱,能挺过来,就这么一个状态。

符二:这段童年生活,在后来的写作中有没有反映出来?对您的写作又有多大的帮助?一个人从小生活的环境,与他天性的形成,甚至日后对世事的看法,都是密不可分的。

东西:很多名家都论述过,一个人的童年经历对他一生的写作都有影响。可我真没法评估这段童年经历对我的写作有多大的帮助,这是没法量化的。

乡村的生活是叙事的,整个村庄的故事,不会因为你是小不点就回避你。你和大人一样,能听到、看见,享有同等的知情权,逼迫你早熟。实际上,村庄的故事就好像连环画,或者我们报纸上的故事连载,张家长李家短,他们的欢欣和痛苦,变故和灾难,我都会知道,而且是连贯的。这样的生活对于一个写作者来说,肯定是有帮助的。

这种生活已经成为我血脉的一部分,比如我对自然的认识,对人性的看法,甚至对美好的向往,包括在封闭状态下对远方的想象,它都进入了我的血脉,在后来的写作中再慢慢地流出来。

符二:余华告诉我,他写作是为了摆脱牙医的命运,但一开始根本不知道怎么写，甚至连怎样转化段落都不知道，但就那么不停地写，写出来了。您一开始写的时候困难吗？

东西：开始，我的写作是缓步前行的，有点试探的味道，或者说还不那么自信。读大学时，主要是在阅读，恶补知识储备的不足。老师列的名著，像《巴黎圣母院》《巴马修道院》《包法利夫人》《复活》《安娜·卡列尼娜》以及陀思妥耶夫斯基的《罪与罚》等，都借来阅读。那时还保存尚好的阅读气氛，同学之间都不比吃穿，而是比谁的借阅卡换得最快。我16岁进大学，文学的底子非常薄，所以要恶补。

符二：那时还不是有自觉意识的创作？

东西：写点"豆腐块"，是发自内心的，没有想过要发表。但是，写短篇小说我是有针对性的，是渴望发表的。大学几年，我只发表了一篇小小说、几首诗歌和几篇散文。短篇小说，我一个学期最多写一篇，轮流投过几家杂志都被退稿，所以写得很节制。

为什么惜墨如金？因为当时的实力和所处的位置决定了我的发表不会顺畅，而自己的写作才华也远未达到编辑愿意提携的地步。只有限地写了两个短篇小说，投石问路。对于成功，有幻想，但对失败也能接受。那时，我以一种可能失败的姿态，试探性地叩击文坛厚厚的门板。

符二：后来的发表顺利吗？

东西：毕业时，我已经19岁，比原来熟了一些，因此，写作时就要考虑出口。

我先补习一些教科书上没有的阅读，比如卡夫卡、沈从文。当时，他们都被遮蔽，在课本里只是轻轻地带过。但我阅读他们的时候，创作欲望立马就起来了。前者对应我所看到的荒诞现实，后者让我看到如何使用乡村写作资源。我发现大学的阅读不够丰富，必须再推开别的窗口，呼吸新鲜空气。

我分配到家乡天峨县中学当老师，在那里，我开始在地方的报纸发表诗歌、散文、小小说。而短篇小说我则有意识地往西部邮寄，投稿给《西藏文学》《中国西部文学》《广西文学》。我起步阶段，分别在这三个杂志发表过三个短篇小说，发表时用的是原名田代琳。当时我还没有水平"北上"和"东征"。哈哈，我应该是较早的"西部开发者"。

真正让作品上一个台阶，被人认可是在《作家》。那是90年代初期了，用的是"东西"这个笔名。1992年，是我的关键年份，因为这一年我在《收获》《花城》《作家》分别发表了两个中篇小说和一个短篇小说。

符二：您的小说，在写作的过程中修改的幅度大吗？有废弃的文字吗？

东西：早期是用钢笔写作，改起来很不方便，所以基本上是想好了再下笔，下笔之后就不太修改。我认定的可能会发表的作品，投出去基本都能发表。修改的幅度不是太大。

从开始写作到现在，我的退稿只有两个短篇小说，一个是《天之涯地之角》，一个是《大块头的幽默》，都是在大专时写的。《大块头的幽默》辗转几个地方后，已被一家杂志留用，但杂志忽然停刊。

符二：您写作有秘密吗？灵感、技巧、师承、素材的来源，从哪位作家那里汲取了营养成分，诸如此类。布罗茨基就说他偷过特朗斯特罗姆的意象，在他承认之前，这就算是秘密。

东西：技术上，我没有单一的师承关系，也没有特别的偏好。但我的荒诞感有可能受了卡夫卡的影响，不过已经中国化，甚至那些荒诞就发生在身边，不如说生活影响我更准确。只不过我在卡夫卡的身上找到了自信，觉得这种写法也可以称之为小说。凡是好的构思都曾经刺激过我，比如卡夫卡的《变形记》，福克纳的《喧哗与骚动》，加西亚·马尔克斯的《一桩事先张扬的杀人案》，索尔·贝娄的《赫索格》，卡达莱的《亡军的将领》，黑泽明的电影《罗生门》，今村昌平的电影《楢山节考》，丹尼·博伊尔的电影《贫民窟的百万富翁》，大卫·芬奇的电影《返老还童》，伍迪·艾伦的电影《赛末点》，等等，真是数不胜数。好的人物塑造也让我心驰神往，比如阿Q、洛丽塔、拉斯柯尔尼科夫、包法利夫人、高老头、赫索格、孔乙己、汉娜、石神、格里高尔等等。我从众多优秀作家的身上吸取营养。

至于灵感，大部分来自对生活的感受和思考。当然，也有不期而遇的打击或者刺激，刹那间给我灵感。灵感会降临每个作家身上，它不是谁的独门绝技。比较特别的是，我有一两次在做梦的时候，梦见好的小说题材。比如昨天晚上，我就梦到了一个短篇小说的题材。为什么会在梦里出现？估计是知道你来采访我了，我觉得欠你一个稿子，于是赶紧做梦。

符二：您是如何进入小说的，是先有灵感，还是有了人物，或者故事，是哪一点导致了一部小说的诞生？

东西：三方面都有。比如我写《我们的父亲》这个短篇小说时，首先就是想到人物。一个农村的父亲如何在做警察的儿子、做医生的女儿和专门埋尸的侄子面前消失？这个形象蹦进我脑海时，就觉得不仅有人物，也有主题，还有了结构。这是一个被忽略或者说被消失的父亲，我决定写他。

有时候，写作会从一个画面开始。比如写《肚子的记忆》时，蘑菇和大粪摆在一起，这个画面深深地刺痛了我。

灵感不是从一条道上来的。

符二：提到《我们的父亲》，我很好奇，我们的父亲最后到底去哪儿了？

东西：我也不清楚他去哪儿了。因为写到他消失，我的任务就完成了。

符二：这是一个狡猾的回答吗？您是作者，是您写了"我们的父亲"，您在跟我们玩叙事圈套吗？

东西：不是。我当时设定的任务就是让"父亲"消失。因为，这是一个没有父亲的时代。我在报纸上看到美国、欧洲有很多试管婴儿，他们是没有父亲的。如果听说谁是他们的父亲，他们就会悄悄跟踪、远远地观察，却不敢上前去叫一声老爸。而在写这个小说的时候，中国的农村人口大量外流，父亲们被严重忽略。

20世纪80年代，是一个弑父情结非常严重的时代，每个年轻人都很狂，特别是写作者，或者那些有叛逆精神的人，都想充当"弑父"的角色，都希望杀死"父亲"，反感"父亲"这个象征。

几个方面因素的结合，让我写出了这个父亲形象。实际上，我就是想说这是一个没有父亲的时代，所以最后连他的尸体都彻底消失。

符二：父亲死亡与否都悬而未决？

东西：死亡是肯定的。但是他的尸体去了哪里？这真是连我自己也搞不清楚的。我也没想搞清楚。

符二：父亲尸体的不知所终，您不觉得跟芥川龙之介的《竹林中》，被害丈夫究竟死于何人之手的结尾有异曲同工之妙吗？

东西：我觉得不一样。因为芥川龙之介的《竹林中》实际上是在玩叙述，它是一种叙述的探索。《我们的父亲》没有第二种可能来解释它，它也不是多角度叙述，而是一条线走到底，只是在结尾的地方留了空白。

符二：您的短篇小说饱满充盈，但从外部形态上看似简练短促，受卡佛影响吗？

东西：没有。写这些短篇小说时我还不知道雷蒙德·卡佛。巧的是，这几天我在重读他。卡佛对人物片刻的状态和隐秘心理的描写，非常准确细腻。这是他小说的魅力所在。

卡佛是写横截面的高手，像《你在圣·弗兰西斯科做什么？》《他们不是你的丈夫》等，都是写横截面。后一篇他写丈夫到咖啡馆，去看自己的老婆如何在那里做女招待，一点也不复杂，典型的横截面，但写出了丈夫微妙的心理。《真的跑了这么多英里吗》写男主人公利奥和女朋友去卖车的过程，利奥总是怀疑女友在卖车的过程中，和那个买车的人发生了关系，女朋友回来后还打她。这一切都是因为他生活太穷，他的投资亏损了，再加上怀疑女朋友出卖他，于是非常痛苦。就是这种微妙的状态，3000字左右，很短。

和卡佛比起来，中国的短篇小说都写得太奢侈，内容太复杂。因为我们总是强调思考、深刻和饱满，总想把一个人物写清楚。但卡佛从来不这样，他几乎都没把人物写清楚过，留了大量的空白，反而很迷人。所以我在想，我们的短篇是不是太撑了？就像请客吃饭，我们的菜是不是做得太多，以至于无法让客人消化？也许我们只用三分之一的原料，就可以打发客人，而且吃得恰到好处。

但如果总是读卡佛这样的小说，也不会过瘾，就像读剧本里的一两场戏。他小说的迷人之处，还在于写出了隐秘的心理和非常难言的状态。

符二：您认同他的这种写法吗？我是说极简主义。

东西：小说有各式各样，卡佛的是一个品种。写得复杂的人，会羡慕他的极简主义。当然，也许写得极简的人会反过来羡慕那些写得复杂、饱满的小说。这是你来我往的羡慕，也是小说的丰富和可爱。没有唯一的写法，我很害怕写作者把自己的写法当成样板房，让全世界的作家都住进来，向他学习。如果这样，那小说就完蛋了。

符二：中国读者近年来一直推崇卡佛，但也有人认为他的小说太差了。

东西：只读他的小说会不满足。但读一些，还是很迷人。

符二：您的作品既不是先锋小说，也不是新写实，但又仿佛都是。评论家们好像也一直没找到合适的阐释角度。不如您自己来说，它们究竟是怎样的小说？

东西：它们就是小说。为什么非得给自己戴一顶尖尖的帽子?

大学时,我读了一些传统的经典小说。写作的成长阶段,我又读过一些先锋小说。先锋小说的叙述令人着迷,非常喜欢。但是我不会放弃故事,不会放弃人物,特别不会放弃跟现实的摩擦。我希望小说别空转,每篇都能给读者一点营养,哪怕一点点,必须给,比如给一点思考,或者一个好故事、一个特别的人物什么的。我不喜欢那些写得没毛病,却又不能给读者营养的小说,那是展览品,冷冰冰的,只能远观不可抚摸。

好的创作方法我会学习,比如法国新小说的叙述,比如传统小说中饱满的人物塑造和扎实的故事,比如现实主义作家对现实的思考。我最终没有被任何流派接纳,直到陈晓明先生命名"晚生代作家"的时候,我才被他收入这个群体。但这个群体是按年龄来划分的,也不关联创作风格。

符二:您小说的语调非常冷峻客观,一开始就这样吗?

东西:没有。刚开始写作的时候我想激情澎湃,我是慢慢变冷的。原因是我在写作中回到了自我,也许是写作触碰到了我曾经的绝望。我一直是生活的旁观者,在成长的过程中,我一直都不是舞台上的人,而只是看客,是小人物、小角色和局外人。这种角色,常常会让我在热闹面前冷静,对大悲大喜保持克制。我很小的时候就在乡村看见了死亡,参加过无数亲人的葬礼,看见过许多哭红的眼睛。我是默默的观察者,悄悄的落泪人。

符二：您写小说还有难度吗？难度何在？有人是知识结构妨碍了他，有人是才华不足，有人是技巧拙劣。您最大的障碍来自哪里？

东西：肯定有。每个时期有每个时期的难度。刚开始的难度是技巧，慢慢地觉得知识结构有缺陷，然后发现才华不足。但没有任何一个作家是把技巧、才华和知识全部准备充分了才开始写作的。明知有难度，但还是会写。我在这些难度面前，写了《耳光响亮》《没有语言的生活》《后悔录》等小说。现在发现最大的难度是如何打通作品与读者之间的隔阂。

符二：那您是在取悦读者吗？您在写的过程中，已经在考虑读者的接受。

东西：我试图去考虑这个问题，但是我不知道哪一条路是取悦读者的。我所有的写作，最大的兴奋点就在于，我认为这个好，我的内心认为它非常好，我就要把它写出来。当然作家天生就愿意去取悦读者，这是肯定的。但是你的取悦，是不一定有效的。所以写到今天，我还是没有找到取悦读者的最佳方式。这就是难度。

符二：可是您已经考虑到了读者。

东西：我会想。但是我考虑的读者往往只是一部分，不可能是全部。读者是千差万别的，我没能力把他们全部都讨好了。有的作家写了一辈子，最后渴望写一本畅销书。这也是我的渴望,但渴望不等于现实。这个时代非常怪异。对人冷漠,对一切都冷漠,甚至冷血,只有金钱才会让人眼睛发亮。20世纪80年代,创新的作品会被叫好,有思想有才华的人即使贫穷也会得到尊重。那是文学的好时代。但是今天,没有钱或者没有权就基本没有尊严。思想、才华如果不转化成金钱就一文不值。这样的风气,彻底毁掉了创新精神。如何在混乱的价值观面前守住自己,如何在没有信仰的环境里保持信仰,这才是真正的难度。

符二:您的短篇充盈饱满,中篇又很扎实讲究,到了长篇,也没有像很多作家那样,把一篇小说拉长。您是怎么写作长篇的?美国"垮掉派"的米勒,他在写《南回归线》之前做了大量的笔记,把路标、建筑物甚至街道都标示得清清楚楚,这是写作前的准备工作。很多著名作家,在长篇开始之前也把故事的来龙去脉、人物的性格特征设计得一清二楚。您列提纲吗?

东西:小说,我从来没写过提纲。即使你写了提纲,这个人物也不一定会老老实实地跟着提纲走,他一定会反抗。写小说是作者跟着人物走,而不是人物跟着提纲走。

符二:甚至截然相反都有可能。

东西:对。因为提纲绝对不可能考虑得那么缜密的,提纲是粗的。而一旦进入写作,环境、人物在作者的脑海里翻腾,人物的行动、语言、情感都鲜活起来,历历在目,这时候作者的判断才是最准确的。

符二：您轻视这种提纲列得非常详细的作家吗？我感觉大多数作家被问起这个问题时，都喜欢说自己的作品是横空出世，而不诚实地说它是如何艰难地诞生。

东西：我不轻视。不写提纲并不意味着作品就能横空出世，每个好作品都是写作者一个字一个字拼出来的。有提纲的写作会畅通一些，但我的经验是任何提纲都不准确，有点像瞎指挥。你都还没钻进人物的大脑，都还没与他同甘共苦，如何就能列出准确的提纲？我写过几个剧本，提纲列得无比详细，但写着写着提纲就没用了。提纲是拿去应付制片方的，真要用来写，还不如人物分析来得实用。

小说是原创性、原发性的，这一团混沌的东西爆炸开来，可能会非常绚烂。如果我们非要把一个随时爆炸的东西捆绑起来，那就是反恐而不是写作。

符二：小说是有主题的，比如寻找、等待、孤独，但您写了一个"后悔"的主题，当想到这一点的时候兴奋吗？

东西：写《后悔录》时，我有发现的惊喜。"后悔"是我们的常态，但在之前似乎没人专门写过。我极端地认为，那30年过的都是后悔的生活，自己属于"后悔的一代"。当想到这一点的时候，心里就一阵阵急，恨不得一个晚上就把它写出来，有点像摸到"同花顺"那样兴奋。

符二：尽管我们常说，现实生活永远比小说荒诞。在《没有语言的生活》中，你怎么敢于把这种失聪、失明、失语的三个人集中在一家人的命运来写？

东西：只有把他们放在一起来写，才会是一个崭新的小说。这种组合有多种意义，有看不见、听不到和说不出的生活状态，也有沟通困难的表达，还有对人格健全的思考。有人说这是象征，有人说这是寓言，也有人说这小说写得特别实。这篇小说对我来说，是可遇而不可求的，是冒险得来的。

符二：你刚才说写作过程处于保密状态，而有的作家一边写一边跟朋友聊，觉得这样非常享受。你在写作的过程中，从不跟人交流吗？

东西：很少，就自己埋头苦干。特别自己认为创意好的小说，一般不跟人交流。原因是怕创意被人拿来写成一首诗歌或者短篇小说。如果人家手脚快一点，我就变成抄袭者了。这样的例子在别的作家身上是发生过的。另外，不交流就能把写作的快乐留在写作之中。我不愿意把一个故事说上好几遍。

符二：君特·格拉斯说，他早期学习写作，在第一章就把人物全部写得死光光，导致接下来小说根本没法进行。所以他得出的教训是：一定要非常慎重地安排人物的命运。您的《没有语言的生活》虽然一开始没有要了人物的命，但是这样的构思,也堵了自己的退路。

东西:老练的写作者系扣的时候非常谨慎,他在系扣的时候就知道怎么解扣。但对于鲁莽的、初生牛犊不怕虎的写作者来说,还没有这种经验,更不会给自己留退路。这种破罐破摔的勇气,反而会逼出好小说。君特·格拉斯的《铁皮鼓》,第一章《肥大的裙子》写得多好!他29岁那年,刚写了这个长篇小说的开头,就在文学沙龙里朗诵。这一朗诵就把作家和评论家们给折服了。他只写了第一章就登上德国文坛了。把自己推上绝境的写作,非常刺激,而且考验智慧。

符二:说不定在具体的写作过程中,像面对突发事件一样,可能还需要那种急中生智的处理能力。

东西:这种不顾一切的写作,反而是最好的写作。如果我们每系一个扣子,首先就想到怎么解开,那写作就会变成熟练工,不会有太多的惊喜,只会把写作滑向技术层面。只有激情澎湃、不顾一切的写作,立刻就把自己推向死路的写作,才有可能写出好的小说。你的扣系得越紧,你写得越难,也许你的扣就解得越漂亮。

符二:但这种不顾一切的写法可能会导致两个结果,一种是下场惨不忍睹,当然反之就是大获成功。

东西:对。当然,这种写作是非常危险、冒险的。

符二:一个作家,写到一定程度的时候,他成了他自己。

但同时,他可能又不甘心总是重复自己。因为同一种写法、同一种风格,读者可能生厌,作家本人也有危机。您呢,也在试图颠覆自己、推翻以前的自己吗?

东西:肯定要变。我最近写的中篇小说《救命》,就试图在改变。

符二:《救命》这篇小说,在写作方向调整之后,您觉得它是好还是不好?

东西:自己不好评价。但我加强了故事性,用了一些鲜活的网络语言,把想法隐藏得更深一些。

符二:但我觉得没有以前的作品好。

东西:我尊重你的看法。但也按捺不住要辩解。

这个小说我要解决三个问题。第一,救命时说的话算不算数?第二,我们活着的理由是什么?第三,当男主人公真正离开家庭与更年轻美貌的麦可可在一起的时候,他的内心深处是不是有一丝痛苦的甜蜜?

这是复杂的人性。不知道你怎么看?

符二:对于年轻的读者来说,孙畅怎么可能为了一个麦可可,而牺牲自己的家庭,不停地承诺呢?评论家可能就抓住一个二律背反而大做文章,可我觉得过了。

东西:如果可能,那还叫小说吗?小说就是要制造这种张力。瞎子、聋子和哑巴组成一个家庭,这在现实生活中可能吗?但是你接受了这个小说。《后悔录》写曾广贤30年都在后悔,没有过过一次性生活,这是不是也不可能?

你觉得"过分"的地方、不能接受的地方,但从艺术的角度来说,也许正是出彩的地方。这种"过"其实就是一种痛。我们在怜悯某个人的时候,其实已经伤害了另一个人。这种状态是非常小说的。

符二:您担心创造力消退吗?

东西:这个担心非常无聊。因为你能写到什么地步,就要看你自己的努力了。如果我们每天都坐在这里担心我们的创作力会衰退,担心我们的想象力会枯竭,担心我们的体力跟不上去,那么你就别写好了。所以我从来不去考虑它,只要我还能写作。

但它可能是一个客观的存在。如果你热爱写作,还愿意写作的话,就会去挑战自己。担心创造力消退的人,看看李敖就有信心了。他都快80岁了,记忆力还那么好,思维还那么活跃。再看看法国新小说派作家罗伯-格里耶,79岁的时候,还写出《反复》这样的小说,再看马尔克斯,77岁的时候还写出《苦妓追忆录》。

符二:最近有没有什么新的写作计划?

东西:我现在正在写一个推理小说。我在尝试一种新的写法。这将是我的第三部长篇,用了差不多一年时间来琢磨人物和故事。现在我认为动笔的时机已经成熟。当然,推理也许只是它的表面,而实际上是在推理人性。我会写得很慢。

符二:感觉会超过《后悔录》吗?因为我认为,《后悔录》是能够在中国当代文学中留下来的小说。

东西:不敢讲。因为现在还没成形呢,没有成形,我就不敢讲它是在一个什么样的段位上。但是我觉得这个故事有意思,它刺激我去探索。

符二:作为一名优秀的小说家,您认为自己写作中最好的品质是什么?

东西:就是要不断地证明自己还能写,而且写得更好,写得跟自己和别人都不一样。不管小说怎么变化,有一点我是不会丢的,那就是挖掘人心。人心比天空还要宽广。在那么宽广的心里头,会有很多人性的秘密,我愿意钻进去。

符二:在小说中,有多少和您的生活或者说现实有交叉之处?

东西:无法具体统计,只要是从生活中要灵感的作家,他的小说一定会跟生活交叉或重叠。不一定是事件的交叉,因为作家的生活里没那么多精彩的故事,但会有心理的重叠,就是把自己的想法放到人物身上去。曾广贤的后悔性格,很大一部分来自我的内心。我虽然没经历过他的生活,却有与他同样的内心世界。

符二:很多作家是这样,写过不少好的作品,但是坏的也不少。但您的小说总体来说都不失水准,您是否视品质高于一切?

东西:我写的量少。因为量少,所以给了你好感。我不太赶稿子,尽管有约稿,也欠了一些稿债,但我还是死皮赖脸地没有写。没写,是因为自己还没找到兴奋点,没找到新的角度。我想写另类的东西。这种要求我一直遵守着。

另外,我还有一个观点,认为太快的写作是过度的开采。小说从来不以数字论英雄。一个作家身上的蕴藏量是有定数的。如果每年大量开采,或者在某一个时段大量开采,那就会出废矿,而作家也未必能坚持到最后,这样的写作开采,会不会形成环境破坏、资源浪费?

小说稿费那么低,作家写得越多就越亏损。如果想写一辈子的话,那就要慢慢地、认真地、可持续性地释放。

符二:这是让我肃然起敬之处,也是您的明智之举。

东西:小说的读者量每年都在下降,或者说他们的阅读时间在减少。阅读时间有限,他们会选择性阅读。就像我们只有一小时时间去逛商场,那一定会找精品店。为什么我愿意重读经典作品?因为这种阅读会非常保险,哪怕读一两段,都会有收获，不会有受骗上当的感觉。为什么今天那么多人骂国产大片？就是因为被忽悠了。小说本来就是小本生意，谁有胆量忽悠读者？

符二：您是中国作家里，把影视和文学结合得比较紧密也很成功的一位。在读《我们的父亲》的时候，我确实非常惊讶，这篇小说居然能够改编为电视连续剧。

东西：对。虽然制片人中鲜有文艺眼光，但也不乏其人。拍这个电视剧的制片人是中文系毕业的，取名南北。他看了这个八千字的短篇小说之后，兴奋不已。这个故事，制片人认为出30集都没问题。主要是构架好，人物关系结实。但这个剧我只是剧本策划，编剧不是我。

符二：在改编时难度大吗？是否不亚于重新创作？

东西：把小说改编成剧本，有时只剩下人物和主题了，好多故事都要添加进去。这是二度创作，有制片方、剧本策划、导演和演员在给你提意见，需要极强的心理承受能力。而且你要把身段降下来。影视剧是大众的艺术，它特别注重接受者的心理，所以要一降再降，一直降到市民能够接受的程度。再加上有关部门的严格要求，剧本创作很容易就被格式化。

符二：两种形式，表达的语言方式完全不一样，小说诉诸文字，影视诉诸画面，所以剧本写作会不会钳制到小说写作？

比如在写小说的时候，脑海里首先出现的是画面。

东西：我认为我有能力把剧本和小说分清。这是两种创作方法，就像你绝对不会把诗歌当散文一样简单。小说有画面感不是缺点，比如莫言的小说《红高粱》画面感就极强，克劳德·西蒙的小说《弗兰德公路》画面感也很强，这些画面感给小说加分了。

剧本创作真正给作家带来负面影响的，是写作的过度娱乐化和人物的格式化。特别中国的影视剧，写着写着就没有更多的道路了，格式化是必然的。有时讨论剧本并不是讨论如何更好，而是讨论如何不犯规。其实，小说创作也存在这一问题。

但影视剧创作也会提醒创作者一些常识问题，比如人物的塑造、故事的曲折和情节的感人等等。这些都是传统小说中的必要条件，可今天的小说因为越写越自由，必要条件都可以不要。如果都不要，小说里还有什么？

符二：那您能做到如此泾渭分明吗？

东西：必须时刻提醒自己。写小说时要把写剧本那一套放下；写剧本时，要把写小说那套放下。好的创作方法可以交叉使用。一个搞新闻的人写小说，你不会奇怪，所以一个写小说的人去写剧本，也没有什么好奇怪的。新闻与小说的距离不一定比剧本与小说的距离更近。

符二：我在读您的小说的过程中，时常有一种感受，仿佛您的故事和语言之中有一种神秘的平衡。有人说先有语言才能把故事带动出来，村上春树就是这样；又有人说语言要服从故事的走向。我总觉得您的小说在语言和故事上相得益彰，您是如何雕琢的？

东西：语言是写作者的基本项，就像画面是导演的基本项一样。但是光有语言恐怕不行，还得有点想法，有点故事和惊人的细节，有点情感的温度。小说是语言的艺术，但语言不是小说的全部。好的语言，它一定是依附在思想和情感上的。语言这个基本项，经常被拿来表扬作家。但作家必须警惕，这只是一个基本项而已。写作的时候只要感情专注、投入，只要百分百地进入人物内心和到达现场，就一定能找到准确生动的语言。

符二：您的小说写当下，但又仿佛跟现世拉开距离，总有一种轻微的疏离感，为什么不写当下急切的、快节奏的故事？当然《救命》做了这方面的尝试。

东西：至少心理很贴近。但贴近不等于无条件地亲吻，写的时候拉开一点距离，能让头脑清醒。

符二：不光在小说的内容方面，在实际写作中，也需要沉静下来，和事件保持一定的间隔？

东西：既要跟生活摩擦，又要保持距离。出现什么写什么，那是新闻报道。再热闹的事件，也不一定有小说价值。小说是沉淀物。它跟人心有关，而人心的变化又是龟步蟹行的。

　　写作就是在庸常、平凡的生活中，寻找那么一点点诗意，而不是贴到生活的屁股上去。

　　符二：您有精神危机吗？

　　东西：不时发呆，想，这么写下去有意义吗？小说有意义吗？有时甚至怀疑生命的意义。但我必须寻找意义。

　　符二：最后一个问题，您觉得自己成功了吗？

　　东西：不觉得。

　　符二：是不是对自己要求太高了？

　　东西：十五年前我就说过，我是一个悲观主义者，现在似乎还是。但悲观不至于绝望。

一部好小说能把植物人说活

▲ 东西、王逸人（时任《新文化报》记者）
● 原载《新文化报》2012年1月15日

王逸人：对于您的作品我是有一些情结的。1998年，我在《花城》杂志（1997年第6期）上第一次读到了《耳光响亮》，我记得那期杂志封面的颜色红红的一片。我觉得您赶上了"中国文学最好年代"的尾巴，《耳光响亮》能在那个时候出现，含金量还是很高的，正好借着这个机会问问您《耳光响亮》的创作背景。

东西：我承认中国文学有过最好的年代，也愿意承认我赶上了这个"最好年代"的尾巴。那时候的文学一嘴下去，满口生香，就像没有污染没有添加剂的食物。非常幸运的是我赶上了文学好年代却又一无所有，于是，用手死死地攥紧钢笔（当时还没普及电脑），以求在文学上找到安慰和回报。写了中篇小说《没有语言的生活》之后，我就想写长篇了。写什么呢？当然想写生活对胸口最猛烈的击打。检索成长过程，我发现对我人生打击最大的一次，竟然是毛主席的逝世。他逝世的时候我才 10 岁，一个 10 岁的少年，开始关心国家命运，可见我被教育得多成功。20 年一晃就过去了，我发誓要写一本毛主席逝世以后我们怎么成长的小说。

王逸人：《耳光响亮》从 1976 年毛主席的逝世写起，一直写到 20 世纪 90 年代，中间的人物遭遇荒诞横生。荒诞是有美学价值的，后来的人们更喜欢恶搞。我觉得恶搞是荒诞过了头所致，可是恶搞的美学价值我个人认为是很低下的。您的荒诞师承自哪里？您又是怎么掌握这个度的，从而保证它不滑到插科打诨的一边？

东西：是生活告诉我这个世界很荒诞，而绝不是某个作家告诉我的。写《耳光响亮》的时候，我还没有像今天这样详细地阅读卡夫卡，完全是生活给了我荒诞的感觉。在我出生的乡村，童年时代天不下雨地不长苗都有可能是阶级敌人在搞破坏。今天听来恍如隔世，但这样的故事却真实地在中国大地上发生过。20 世纪 90 年代，大多数中国人都秉承了 80 年代的思考习惯，对生活认真，对未来期待。在一个认真的年代，荒诞有震惊的效果。但当现实全面荒诞之后，有人就试图用恶搞来突破荒诞。我是一个认真的人，认真的人只有荒诞的本事，却无恶搞的才华。所以，没有刻意地控制，而是性格使然。

王逸人：《耳光响亮》通过牛家家庭成员的命运流变来微

缩一个时代。在最疯狂的年代里，一个人活着的最大价值就是用尽一切力量整别人。通过小说我看到您笔下的人物为了生存下去，要么也变得疯狂，要么就彻底沦为无赖，没有人能逃开。我想问问您个人曾经历过什么样的人生体验，才写出这些东西的？

东西：美国的一位作家曾经说过，他小说中的所有痛感都来自后母对父亲的折磨。但他的小说并不是写后母与父亲，而是写一个民族的痛。所以，在作家的身上痛感是可以移植的，哪怕是听来的痛，想象的痛。《耳光响亮》里的故事，绝非我的亲身经历，却是我的心中感受。我是生活中的弱者，常常被现实扇耳光。弱者能体会人的难处，能理解人的选择。

王逸人：《耳光响亮》的前面部分虽然疯狂，但牛家人在"爹失踪，娘嫁人"的情况下，使用各种策略似乎还能混得开；而后面部分社会逐渐回归正常了他们反而混不开了。这是个很有意思的事，我记得谢晋的电影《芙蓉镇》里秦书田也对胡玉音说："活下去，像牲口一样地活下去。"结果胡玉音也真的活下去了。您是要暗喻人像动物一样以"丛林法则"能生存，但等到"文明"到来时却无所适从吗？

东西：这个小说的历史背景是从无序到有序的年代，时代在寻找秩序，人物也在寻找秩序。但当秩序到来的时候，不仅恶受到了惩罚，善也受到了惩罚。这些善恶之人都在为前面的疯狂买单，甚至在为"文化大革命"买单。今天为昨天买单，明天为今天买单，现在都还是这样。这是一本"后'文革'"小说，是"文革"的水中倒影，虽没正面涉及"文革"，但每个人的心灵都被污染。

王逸人：《耳光响亮》是您的第一部长篇，每个作家第一次创作长篇多少都有些眼高手低的情况，那么您觉得这部小说最终的完成实现了多少您最初的创作设想？

东西：眼高手低不是写第一部长篇的专利，有的人一辈子都可能眼高手低。这是写作者的普遍现象。我写小说有预设的主题，却没能力预设效果。就《耳光响亮》而言，我觉得我想表达的基本上都表达了。

王逸人：2005年，您出版了长篇小说《后悔录》的单行本，封面设计得很阴暗，故事也足够阴暗。小说讲述一个朴素的小人物曾广贤，在禁欲的时代里，因为无知恐惧，错过了向他大胆表白的少女，但活跃异常的欲望煎熬，让他蒙着眼睛进入仰慕的女人的房间，什么也没有干却被诬告成强奸犯。狱中十年，隔着铁窗的他倒是获得了坚贞的爱情，可是出狱后性和爱情对曾广贤而言又成了镜花水月……看完之后给我们一种心理暗示，就是别做让自己后悔之事！这个带有普罗色彩的心理您是如何提炼出来的，并认准了它的可操作价值的？

东西：写作就是把自己内心里的那一小块切出来，放大。鲁迅放大自己的"精神胜利法"，加缪放大自己的"局外人"

心态,卡夫卡放大自己的变形,加西亚·马尔克斯放大自己的孤独……提炼"后悔",是从人性开始的,因为后悔是我的心理常态。我想一个正常人都应该有后悔的心理,只是强弱不同罢了。这种普遍心理如果能跟现实巧妙结合,小说就有可能成功。中国有一个从"禁忌"到"放浪"的性生活过程,就是我们的性生活曾经被没收,后来一步步放开,直到放浪形骸。一个人置身于这样的现实,不后悔是不可能的。性生活虽然从"禁"到"放",但一个人却是从年轻到衰老。这是两条逆行的线。禁的时候,我们有精力和体力;放的时候,我们已经疲惫苍老。有了人性与现实的嫁接,我认为写作就可以开始。

王逸人:您认为《后悔录》才是真正不同于"下半身写作"的"身体写作",这是我兴趣浓厚的观点,愿闻其详。

东西:这当然是"身体写作",但它不是"脱"也不是"下半身",而是强调身体的体验。爱因斯坦看到他的计算和未经解释的天文观测一致时,他就感到身上有什么东西响了一下。我想到"后悔录"的时候,身体也曾经"响"了一下。纳博科夫说他的作品主要是为那些具有创造性的读者——那些不是仅靠心也不是靠脑,而是靠心灵和大脑和敏感的脊背一同阅读的艺术家而准备的。这样的读者能从脊背的震颤中感受到作者想传达给他的微妙的情思。纳博科夫"脊背的震颤"就是爱因斯坦的"响"了一下,他们都强调身体的反应。由此可见,写作不仅是脑力劳动,还是心的事业,更是身的体验。所以,米沃什说:"诗人面对天天都显得崭新、神奇、错综复杂、难以穷尽的世界,并力图用词语尽可能地将它圈住。这一经由五官核实的基本接触,比任何精神建构都更为重要。"

王逸人:曾广贤的一个倾诉对象竟然是他变成了植物人的父亲,这让我感觉很悲凉,这只是您要使用的一个艺术手段吗?

东西:整个小说是用曾广贤来叙述的。大约百分之九十五的篇幅都是曾广贤在对一个按摩女讲述。他讲得津津有味,但按摩女却没有认真地听,她只在乎时间,因为她是按时间来收费的。这就像是作家与读者的比喻,写的只管写,读的却不一定读。最后,我把百分之五的篇幅留给曾广贤向植物人父亲讲述,他竟然用自己的"后悔"把父亲给说活了,可见他的后悔多么地触动人心。如果前面是对读者的失望,那么这百分之五的篇幅就是希望,是曾广贤的希望,也是写作者的希望。我希望一部好小说能把植物人说活。

写作是有经验的思想

▲ 东西、韩春燕（时任渤海大学文学院教授，《当代作家评论》主编）
● 原载《渤海大学学报》2010 年第 5 期

韩春燕：如果说人生是棵大树，那么我更喜欢关注这棵树的根部，对写作者也是如此，我们往往可以从一个作家的童年生活里窥见他的现在和未来，就如同从种子里可以看到后来的花和果一样。可以谈谈你的童年吗？那个桂西北的小山村给了你怎样的文学启蒙？

东西：首先，它的极度封闭锻炼了我的想象力。我想象外面的世界，想象山里面有没有住着神仙。其次，艰难的生活磨炼了我的意志，它让我提前知道了困难、失败，知道了不平等以及冤假错案，使我早熟。再次，它让我亲近自然，能够直接闻到泥土和牛屎的味道，珍惜粮食，喜欢月光，感谢大地的赐予。还有，它让我过早地体会到了孤独，整个村庄就十来户人家，当大人们下地干活的时候，各家的小不点就独自守在家里，听风声看太阳，和远山一比，发觉自己非常小，小得心里害怕。另外，村里的张家长李家短，就像今天的小说连载，过早地暴露在我面前，我从民间学会了叙事。

韩春燕：你的小说最大的特点是具有深度和现代感，也就是说富有形而上意味，这是否与你的阅读有关？谈一谈你的阅读趣味好吗？

东西：阅读是后来的事，应该是与生活有关。小时候我就看到了残酷，感到绝望。也许这个"绝望"的角度，让我看到了一些死角，形成了自己的世界观。我渴望温暖，热爱理想，但是我不敢相信，原因是失望太多。这种绝望的心态，碰巧在鲁迅、卡夫卡、萨特、加缪、契诃夫、卡达莱等作家的作品里找到了证据，于是喜欢他们，并热烈地阅读。他们的作品有预言性，今天发生在我们身边的许多事故，仿佛就是在证明他们的故事。但是，他们也不是万能的。今天的人与事，有的已远远超出他们的想象，而这正是我们这一代作家必须面对的写作任务。我喜欢给我提供思考的小说，喜欢超出我想象并窥破人心的文字。

韩春燕：在《后悔录》中，你把一个人在日常生活中的后悔写到了极致，写成了哲学。极端性书写好像是你的一种风格，比如《没有语言的生活》《痛苦比赛》等，这是你的自发性还是自觉性选择？为什么会这样？

东西：自发性的。因为我对生活有痛感，是有感而发。

"后悔"也好,"没有语言"也罢,都是我内心的真实写照。我是一个看问题比较极端的人,所以写的小说也比较极端。当然,我还相信,如果不极端,或者说不超过生活,那写出来的东西就没什么特点,或者根本就刮不伤别人。因此,在自发性的基础上,也许还有自觉性的选择。

韩春燕:你的小说往往书写日常又穿越日常,从现实最后抵达哲学。你怎么处理文本真实、生活真实与本质真实的关系?

东西:在资讯如此发达的今天,我看到现实生活远比小说精彩。如此热闹而又超乎想象的现实,对小说造成了巨大的挑战。我根本写不过现实生活,就是照搬也来不及。因此,只能把小说变形、夸张,写得像漫画。这样一来,我的小说就荒诞了。表面上看,它是假的,是想象的,但我在写它的时候,恐惧、后悔、感动、伤心却都是真实的。我写的是心理真实。有的写作是把真事写假,有的写作是把假事写真。在每天都产生传奇的时代,我选择后一种写作。

韩春燕:你作为60后作家,却写出了不仅被50后、60后喜欢,也被70后、80后,甚至90后喜欢的作品,使你拥有了不同代际的读者群。请你谈一谈你是怎么构建出这样一条精神通道的?

东西:我的读者还是小众。虽有80后、90后阅读,但都是圈子里的人，也就是自己也写小说的那些人，或者是大学里写毕业论文的一部分人。小说的叙事、构思、语言从 20 世纪 80 年代到现在，已经发生了变化。比如，80 后、90 后不会排斥荒诞小说，他们的虚构能力超出我们这一代。神幻、鬼怪，穿越、搞笑，他们都能接受，不像我们那么依赖生活，那么喜欢启蒙、批判。当然，他们的写作风格也是由他们的生活方式所决定的。网络捆住了他们的脚步，却逼出了他们的想象。我喜欢超出我想象力的作品，我也喜欢幽默，荒诞。因此，我跟 80 后、90 后有共同语言。我既承认小说在悄悄地变化，但也相信小说里有些东西是不变的，比如触动人心。这也是我们还愿意阅读经典的原因。

韩春燕：你的小说具有一种尖锐的力量，生存的困境与现实的荒诞被你用幽默的语言呈现出来，更具有一种黑色的残酷。你本人在现实生活中大体来说是一个乐观的人还是悲观的人？

东西：我是个短期悲观，但长期乐观的人，由无数个小悲观组成大乐观。我经常牢骚满腹，杞人忧天。但我确实热爱这个世界，热爱亲人和朋友。

韩春燕：你怎么看待文学在当下中国的境遇，或者说价值和意义？

东西：前段时间，我做了一个青春文学奖的评奖顾问。这个奖在网上征集长篇,竟然有2000多部作品参赛。我为这个数字兴奋。不管文学面临多大的挑战,它是不死的。那么多年轻人喜欢写,就是证明。但是,文学的部分功能已经被影视作品和新闻故事所取代,也就是说过去我们只能在文学中获得的阅读惊喜,现在也可以从其他艺术门类中获得。文学不是独裁者,它不会消灭别的艺术门类,相反,还为别的艺术门类,比如影视剧,提供脚本。文学是一切艺术之母,它的自由度、思想性和语言的优美,是别的艺术门类永远无法取代的。今天的文学,已经渗透到短信、广告、微博等领域,就像空气和水,是人离不开的营养。

韩春燕:在今天,"清贫写作""寂寞写作"这些概念都面临着挑战,拒绝市场的作家等于拒绝读者,作家应该如何处理文学和市场的关系?

东西:我不会拒绝市场,具体是把自己的小说改编为影视剧。至今我已有六篇小说分别被改编为三部电影和五部电视连续剧。写作不一定非得和清贫挂钩。我看过一个资料,就是像鲁迅这样优秀的作家,他一生的稿费以1998年的物价来计接近400万元人民币,相当于今天的1000万元。他用稿费养活了全家,却丝毫不影响他作品的深度。

美国畅销书作家斯蒂芬·金一共写了30多部长篇小说,他说:"我不知道我在写作的时候,那些大骂通俗文学的作家在干什么?"当然,我们可以用通俗文学来界定斯蒂芬·金,但只要看过根据他小说《不同的季节》改编的电影《肖申克的救赎》，恐怕我们就得承认他也是一个非常严肃的作家。一个作家一辈子不一定只写一部小说，也不一定只写小说，还可以写诗歌、散文和剧本。如果只允许每人一生只写一部作品，那我会以牺牲市场来写一部自己真正喜欢的作品。问题是，并没有这样的规定。我承认市场对作家有一定的腐蚀作用，但是我们文学奖项的标准、评论的标准、学院派的标准、网络的标准、报纸的标准，难道对作家就没有腐蚀作用吗？正是因为有不同的标准，才让不同类型的作品得以共生。

韩春燕：当今中国作家面对各种奖项心情很复杂，你觉得作家应该怎样看待和处理写作和评奖之间的关系？

东西：我认为一切获奖都是写作的利息。一个作家不可能一拿起笔，就想我这是为了获奖而写作的。但是，获了奖我会高兴，甚至感激。

我愿意在这个时间段徘徊一阵

▲ 东西、姜广平（作家、评论家、教育学者）

一

姜广平：先问一个比较简单的问题，你为什么选择了这个笔名？

东西：因为怪，好记，出现的频率高，同时它的内涵很丰富。有一次我跟山东作家李贯通到北京领奖，住一个房间，一位记者敲门，问李贯通，东西住这屋吗？李说是的。记者又问，你是东西吗？李说，我不是东西。说完，李才发觉自己在骂自己。等我回来后，他说我这个笔名挺整人的。

姜广平：你的本名田代琳已经没有多少人能够记住，也没有多少人会对你的本名有某种直觉性的反应。就是你自己，对那三个汉字所代表的具体的人，可能也无法唤起文化体验了。

是"东西"表示你也证明着你,正像邱华栋所说的,"东西"正在变成一个无法忽视的文学存在和文化存在。

东西:开始用这笔名时是需要勇气的,因为这两个字含有贬义。也就是说一用了这个笔名,我就破釜沉舟了,把自己绑在写作这根柱子上了。由于我以写作为职业,对"东西"这两个字的敏感已超过了对"田代琳"的敏感。我把这个笔名用出名之后,马上就有投机者跟着用。

姜广平:这也算是这个多元社会的一种形态了。从你刚刚走上文坛到现在,你的文学观或小说观有没有发生什么变化?都发生了哪些变化?

东西:开始时,我的写作是为了澄清事实,为了抒情,为了能从县城里调出来。后来写出了一点小名气,就想为文学做贡献,要么贡献人物,要么贡献结构,特别喜欢创新,喜欢出人意料,喜欢"语不惊人死不休"。现在则平静了许多,希望用写作来表达对生活的看法,塑造人物,挖掘内心,寻找普遍心理,准确地使用文字,尽可能地找到更多的文学知音。比如今年出版的《后悔录》就是想实现我的第三阶段文学目标。在我的想象里"后悔"拥有着庞大的群体,凡是"后悔"的人都有可能想看这本书。

姜广平:你似乎对60年代过来的人有某种执着。很多作品都是围绕他们进行的,至少《耳光响亮》和《后悔录》便都是奔着这类人来的。

东西：只有把被遮蔽的生活写出来，作家才会获得读者的尊重。进一步说，一个作家如果能成为某个时期的代言人或镜子，那才是写作者最高的荣誉。20世纪60年代到90年代这个时段是写作的富矿区，还没有完全写透，有的地方甚至连碰都没人碰。如果后来者在翻阅关于这30年的小说时，只看到硬币的一面，那将是作家们最大的遗憾。所以，我愿意把我经历的时代记录下来，愿意在这个时间段徘徊一阵。

姜广平：《后悔录》这本书的写作有没有受到《忏悔录》的影响与启发？是卢梭的《忏悔录》还是奥古斯丁的《忏悔录》？相信一定早有人问过你这一问题了。也许，他们与你一点关系都没有。

东西：我不止一次表达过这样的观点，写作其实就是发现，像瓦特发现蒸汽的动力。如果要像查案件那样查找《后悔录》的出发点，那它的出发点应该在我的身体里，是由我的性格决定的。我是一个经常后悔的人，哪怕出错一张牌也会后悔好一阵子。三年前，有一家文学杂志邀我做策划，我就想在那本杂志上开一个叫"后悔录"的专栏。后来，我发现"后悔"完全可以用来写一个长篇，就把那个专栏按下了。《后悔录》动笔时，我当然想到了卢梭的《忏悔录》，但我写的是"后悔"不是"忏悔"。

姜广平：从卢梭的角度看，他的"忏悔"献给上帝，你的"后悔"则是面对一个"小姐"。可是，小姐陪聊，她并不会倾听倾诉。这一特殊的倾听对象，也是对卢梭的颠覆。颠覆倾诉对象，是不是你的用意所在？

东西：这是反西方的讲述。西方人有了悔意，大都是向神父倾诉，而曾广贤只得找一个收费的听众，很滑稽。也许他的注意力只在于讲述，而根本不在乎听者的态度，就像自言自语，自说自话，和我们这个话语泡沫的时代是吻合的。至于后面他向父亲的倾诉，则更是有意的安排。因为最后一整章都是"如果"。如果没有天大的后悔，他就不可能把变成植物人的父亲，说得流出了眼泪。

姜广平：在曾广贤那里，他的"后悔"其实仍然是动用了全部的智慧、全部的道德防范意识和价值判断的结果。只不过，他的这些智慧、道德和价值观，总是与现实错位。

东西：表面上看，曾广贤一悔到底，其实每个事件在他身上都有化学反应。他是一个不断变化的人，每一次犯错之后，总会调整自己的思路，吸取前面的教训，力求避免再悔，但是，越是想避免却悔得越厉害。他认为光明的那条道路，真要选择了，可能还不一定合适。在经历无数次折腾之后，他陷入了没有正确与错误，而只有后悔的怪圈。所以无论他怎么突围，怎么试图改变，都没办法，性格决定了他的命运。他这一突出的性格，正好完成了我塑造人物的任务。

姜广平：这部小说应该是有很多你的作品打底子的。我上次与韩东对话，觉得《扎根》动用了他很多过去的资源。他是形而下地，直接动用了一些他过去的作品。你的情况我觉得是在你的小说思想与叙事伦理上，在过去的一些小说基础上，一步步地走到了现在，能让人摸索到你的小说发展脉络。譬如，你的小说中，总有一种令人暧昧、同时在叙述上颇有分寸感的意味。那种怪异，在《商品》里冒出来后，在《猜到尽头》《不要问我》《耳光响亮》里都有，特别是在《我为什么没有小蜜》里，表现得更加充分。更直接的是《我们的感情》，延安对女同事肖文身体的想象达七年之久，可最终仍然难以实现这"宏大"的目标。这样的叙事，我觉得它可能是《后悔录》的雏形。

东西：作家不管写多少人物，始终都在写自己。长篇小说是集大成的工作，写作者即使没有整理、归纳自己思考的明确目标，也可能会无意识地收入过去的想法。每写一篇小说，都会为后面的作品提供正面或者反面的经验。美国作家福克纳就有把短篇改写成长篇的例子，但绝对不是简单的拉长，而是思想成熟之后的丰富。《后悔录》所选择的主题方向与前面的小说是绝对不同的，相同的可能是创作风格，而不是主题思想。

姜广平：对《我为什么没有小蜜》这篇作品，很具有锋芒的评论家李建军这样评说："东西的小说缺少这种美好的情感力量和道德影响力。他的态度是讽刺性的,一种缺乏同情的讽刺,一种缺乏明确的价值目标和稳定的信仰支撑的讽刺。这样,他笔下的人物,就成了空洞的符号,虽有小小的懊恼,但没有深沉的痛苦和快乐。"他说的"这种",指的是辛格的《傻瓜吉姆佩尔》的内秉伟大。他认为,《傻瓜吉姆佩尔》让我们看到了吉姆佩尔的善良,看到了辛格那种更伟大的善良。然而,《我为什么没有小蜜》与《傻瓜吉姆佩尔》并不一样,你是借米金德写出了普通人的生存状态,那种尴尬人生。同时也是对世风倾颓的批判。

东西:恰恰相反,许多读者在我辛辣的讽刺背后,看到了同情和温暖。比如从《我为什么没有小蜜》中看到了男人的可怜和值得同情,看到了"小蜜"与情感无关的异化。许多人只发现这种不正常关系中女人受到的伤害,却忽略了对男人造成的压力。如果你读过这篇小说,就会发现主人公米金德的可悲和可怜。他没有权,没有钱,最后连身体也不行。其中有这样一个细节,他打电话给女同学,求她到办公室来看看他,就是要做给同事们看,假装是他的女朋友。评价作品最好以事实说话,而不应该强加概念,更不能搞简单的类比。如果我要拿卡夫卡的小说《变形记》来比中国的短篇小说,那就没有一篇是合格的,但是这样做不就是要所有的人写一种小说吗?

姜广平:非常有意思的是,你将《后悔录》这部小说的背景放在了仓库。而这个仓库,又具备了相当的变化色彩,特别是变为"百家按摩",使得故事出现了很多意想不到的幽默与喜剧效果。你在后记《三年一觉后悔梦》里,将仓库的文化意蕴捅破了。很多人可能都没有清晰地思考过。虽然我们这一代人可能很多人都有仓库记忆,都与仓库有着莫大的关联。

东西:对于20世纪60年代出生的人来说,仓库具有特别的意义,那里曾经储藏过我们需要的食物和布匹,也曾经拿来做过临时的会场,个别特殊的地方还用来吃过"大锅饭",概括地说"仓库"就是集体时代的象征。慢慢地仓库退出了我们的视线,有的变成了商业场所,有的成为艺术家的寄居地,有的干脆荒废,被人彻底地遗忘……在我的小说中,仓库开始是曾家的住房,后来变成了会场、办公室,最终成为娱乐场所。

姜广平:与张贤亮这些前辈比,我有一段时间曾觉得我们这一代作家因为没有真正地经历过"文革",可能拿不出可以与前辈们相比的东西。一是余华的《活着》改变了我的看法;二是像毕飞宇、格非、李洱等人的长篇实践也改变了我的看法;再就是让我震惊于我们这一代作家的穿透力的,我觉得应该是你这部《后悔录》。它没有"作"的痕迹,不像有些作品自欺欺人,也绝不把主人公弄得非常伟大。

东西:我力求真实、准确地表达,跟着人物走。创作上有一个术语,叫"认同感",就是写作者跟人物"认同"。没有经历"文革"的写作者同样会成为好作家,因为每个时代都有每个时代的问题,关键是看作家的眼光够不够敏锐,抓不抓得住要害。

姜广平：虽然也写性，但这只是作品的出发点。在我读这本书的时候，河南有一个读者也在读这本书。他读完第一章就忍不住告诉我，这部作品不在毕飞宇的《平原》之下，有化解沉重的能力，咽泪装欢的黑色幽默、荒诞色彩。他托我向你致敬，因为他觉得在某种程度上，你与鲁迅有了相似的质地。鲁迅看到了吃人，你看到了吃人的同时，也看到了把人变成鬼、变成非人的过程。其实，遇上这类读者，我也是非常兴奋与感动的。这种情感你一定理解。

东西：碰上这样的读者是我的幸运，他们几乎是我创作的全部动力。我愿意为这些读者写作。

姜广平：曾广贤的身上，体现了一种命运的被动。这可能是一切荒诞的根本所在，也是人本身最本质的特征之一。至于这样的过程，是否应该归于"文革"那个特定的时期，我认为，可以撇开。虽然我明知是撇不开这一特定的背景的。但人性如斯，可能在每一个时代，都会有这样的问题出现。只不过乱世、变世或末世，这样的事情会显得非常尖锐。

东西：你说得对，即使撇开这个特定的背景，也许曾广贤同样会是这样，或许是某个偶然事件造成的，或许是因为一次情殇。总之，造成这种命运的机会很多，否则弗洛伊德的理论就不会成立。

姜广平：曾广贤是一个受害者，但是，从骨子里，他是不是同样是一个伤害别人的人呢？我觉得也应该看到他伤害了父亲和母亲。当然，母亲拒绝与父亲同房也表明她更是一个受时代伤害的人。此外，曾广贤伤害了池凤仙，伤害了陆小燕。某种程度上，他还伤害了张闹。如果说得再到位一点，我的理解是，他是一个麻木的伤害者，他伤害得最深的人是他自己！

东西：你这种看法很独特。他伤害了别人之后是敏感的，是想补救的，但是他却没意识到伤到了自己，就连我也没有注意这个角度。

姜广平：这本书，我注意到了很多评论家在谈论它时的兴奋，像陈晓明、郜元宝、谢有顺这些评论家都谈得非常好。然而，我觉得他们没有关注到另一些人，像曾长风、赵敬东、何彩霞、张闹、于百家。这些人物都写得非常丰满，特别是张闹，体现出一种人性的深广度和复杂性。何彩霞则有一种无告的痛苦与欲望。你小说的丰满与深刻，其实更多是从这些人物身上体现出来的，是他们，将曾广贤撑起来了。没有这些人，曾广贤这样的人物也是立不起来的。

东西：是的，这些角色我都尽力去塑造了。像张闹就很复杂，她有恶也有善，更有人之常情。小燕也不全都是好的，她跟曾广贤谈恋爱是以失恋者身份去谈的，目的是想找一个听众，找一个爱情的代替品。至于池凤仙，也不简单，她有幻想，敢爱敢恨，对生活就像对艺术那么疯狂……感谢你表扬了配角，这好比你在给我授奖的时候，没忘记我的家属。

二

姜广平：看来得争取做一次你的颁奖嘉宾了。说到伤害，我就想到你的《耳光响亮》，我觉得那就是一个伤害的故事。人与人之间互相伤害着，伤害到了响亮的程度了！

东西：儿子伤害继父，弟弟伤害姐姐，男人伤害女人，母亲伤害女儿，受伤的总是姐姐牛红梅。

姜广平：《耳光响亮》在写作过程中，是不是刻意追求一种幽默与荒诞的风格？为什么选择这样的风格作为小说的底色？是想化解苦难，还是想消解沉重？

东西：因为生活本身充满了荒诞，这种荒诞你就是刻意去找还找不来。有的写作是用语言去寻找情感，我的写作是用情感去寻找语言，所以那些荒诞的表现都是有切肤之感的。至于幽默，就是想化解苦难，消解沉重，这是小人物的惯用伎俩，也是我在生活中常备的武器。我们没别的办法，只能自我解嘲，以求解脱。

姜广平：戏仿的手法，在这部长篇里运用得比较多。有时候是叙述者的戏仿，有时候是小说中某个人物的戏仿。这都是变形地处理了生活,但生活是不是可以这么变形?很多人说起过卡夫卡,马尔克斯也说起过。与我对话过的作家中,也有很多人说及卡夫卡的《变形记》,似乎卡夫卡的这篇小说是他们用这种方式的理由。我觉得人变成甲虫之后的细节展开,对小说家不是什么难事,但是,由人而虫,这一步很难跨出。这里仅仅有想象是不够的。不知你如何理解这一步。

东西:卡夫卡不是靠想象来完成这一步的,而是因为有切肤之痛,是来源于生活的。他是一个敏感的人,一般的痛在他那里可能会放大几百倍几千倍,因此他感到荒诞、绝望,感到自己不是人。好的作家就像敏感的接收器,能接收到一般人接收不到的信息,甚至对生活进行预测。至于我小说中的戏仿,也不是为了做样子,而是深感小人物的悲哀,所以用了大人物的诗歌。最后你会发现在生与死的问题上,其实小人物和大人物都一个样。人们总爱拿生活来要求小说,看一篇小说首先就要问像不像生活,怎么会变形得这么夸张。如果小说都写得跟现实一模一样,那我们看生活就行了,还读小说干什么?

姜广平:在我看来,小说固然是一种变形。但是,肯定有一个限度。在小说中,近乎真实,又挖出了真实中的荒诞与幽默元素,于不动声色中展开,才更具艺术的功力。变形与荒诞,特别是语言的炫技,总觉得作者已经走到了前台,我担心这会伤害到小说的质地。所以,《没有语言的生活》是真正的精品,《后悔录》是真正的杰作。前者,你的非凡,不是在拼装,而是在异己的力量。写聋子、瞎子和哑巴,这都是对小说家的挑战。小说的质地也在这里。虽然,像与不像,是一个比较简单的话题,但写得像难,写得不像却非常容易。所谓画鬼易而画人难。

东西:什么事做过头了,就会伤害本意。《没有语言的生活》写得比较收敛,所以更能让人接受。这里面有一种隐忍和不张扬,是故意把气憋着。这篇小说的意义当然不只拼装,只不过有时为了强调其中的一点,而用它来做证据罢了。《耳光响亮》则写得比较张扬,和年轻气盛有关。当然,任何一个写作者都会把尝试各种风格当成快乐,一辈子不会只写一种风格。没有《耳光响亮》的张扬,也许就不会有《后悔录》的安静。

姜广平:《耳光响亮》中有几个经典的幽默细节,举手表决父亲的生死、追悼会、爱情合同,还有金大印成为英雄。但是,从整体上看,我仍然觉得这一篇小说诚如马相武所言,有着东拉西扯的现象,小说文本上没有裂缝——差一点儿,就是写金大印成为英雄的那一段,如果再撑出一些篇幅,我觉得就是文本的裂缝了,然而情节与语言中的裂缝还是显而易见的。

东西:马相武是说我的整体创作是"东拉西扯的先锋",意思是说不管是现实主义、现代主义或者后现代主义的方法,只要是有利于创作的我都拿来使用,并没有说《耳光响亮》是"东拉西扯"。至于情节与语言的裂缝则不可避免。

姜广平：除了一些变形，你觉得这里有没有油滑？《耳光响亮》和你的其他很多小说，质地上都带上了油滑的特征。对此，我想问，你是不是受了鲁迅《故事新编》的影响？

东西：油不油滑有待鉴定，但绝对没有受《故事新编》的影响，倒有可能被鲁迅的其他小说影响。每一个写作者都会认为自己是真诚的，否则就没有写作的动力。某些句子的油滑，不等于思想的油滑，情感的油滑。

三

姜广平：很多人都注意到你的作品有一种苦难的悲惨主题。我与鬼子对话时也发现了这一点。你们同为广西作家，同时发现了这一角度。鬼子甚至非常欣慰，认为文学为他留下了这一个码头。

东西：苦难悲惨的主题不是某个人发现的，就像乐观向上的主题也不只属于几个人，一抓一大把。鲁迅不是也写了苦难悲惨的主题吗？余华不是也写了吗？这不是广西作家的专利。

姜广平：但是我发现你与鬼子不同的是，你在写苦难时，掺和进了更多的黑色幽默和荒诞。即便是像《没有语言的生活》这样的作品，也更多的是把人性放在了前台，安置在苦难之旁。

东西：这让我想起郜元宝先生在一次论坛上的发言，他说如果鲁迅只写祥林嫂的苦难，那不是一流的作品，是因为他写了祥林嫂对"死后有没有魂灵"的追问，才使《祥林嫂》成了一流的小说。《南方周末》登了大把的苦难故事，但它并不是小说而只是新闻报道。

姜广平：《没有语言的生活》让我想到你的语言，你对语言的感悟，似乎是从"没有语言"出发的。"没有语言的……"这种先锋式的话语，即使到了现在，也仍然有着极强的生命力。在《没有语言的生活》之外，你在《我们的感情》这个短篇里写道，"没有语言的性关系，等于梦遗"。你为何对"没有语言"这么执着？是不是想强调沟通之难？

东西：我到青岛出差，发现老城区最大的街道叫广西路，很奇怪，就打听，才知道中国从德国人手中收回青岛之后，要对那些带殖民色彩的马路重新命名，刚好当时分管命名的人是广西人，于是他把最宽的亨利王子街改名为广西路。所以，语言不仅是交流的工具，还是一种权力。小人物不仅是没有钱，没有地位，他们最可怜的是"没有语言"。一位经济学家在谈到贫富悬殊的时候，就曾感叹穷人没有代言人，也就是说穷人没有语言。"没有语言"当然也是沟通的问题。我从小生活在一个乡村里，只要一走出方圆五里地，语言立即失效。现在我尽管以操纵语言为生，但仍然有失语的恐惧。

姜广平：《没有语言的生活》在情节设计上是独特的，也是成功的，在此之前确实没有见到过哪一篇小说同时写了三种残疾。那么，我想问，是不是情节设计的独特决定了一篇小说是好小说呢？什么样的小说才是好小说？我觉得，不能光是靠独特来说话，生活毕竟是非常平常的乃至庸常的。

东西：如果情节设计很绝，那当然是一篇好小说，但是好小说不只有一个标准。《孔乙己》好，是因为两千多字写活了人物；《饥饿的艺术家》好，是因为它看透了我们的内心；《百年孤独》好，是因为它把幻想当现实；《喧哗与骚动》好，是因为结构；有的小说仅仅就是语言好，那也是好呀。如果你能把小说写得像生活那么平庸，又能打动我，那我也会对你竖起大拇指。

姜广平：现在这样的读图时代，小说的生存确实成了一个沉重的话题。小说的出路何在，你有什么样的看法？最近看到一篇关于你的文章，说你认为小说只剩下荒诞一条路可走。我很想就此与你探讨一下。

东西：现在小说已经被新闻和各种电视节目抢了饭碗："名人访谈"抢了小说的人物塑造；"谈话节目"抢了小说的心理描写；"真情讲述"抢了小说的煽情；"今日说法"抢了小说曲折的故事；电视画面抢了小说的风景描写。对于小说家来说，现在只有"荒诞"这一条路可走。2005年获得诺贝尔文学奖的英国剧作家哈罗德·品特就是一个典型的荒诞派。

姜广平：荒诞这一美学范畴其实又有许多边界。譬如，整体荒诞而细节真实，中心事件荒诞而作为陪衬的环境真实。也就是说，荒诞是有限度的。

东西：有限度的荒诞。

姜广平：荒诞的意义何在？小说家们为什么喜欢这样的手法？

东西：原因是这个世界本身就很荒诞。只要我们平心静气地回忆一下"文革"十年，是不是很荒诞？那时候的早请示和晚汇报，难道不是荒诞小说吗？就是今天这个社会，荒诞也没有消失。前段时间我在报上看到一则新闻，说一小偷入室盗窃，被房主追赶，小偷逃跑时心脏病发作猝死，于是小偷的父母向法院起诉，状告房主害了他们儿子的性命。世界从来就没有不荒诞的时候。小孩子为什么要哭？他要么是痛了，要么是想引起你注意，要么是恐惧……荒诞也是这样的。如果卡夫卡不是用荒诞的手法写《饥饿的艺术家》，那我对人与人的不信任就没这么深刻的印象。这也好比我们用惯了祈使句，有时得用疑问语，目的只有一个，就是要把一个主题说清楚，并让你记住和震撼，只不过说法有所改变。

姜广平：你的荒诞意识似乎一开始就出现了。《商品》里充满了荒诞意识，《耳光响亮》里的荒诞就更多了。《后悔录》

虽然围绕着性写，但那种骨子里的荒诞感还是非常明显的。有时候，我觉得荒诞这东西滑头得很，它表明作家没有与生活正面接触短兵相接。但又说不定是作家的智慧，作家走过了生活，越过了生活，然后从高处从远处来呈现生活。

东西：但我们必须承认，荒诞要用得恰到好处，要能打动读者。卡夫卡算得上是我们的老师傅，他那些荒诞的作品几乎篇篇都能打动我。而一个写作者，又不能只会使用荒诞一种工具，该正面强攻就要强攻，该迂回就迂回，如果工具用错了地方，就会适得其反。

四

姜广平：一些评论家将你的写作归于"南方写作"，你自己是否就认定自己的写作是南方写作？

东西：什么叫南方写作？是指写南方呢，或是在南方写？这个概念可能来自美国南方作家福克纳的家乡。我生活在南方，写南方的乡村和城市，从地域上来讲肯定是南方写作。

姜广平：像《肚子的记忆》，能不能归于南方写作是一方面。第二，你写的时候，是不是真的想到了福克纳，又是另一个问题。第三，美国的南方与中国的南方总该还是有点区别的。当然，像苏童、迟子建等人的写作，确实昭示了江南与北国的差别，但我觉得这只是题材的范围与地域的特点，与写作的风格可能搭上边的还少。汉语写作,最大的尴尬恰恰就在这里,当代文学的景观,似乎并没有体现出多少地域特色来。

东西:如果你同意上面的定义,那《肚子的记忆》就是南方写作。但是这种划分对于我也许没有任何意义,你说它是热带写作也行,是城乡结合的写作也可以,从任何一个角度都可以找到概念。这篇小说在叙述上有所创新,也就是,所有的人物都是叙述者。因为这种特殊叙述,我写的时候确实想到过福克纳,并试图在他的叙述方法上有所突破。需要警惕的是,不能因为我们跟福克纳同样生活在南方,就把自己当成了福克纳。另外,北方作家莫言写得不也很福克纳吗?我写过一篇《走出南方》的随笔,里面说:"无论是沈从文或者福克纳,他们都不是用南方的风景去打动读者。拨开他们像荒草一样的文字,你会看见一种被称为人性的东西慢慢地浮出来,抓住我们的心灵,使北方和南方一起感动。这就是为什么沈从文写湘西却能漂洋过海,福克纳写约克纳帕塔法县却能在中国找到市场。"

姜广平:如果给你提炼关键词,我觉得李敬泽提炼得非常准确,在你的写作中,器官可以作为一个大词。《目光愈拉愈长》《肚子的记忆》《痛苦比赛》《我为什么没有小蜜》《耳光响亮》《后悔录》等重要篇章,可能都可以归结到这个词上面来。最突出的是《没有语言的生活》,三种重要的感官出了问题,这个时候,通道在哪里,便成了最严重的问题了。

东西：李敬泽的这个发现是敏锐的。他不说我还没注意，他一说我就吓了一跳，连我自己都纳闷——为什么出现了这么多感官？后来我想，这可能和我用身体去体会去感受有关。我做事比较投入，写作也是这样，总是慢慢体会慢慢地写，有时会写得起鸡皮疙瘩。福楼拜写到包法利夫人吃砒霜的时候，自己的嘴里也有了砒霜的味道，应该是真实可信的。《没有语言的生活》一个是看不见，一个是听不到，一个是说不出，但是他们生出了一个健康的孩子，这是希望，也是通道。

姜广平：很多人都在谈影视创作的问题。今年，我给《文学界》组稿，与作家们联系，突然发现文坛出了事了，叶兆言最近不写了。我问他，你是个作家，你不写作，你做什么呢？他说，是啊，你的这个问题我也经常在问自己。毕飞宇，写完了《平原》，想暂时歇工。其他的作家呢？鬼子在写剧本，李修文在写剧本，很多作家都在写剧本。为什么一个个地被影视拉跑了呢？当然，作家为什么不可以被影视拐跑呢？作家是人，在这样的文学低迷时代，首先也还是要考虑吃饭。也许很多人都会这样认为。

东西：鲁迅那个时代，一篇短篇小说的稿费在请几个文友撮一顿之后，还够一家三口一个月的伙食。今天一篇短篇小说的稿费不够请几个文友到大排档吃一餐，也不够一家三口一个星期的伙食。就我而言，写一篇好短篇可能要花上一两个月时间，这么长的时间磨一篇小说，就会核算成本，轻易是不会给杂志的,要么是给稿费高的地方,要么是给发行量大的杂志。所以,现在作家们大都采取多写不如少写的策略,反正写小说也发不了财,何必那么急?还不如慢慢来,想写才写。至于写剧本,那也是没有办法的办法,纯粹是为了挣生活费,上有老下有小,作家们也得吃喝也得看病。

姜广平:你觉得作家应该是一种什么样的人呢?除了他的内秉以外,他应该有着什么样的社会担当呢?

东西:作家是能用文字准确地表达思想和感情的人,他(她)发现社会与人心的秘密,提醒人们注意什么,记住什么,唤醒日渐麻痹的情感,解释生活,质疑丑恶,传播知识,给人以希望和美的享受……作家的功能日渐弱化,能做到以上这些就已经是大师了。

姜广平:突然想到《后悔录》中一个细节,妹妹手心的那颗黑痣为什么要让它经常出现?是不是想营造某种悬念效果?

东西:不是,那是因为曾广贤有乱伦的恐惧,他生怕自己的手摸到自家人身上。

最厉害的写作是写出宽广的内心

▲ 东西、侯虹斌（时任《南方都市报》记者）
● 原载《南方都市报》2006年4月8日

侯虹斌：是什么促使你写作《后悔录》？这个构思是从何而来的？

东西：2003年，离我第一部长篇小说《耳光响亮》出版已经6年，我又有了写长篇小说的冲动。小说的形态，我首先想到了仓库。因为在七八十年代仓库是一个储备物品的地方，是和那时物质不丰富的现实联系在一起的。这也是我们的一个时代特征。在内容上，我想写这30年来人的情感的变化。这些年高楼变了，城建变了，衣服变了，时尚也变了，变化非常大。反映这方面变化的作品非常多，但是，内在深入的、变化最大的情感，却谈得很少。形式上，我感觉到在中国，从先锋小说起写人物就成了一种老朽的写法。先锋小说里，人物并不重要，甚至可以用A、B、C、D等字母来代替，只是一种符号。当初先锋小说的确打破了一些禁锢，但到了后来就出现了许多问题。我认为小说到了今天没有读者,不是读者的错,而是作者的错。人物也不要了,故事也不要了,人家还看你小说干什么?马原后来说过,"故事是小说唯一的救命稻草"。写《后悔录》时我就想回归,重塑人物。我定义的人物标准就是——独特,但又要跟每个人都有关系。我很羡慕《阿Q正传》这样的小说,因为它写出了和我们每个人都有关系的典型人物。我思考了半年时间,想到了后悔,后悔是我们每个人都会有的。于是便设想到曾广贤这样的一个人物,从禁锢到放开的这个情感过程中,他一直都在后悔。我想,这样一个人物既独特,又具有普遍性。他达到了我预设的标准,我才开始动笔写作。后来有一位作家写了《不悔录》,我认为,不悔是不可能的,除非他是一种特殊材料。扪心自问,"不悔的青春"之类的说法,能成立吗?凡是说"不悔"的人潜意识里很可能比我们更后悔。

侯虹斌:你的小说是从思考开始的?

东西:是的。作家们的写作习惯不同,有的作家可能是标题想好了就开始写,有的作家可能构思了一个凄美的画面就开始动笔,有的作家则是为伤情而作。而我的写作是从思考出发,很少从生活中照搬一个人物或故事来写。因为一个写小说的人肯定有编故事的能力,甚至一天编一百个故事都没有问题,但你的故事要表达什么,故事的内核是什么,能否震撼我,这个才是难度,才是关键。不过,我力争做到,我的小说写出来以后，读者看见的是故事，而不是理念，因为我的理念已经揉碎了，放进故事里了。

侯虹斌：你认为这个人物写成功了吗？

东西：这得让读者和专家来鉴定。但私下里我为这个人物兴奋。

侯虹斌：在你看来，曾广贤的命运算得上是悲剧吗？这种命运是谁支配的，是动荡的时代，是自身的性格，还是不可知的命运本身？

东西：曾广贤这个人是有点悲哀的。我心疼这个人，有时我会停下来想，要不要把他写得这么惨呢？我是不是太残忍了？谢有顺谈道，"《后悔录》仿佛在告诉我们，小人物承担个人的命运，跟英雄承担国家、民族的命运，其受压的过程同样值得尊敬"。曾广贤承担了太多东西，有些后悔是他不应该承担的东西，比如赵敬东的死。赵敬东和狗的暧昧关系在那个年代是不可容忍的，他只能死。命运的成因很复杂，一方面，可以说是性格决定命运，假如曾广贤不是那么心事重重，假如他的后悔不那么强烈，而是有阿Q精神的话，那他的命运就不会那么惨；同时，社会也有责任，每个人都有责任，但我在书里没有责备这个社会，而全部是曾广贤的自责；况且，命运又充满了偶然性，这些偶然事件进一步把他推至绝境。这几点共同造成了他人生的困境。

侯虹斌：在《后悔录》里，你把性压抑和性渴望作为故事发展的动力，在你看来，是否这就是时代的真实呈现？

东西：情感变迁的过程是真实的。《后悔录》里，分别用"禁欲、友谊、冲动、忠贞、身体、放浪"几个词作为每一章的小标题，这些小标题跟我成长时的心情和社会的背景是吻合的。比如"禁欲"，20世纪60年代出生的人都知道，那时的禁忌风气很重，对我们的心灵影响非常大。比如"友谊"，那时交女友谈恋爱都是以友谊为基础的，写信给女友都是写"友谊万岁""革命的友谊万古长青"。到后面几章的"忠贞""放浪"，这些刚好是我们情感一步步发展的写照。今天已发展到"放浪"，虽然对于某些个体而言，还可能是禁忌，但对于大部分人来说，只要有条件，都可以把钱转换成情感。通俗地说，《后悔录》在告诉我们——性生活来之不易。中国用了几十年完成了这个过程，而西方足足用了几个世纪。这个线索是客观真实的。

侯虹斌：你在《后悔录》及多部作品里，都写了一种很残酷的命运，但是你的这种残酷和余华等作家所写的残酷又是有所不同的，这种不同主要是体现在什么地方？

东西：余华所写的残酷，是生存的残酷。像《许三观卖血记》里，卖血是为什么？就是为了过一次好生活。他写人的自我榨取，许三观想吃红烧肉就去卖血，用嘴巴来炒红烧肉等都是生存的残酷。张贤亮的小说写了很多吃不饱的痛苦。我还记得一个细节，有个人用圆柱体的容器到食堂打饭，只因为在看似同样大小的容器里，圆柱体体积最大。这些都是基于生存，而曾广贤的残酷是在于精神困境。你发现他有吃不饱的问题吗？没有，他不为吃不饱而痛苦。他的困境是我们吃饱了以后的困境。

侯虹斌：曾广贤是爱张闹的，虽然没有明确地说出来。这样，他选择张闹而不是陆小燕就有理由了。如果这样的话，这种后悔还成立吗？你认为后悔和忏悔有什么区别？

东西：即使曾广贤爱张闹，也不妨碍他的后悔。所谓后悔，是结果失败了才后悔。忏悔是看前提，也就是说一开始就错了，而后悔是看结果，只要结果与设想不对等，就后悔。这是中西方的不同，西方有原罪，而我们没有。比如，我调戏妇女，一开始就是错的，我是有罪的，这是忏悔；我调戏妇女不成，还被人告了，我惨了，懊恼了，这就是后悔。胡传吉评论中有一句，"东西为忏悔找到了一种参照"。事实上，忏悔和后悔有很大的不同。后悔其实是一种耍赖，但又有点良知，有点幻想，有点无奈，也有点可贵，它比忏悔更复杂。如果我们连后悔都没有了，那非常可怕。如果曾广贤没有良知，他就不会后悔。当然，他的后悔里，既有因为他无意中害了人的后悔，也有因为自己没得到爱情、没过得更好而后悔……在我们达不到忏悔的层面时，后悔也许就是精神的粗粮，聊以充饥。

侯虹斌：在《后悔录》中，主人公在悲惨命运之外，还体现了一些豁达、大度，甚至乐观。那么，这种乐观和前些年《贫嘴张大民的幸福生活》里表现的"困境中的乐观"，区别在哪里？

东西：《贫嘴张大民的幸福生活》是因为居住环境狭小，引发的一系列问题，他必须通过调侃来扩大他的精神空间，这和"后悔"是两码事。居住空间狭窄，张大民靠不停说话来释放内心的憋气，以缓解内心焦虑，自我解脱。而曾广贤总是认为自己话说多了，又害人了，他总是在学习沉默。多年之后，他觉得自己过得不如意，想倾诉，所有的人都很忙，没人愿意听他讲。这就是"没有语言的生活"，他不得不花钱请小姐来倾听。其实，这个听众只想收钱，根本没认真听。我一直喜欢"没有听众的讲述"，早在《没有语言的生活》里，我就写了聋子王家宽，有不少人在他面前滔滔不绝，但是他一个字也听不到。在《后悔录》里，我把这种"没有听众的讲述"放大了……

侯虹斌：变成了一种结构。

东西：对。开始读者也许会觉得曾广贤的这种倾诉毫无价值，甚至嘲笑他，连小姐都打动不了。但他的倾诉到了父亲面前，却起了奇妙的效果——他的后悔、他的悲剧，甚至把植物人父亲都唤醒了——铁石心肠都被感动。我想，这样的故事也应该能感动读者吧。《如果》这一章把故事推到极端，因为"如果"是后悔的关键词。从结构上来说，一开头就是"如果你没意见，那我就开始讲了"，最后以整章都是"如果"作为呼应。这一章是"回溯"，把"后悔"的结构弄得更完整，同时，也想把曾广贤这个"后悔"的人物塑造得更完整，更立体些。

侯虹斌：看着看着，曾广贤这个倒霉的人物越来越可爱了。

东西：曾广贤的可爱在哪里？《后悔录》有一个细节，曾广贤认为张闹的儿子很像他，虎头虎脑，很漂亮。他和张闹没有肌肤之亲，为何孩子会长得像他呢？这其实是曾广贤的自恋，表扬那个孩子就是在表扬他自己。他已经跟生活和解了。曾广贤的后悔过程包含着一种幻想。对他而言，虽然走错了很多路，但是因为他后悔了，仿佛还有一条更好的路，给他幻想。也许，他现在走的已是最好的路了，但是他还有更好的幻想。

侯虹斌：《后悔录》在你的写作里算是一种突破吗？对你个人的意义何在？

东西：《后悔录》应该是我的一种突破。首先，我塑造了一个人物，发现了他的内心秘密，那就是无穷无尽的后悔；其次，就是完成了20世纪70年代以来情感变迁的梳理；再次，就是让小说回到了故事，让语言准确、干净。这部小说我改了三次，看了六七遍，光是开头就开了六次，最多的一次开头到达三万字，后来全都推翻。第一章三万字，我从头到尾朗读了一遍。

现在，这部小说有了较好的反响，基本上达到了我的预想。目前小说太多了，竞争太激烈了。我渴望得到读者的喜爱，被人记住，就写得特别认真，不想浪费自己和读者时间。这是我的第二部长篇，写长篇锻炼了我长跑的能力，让我能够把一个人物塑造完成，还锻炼了我语言的耐力。这一次写作，我想提供给读者好读的小说。以前我的小说喜欢走极端，不太理会读者的接受情况。不过，《后悔录》我考虑了读者。曾广贤跟按摩小姐倾诉的时候，每一个读者都是倾听者，都是那个按摩小姐，都是那个植物人父亲。我希望我的讲述能使读者麻痹的神经受到刺激。如果能达到这个效果，我的小说就有价值了。

侯虹斌：我注意到近年来有几位作家都把写作的年代放在六七十年代，你也是这样，这说明什么问题吗？

东西：我的写作会在60年代到90年代之间停留一段时间。这个年代是从计划经济到市场经济变化的年代。其间，人的变化是最大的。目前，作家对这段历史写得还不够大胆、不够深入。我又正好是这个历史阶段中成长的，对这段历史记忆深刻，觉得还没有写够。我不喜欢沉溺于假想的乡村和风景，用童话来自我安慰，那是旅游文学，不是真的现实。桃花源和香格里拉当然是一种写法，但不能天天写，关键是写人的心灵，而不是外在的风景。余华、毕飞宇，包括我，在去年推出的小说里都不谋而合地写到了六七十年代，说明这一批 60 年代出生的作家开始正视他们成长的时代了。

侯虹斌：你在两部长篇《后悔录》和《耳光响亮》里，都使用了一种较大的历史跨度，你觉得你有史诗意识吗？你的写作比较个人化，以后会尝试一种宏大的叙事方式吗？

东西：没有。我最讨厌所谓的史诗小说。卡夫卡的《城堡》《审判》写得很简单，单线条，可这是多好的小说！好小说的标准是震撼心灵，不是什么虚假的"史诗"。读虚假的史诗，我还不如读历史书。有的史诗小说我读了十万字还没有看到一个让人记住的细节，通篇就像一个故事梗概，把当时的历史背景全都写了，却见不到丰满感人的人物，主人公就像一个导游。这样的小说是不是有价值？好小说没有模式，小说最大的好处就是自由。起码到目前为止，我尚没有一个写作宏大结构的小说的想法。如果一个作家从南海写到北疆，从东海写到沙漠，你以为这样就写得很宏大了吗？不，还不够大，最厉害的是写出真正宽广的内心。因为"比天空更广阔的是心灵"，我是往内心挖掘，而不是往外部扩大。

侯虹斌：当下文坛和出版市场都是长篇占统治位置，你到现在才写出了第二部长篇，为何你在长篇小说上用力不多呢？以后呢？

东西：卡夫卡一辈子才三部长篇，鲁迅没有长篇，谁能否认他们是伟大作家？往近的说，我就认为，韩少功虽然只有《马桥词典》和《暗示》两部长篇，但不妨碍他成为一个好作家。《马桥词典》这样的作品，有一部就够了。如果他写了十部长篇，都比不上《马桥词典》，那还不如不写呢。写作应该是一件很谨慎的事。《耳光响亮》出来后六年，我才开始写作《后悔录》。事实证明，只要你进步了，突破了，就有效果。目前，我在补充营养，挣生活费，思考问题。我的下一部长篇，起码要四五年之后才出来。我想自我跨越，自我突破，所以很谨慎。

侯虹斌：你的写作目标是什么？

东西：我写作的主要目标就是希望拥有更多的知音。现在我们提很高很大的目标也不现实。以前我想在小说这个领域留下典型人物，像鲁迅一样留下阿Q，像卡夫卡一样留下人变的甲虫等。当这个目标慢慢接近的时候，我又会有一些新的想法，比如打动谁，感动谁，刺激一下人们麻痹的心灵等等。现在整天生活在城市里，人们的感觉很麻木，我希望写出让读者触电的作品，打到他们的痛处。马尔克斯说："我写作，是为了让我的朋友更喜欢我。"我希望我的朋友越来越多。

侯虹斌：在你看来，好的小说是什么？

东西：好的小说没有唯一标准。我个人的标准是，第一，打动我的、震撼我的,抓住了我的心灵,发现了我内心的秘密;第二,高于我的智商、超出我想象的;第三,文字优美、结构优秀的,满足我审美的需要,语言精确。但一部小说里要做到这三条几乎是不可能的,只要有一条就能算是好小说了。最重要的,就是能刺激我的心灵。有些小说看起来很光滑,但我认为,好小说应该是刺,抓上去就会被刺伤。就像《洛丽塔》击中了中老年男人的隐秘心理,我很佩服。同时,真的好小说不会让人看不懂,那种连专业人士都看不懂的小说,我不说它是好小说。

侯虹斌:在写作生涯中,你有没有一直想要表达的东西?

东西:没有。如果说有,那就是发现的乐趣。我在寻找缝隙,发现细节,翻开硬币的背面,就像科学家在探索秘密,只不过我研究的对象是人,而且是用小说、用讲故事的方式来研究人。《后悔录》里我发现的是后悔;《没有语言的生活》里,我发现人与人之间沟通的困难。这就像掀开石板看到下面的小草,让我冲动。这也是我的小说能够持续下来的一种动力。不过,我不会在无数的作品里重复地证明同一个发现。我的文学作品往往先于生活。在《不要问我》里,一个大学副教授南下,丢失了身份证和皮箱,他就成了一个没有身份的人,谈恋爱想结婚,却因为没有身份而结不了。这篇写于1999年的小说看起来很荒唐,但在2003年就发生了孙志刚事件,与我小说中所写的情形非常相似。在《没有语言的生活》里,是一聋一哑一瞎的三个人一起生活的故事，大家觉得太巧了。但两年后，在东北就出现了一对弱听和弱视的女大学生，她们两人组成一个学习"联合舰队"，很成功，四处做报告交流经验，轰动一时。要特别强调的是，我的小说写作在先，事件发生在后，我并不是看了故事来写小说的，而是小说无意中预言了生活，包括《后悔录》也是如此。当然，这种发现，还得有深度的发现，能看到别人看不到的东西，就像我的一篇小说标题——《目光愈拉愈长》。

侯虹斌：在写作中，你警惕什么？畏惧什么？

东西：第一，我警惕不思考，因为我写每部小说都想标新立异，想不重复别人，也不重复自己，所以必须思考，不能偷哪怕是半点懒。第二，我警惕自己说废话，怕用凑字数来完成作品。我认为小说要有足够的信息量，不光是语言漂亮就够了，还要准确地击中要害。第三，我怕我的想象力枯竭。当一个作家解决了发表途径之后，很容易迁就自己，以为自己这种写法就是全世界作家的写法。第四是警惕不学习，不阅读……

侯虹斌：你受哪位作家的影响较大？目前，你在读什么书？

东西：刚开始写作时，受谁影响似乎很重要，但是写到今天，这个问题已经没有意义了。比如我现在在读布扎蒂的《七层楼》，它对我很有触动，但不能说布扎蒂对我影响最大。我读过的任何一个好作品都会对我有影响。我读福克纳,但我写作的小说却不像福克纳。我的创作来源于生活,是对生活的思考,这应该就是原创吧。

我就喜欢新奇的野路子

▲ 东西、曹雪萍（时任《新京报》记者）
● 原载《新京报》2005 年 10 月 14 日

"谁是东西"在文学圈早已不是一句笑话，一系列改编影视剧与不久前刚推出的长篇新作《后悔录》，让广西作家东西逐渐进入大众视野。其作品"荒诞""身体"的特征引起文学评论界提出 20 世纪 60 年代出生作家是"后悔的一代"的概念。近日，他的多部小说旧作集结成作品集，分为《耳光响亮》《猜到尽头》《没有语言的生活》《你不知道她有多美》四卷本。与此同时，根据《我们的父亲》改编的同名 20 集电视连续剧 16 日也将在央视八套黄金时间播出。东西接受访谈时很低调，正如他对自己特别的笔名做出的解释一样，"东西"有两层意思：一是因为像"东邪西毒""东成西就"般好记；二是一个玩笑，就像王朔的一个小说题目——《千万别把我当人》。

曹雪萍：此次结集出版的是作品集还是文集？具有里程碑意义或仅仅是个总结？

东西：我从 1985 年爱好文学，已和文学结缘 20 年。尽管写了 20 年，我的作品并不算多，作品集收录了我各种风格的作品。是作品集不是文集，只是一个总结。除了《后悔录》这部长篇，这个集子还收录了我 90% 的作品，而且也都是我个人比较满意的作品。

曹雪萍：画家方力钧第一次将他的油画作品当作图书封面，这对书所起到的配合作用，是一种画龙点睛还是阅读期待的超越？

东西：他的画我很喜欢，画中夸张、荒诞，泪水之后的微笑，苦难却又不失理想，其中蕴藏的复杂性与我作品的精神气质相似。

曹雪萍：《耳光响亮》是一部漫画式的长篇小说，这从主人公牛青松、牛红梅等名字就可看出，为何以变形夸张的笔触写作？

东西：那是 1996 年，我常听《国际歌》，有种呐喊的感觉，也很喜欢崔健的摇滚乐。希望以嚎叫的姿态反抗压抑，恨不得一夜成名，所以写得很张扬，很自由，和当时的状态有关。

曹雪萍：如果许多年以后回望一番，《后悔录》在你个人写作的历史中的意义是"承前启后"还是"空前绝后"的?

东西：对我而言,《后悔录》使我的虚荣心得到极大满足。这至少证明写了很多剧本后,我仍能写小说。在作品中我延续了对小人物精神困境一贯的关注。他身上后悔的特点也藏在我们每个人的心灵深处。其实,鲁迅一生写的小说也没有当代作家两年写的多,当代作家在追逐量的过程中往往忽视了质。质量和品位是我永远追求的。

曹雪萍：有评论家用"身体穿过历史的荒诞现场"概括你的作品,但你认为,生活比小说更荒诞。

东西：其实生活真的比我的小说更荒诞。1976年,因为我家是富农,我母亲作为坏分子被拉去乡里批斗。当时批斗会现场我没有去,我坐在喇叭下听现场批斗。那些批斗我母亲的人点了我母亲的两个错误,全都是子虚乌有。当时我才10岁,这种公然说谎让我觉得现实很荒诞。

曹雪萍：在《肚子的记忆》等作品中,主人公对贫穷的极度恐惧与你的个人经验有何暗合?能谈一段你和肚子相关的记忆吗?

东西：少年时候生活在乡村,饥饿感时常袭击我。读大专的时候,每天晚上下晚自习回到宿舍我都做强烈的思想斗争,如果我去吃了米粉,第二天早晨我就没有了早餐;不吃又饿,只能用意志战胜饥饿。那时候,我就用阅读名著来充饥御寒。

曹雪萍：在中国当代作家中，具有冷峻色彩的黑色幽默叙事风格的作家较为少见，你为何偏爱这种风格？

东西：小人物往往用黑色幽默来抵抗强大的势力，用冷幽默来释放压力。在生活中，我是去发现幽默而不是传递幽默。电影金鸡奖在南宁颁发的第二天早上，我还在睡懒觉，凡一平打电话告诉我，他在晒底片，24寸的。我说，你平常不是晒5寸的吗？他说，我和巩俐合影了，我们之间的距离只有5厘米。我很生气，说，凡一平，我告诉你，你这一辈子都跨越不了这5厘米。他受到了极大的打击。这种伎俩在我写作中也常用。

曹雪萍：你的多数作品在被你改编成影视剧本后，是否有所戕害？如果存在这种戕害，具体体现在哪里？

东西：《我们的父亲》小说的本意是农村父亲进城来，想用农村的办法解决城市的问题，最后他处处碰壁，想从子女的眼皮底下溜走。直至死了，儿女都不知道，哥哥以为他在妹妹家，妹妹以为他在弟弟家。事实上，子女参与了父亲死亡的过程。我想表达这是一个没有父权的时代，没有了绝对的权力。这是我对这个时代的理解。但在电视剧中，它不得不收缩，世俗化，降低为父亲与孩子间的亲情叙事关系。

曹雪萍：池莉、苏童、毕飞宇都表示过在风华正茂时将全力投入写作小说而不将精力投注在影视作品，你对于作家"触电"怎么看待?

东西:我们的作家不要过分自恋,对影视剧也不要一棍子打死。你看很多欧洲电影,会认为电影比原著差?小说不一定比电影更高雅。让读书的人读书,让看电影的人去看电影吧。

曹雪萍:你的《后悔录》如果有改编成电影的可能,那么你希望谁做导演?

东西:如果可以,我想自己做导演,但这似乎有难度。我写完了这个长篇,想休息一段,再做《没有语言的生活》电视剧的改编。

曹雪萍:你将作为广西民族大学驻校作家上大课讲文学影视欣赏,会给学生讲什么样的阅读经验?

东西:我看过一个报道,"9·11"之后,美国市民都在抢购带钢板的地下室,如果有恐怖袭击则可以躲避两三天。其实早在20世纪,卡夫卡写过《地洞》,写一个小动物因为恐惧在地洞里建了无数的通道以便逃跑。建完之后,它还不敢住在地洞里,它埋伏到对面的草丛里,观察什么样的动物会来欺负它。在读小动物的恐惧时很难想象今天人们对灾难的恐惧。我愿意把这样的现实生活与小说嫁接。

写我们内心的秘密

▲ 东西、徐春萍（时任《文学报》主编）
● 原载《文学报》2005年8月4日

徐春萍：《后悔录》，一个非常好的小说题目。这部小说的视角很独特，结构可谓匠心独运。"后悔——如果"，以这样的关键词切入，讲述一个人后悔的一生。是"后悔"而不是"忏悔"，这在当代文学中还未有过。读完之后，觉得你是一个很会讲故事的小说家。你的小说总是很独特，就连作品中人物的思维也很独特。当初，你是怎么想到要写这么一个人物的？

东西：因为我常常做后悔的事，如果真要计较起来，后悔的事多少仓库也装不完。正常人都有后悔，尽管我身边不乏自信的、嘴巴经常挂着"从不后悔"的人，但仔细分析，其实他们比那些后悔的人还要后悔。我一直羡慕鲁迅写出了阿Q的"精神胜利法"，加缪写出了"局外人"，纳博科夫写绝了"老男人"的心态，所以写人的内心秘密和普遍心理也成了我多年来的追求,而"后悔"正好符合这两个条件。它躲在我心理的底层,不时跳出来刺激我。于是,我就把它放大,做足,再加上我的生活背景。

徐春萍:你的生活背景,具体地说就是 60 年代到 90 年代,中国社会发生了巨变。《后悔录》写的就是在这巨大变化的 30 年里一个人的"情感变迁",或者是一个小人物关于性的遭遇。小说叙述从一开始就指涉了性,由性写政治、写伦理。你是一开始就找到这个能深度反映个人和环境、时代关系的角度吗?

东西:是慢慢找到的。开始我只是想写后悔,但后悔什么还没想清楚,我用了半年时间来找后悔什么,有一天终于找到了性后悔。当时,我很兴奋,决定从这个角度试一试,把我们的情感变化过程梳理了一遍,写一个叫曾广贤的人后悔没选好老婆,后悔中了别人的圈套,后悔自己该有性的时候没有抓住机会……从他的后悔中可以看到悲哀、善良和幻想。其实,喜欢后悔的人往往都是完美主义者,同时也是幻想者,因为他希望能够做得更好,幻想没有选择的道路才是最好的道路。所以,这个人物只要你看过,就会越来越喜欢。

徐春萍:8 年前,你的第一部长篇小说《耳光响亮》也是写这个年代,看得出,你对你生活的时代特别留恋,能比较一下你的这两部长篇吗?

东西：《耳光响亮》是从毛主席逝世那天写起的，时间跨度10年，写我们在没有父亲的天空下如何长大，写转型期我们这代人的迷惘和不适应。《后悔录》则把时间线拉长了，写了30年。这30年有太多刺激的内容，有太多触目惊心的记忆，但我没有写鸿篇巨制的才华，只拎出了一条情感线，或者说有关性的线索。每个写作者都有他痴迷的背景，有人喜欢写遥远的历史背景，有人喜欢写未来的幻想背景，而我则更愿意面对现实。

徐春萍：曾广贤这个小人物的形象，是个生活的受害者，一次次错过，一次次受伤。最后一章《如果》中，当他回首往事，几乎是对自己一生所有的选择都做了反省式的后悔。这一章读来令人心酸不已，是个意味深长的高潮。有评论认为，曾广贤是近年来最具感染力的人物形象之一。前不久《南方文坛》讨论当代作品"文学人物形象"的缺失现象，你也参加了相关讨论。想听听你在写这个人物时的想法。

东西：每一个写作者都有自己的写作野心，有的是为了结构，有的是为了语言，有的是为了挣稿费，有的是为了疗伤，有的是为了写活一个人物……不管作家的重心放在哪一方面，都有可能获得成功。但是我发现，凡是好的作家身后总站着一排人物，比如鲁迅的身后就有阿Q、祥林嫂、孔乙己、闰土等等。写好一个人物并能让读者记住，太难了。先锋小说盛行时期，我们可以找出无数的理由不塑造人物，甚至谁塑造人物谁就遭到鄙视。但是现在看来，没人物是不行的，最好的作家是在给小说贡献新技术的同时，还能保持住小说的某些传统，比如讲故事，比如塑造人物。这些基本项丢不得。一丢，小说就会失去读者。回过头去检阅当代文学作品，凡是我们能记住人物的，都是上品。而那些只有事件，只有多线条、大场面和时间跨度的所谓史诗，却不一定能让我们记住。教训是深刻的，所以我要写人物，从各个侧面来写，不光写他的后悔，还写他吸取失败经验试图回避后悔，让人物在故事的链条上发生变化，就是他的每一步选择都会影响他的性格，但是人物有人物的宿命，尽管曾广贤一再回避却还是没法逃出困境。当然写人物还得动用一些伎俩，如果你注意就会发现，这个后悔了大半辈子的人物却是以一个不后悔收场的。

徐春萍：你曾说，身体就在脚下，心灵却在远方。一个小说家的好坏，取决于身体与心灵的距离，也就是自己离开自己有多远。《后悔录》可以证明你是个很棒的小说家。今天有很多读者不愿读小说而宁可看视听艺术，这与整个社会的文化背景、价值取向有关。你认为文学本身有什么需要反省的吗？

东西：有。美国《读者文摘》给所有的编辑三个要求，就是你编的稿件"它有趣吗？它实用吗？它耐读吗？"如果我们拿这样的标准来要求我们今天的小说，就会发现没人读小说的主要责任应该由作者来负，而不是读者。我们也许是太急于求成、太在乎稿费、太害怕别人忘记自己，所以要不顾质量地频频露面，于是造成了读者对小说的一次次失望。最后读者不见了，只剩下作者在读作者。另外，媒体、专家和出版方大肆吹捧伪劣作品，也是读者流失的原因。一两次的虚假吹捧，读者也许还能原谅，但多次之后，读者就要"发疯"，一看见"名著"就有不适的心理反应。能够把作品弄成"人人都不愿意读，但人人都想说自己读过"的名著，实在是一种本事。我们用多大的劲鼓励平庸，就会有多大的劲把读者推远。我说"身体就在脚下，心灵却在远处"，是因为看了太多跟作者生活完全重合、相等的作品，我希望能够回避这样的写作问题，不希望像曾广贤那样回避之后，又掉入陷阱。

徐春萍：你是一个很有影视缘的作家。中篇小说《没有语言的生活》被改编成电影《天上的恋人》，在第十五届东京电影节上获得最佳艺术贡献奖。你的第一部长篇《耳光响亮》又被改编成电影《姐姐词典》以及同名电视剧，电影正在上海等地上映；你的短篇小说《我们的父亲》也被改成了同名电视连续剧；你还曾把铁凝的小说《永远有多远》改编成电视剧；《后悔录》也十分具有影视改编的潜质。说说这几年的"触电"感受吧。

东西：我的小说一般不太容易改编成影视剧。像《没有语言的生活》这样的小说，写聋哑瞎的故事，更是不好改编。碰巧我遇上了爱玩艺术的制片和导演，才开始"触电"。电视剧《响亮》(原名《耳光响亮》)在北京、江西、成都、武汉等电视台播出后，创造了高收视率，才有人发现原来我的小说也还有市场。当电视台开始以收视率论英雄的时候，竞争就越来越激烈了。影视作品也开始讲角度，讲技巧，讲深度，否则就卖不动。影视作品竞争越激烈，那些构思精巧、喜欢思考的小说就更有可能被改编。我现在被改编的小说大都是七八年前甚至十年前写的，它们都经过了一段时间的检验，才被认可。"触电"既能解决生活困难，又能扩大作品的影响，没有什么不好。

徐春萍：一般来说，从小说到电影，有改变有过滤。《姐姐词典》的主角蒋勤勤在谈"姐姐"这一人物形象和《孔雀》中的"姐姐"的区别时说："我演的姐姐是个杂草。"你对这部电影怎么评价？

东西：这部电影首先是真实，牛红梅就是那个时代姐姐的形象，既有责任，又臭美。有人看了这个电影后和我交流，说剧中人说的都是人话，不拿腔拿调，很朴素。当初我们就是按这个路子走的，不拔高也不贬低人物。但是，正如你所说，每一部小说改编成影视剧的时候，小说的信息都会有所损失，好多细微的东西被过滤掉了。打个比方，我在《耳光响亮》里写牛红梅全身留下了宁门牙的齿印，由于他的门牙已被金大印打掉，所以那些齿印都少了一颗门牙。这样的细节，电影就没法弄出来。这也是大部分原作者不给影视作品打满分的原因。

徐春萍：有一段时间听说你在写影视剧本，文坛的朋友有点担心。有种说法是影视剧本写多了，会把写小说的笔写废了，会损伤一个优秀的小说家的创造力。但读了《后悔录》之后，很多朋友都很欣喜。因为大家看到，东西的那支笔依然如故，甚至更好。写剧本的经历对你的小说创作而言，得失如何？

东西：开始写剧本的时候，是极痛苦的，因为写剧本没有写小说那么自由，语言优势发挥不出来，随便一个人就可以给你提一大堆修改意见，弄得你无所适从。但是，为了挣生活费，再苦再累也得咬牙挺住。难怪有人说"家里不穷不干这活"，就连美国作家福克纳也不能幸免。现在剧本写多了，特别是改编自己的小说之后，这种折磨感消失了，反而从写剧本中学会了坚韧和谦虚。比如过去我写小说一般不喜欢修改，但是写《后悔录》的时候，我修改了好几遍，每一次修改都有新的发现。另外，剧本对情节的设置、人物的塑造要求更高，这对写小说是一种极好的锻炼。其实，小说《后悔录》就借用了一些影视创作方法，它比我过去的小说更好读，更简洁，人物的对话也更准确。剧本不是小说的天敌，只要处理好，反而会丰富小说的创作。一个好的剧本同样具备探索精神，具有非凡的创造力和想象力。一些外国电影对我心理的撞击力绝对是某些小说的十倍、百倍。

徐春萍：听说为写《后悔录》，你推掉了一个很挣钱的写剧本的活，是吗？在这样一个好作家寂寞的时代，你为什么选择当一个小说家？

东西：好多作家都表达过写剧本是为了生活，写小说是为了艺术，我也愿意把这两者分开。影视作品是集体的智慧，艺术个性往往不能全面伸展，有时甚至缩手缩脚。只有小说，才是完全属于个人的劳动，它可以达到极点，可以准确地表达自己的观点，展示自己的才华。所以，热爱写作的人都不会放弃小说，不管剧本的稿费有多高。

用身体与荒诞穿越历史现场

▲ 东西、术术（时任《新京报》首席记者）
● 原载《新京报》2005 年 8 月 22 日

术术：《后悔录》的主人公曾广贤一直都在梦想得到性，甚至因为强奸罪坐了 8 年牢，但实际上他没有经历一次真正的性。尽管它充满了黑色幽默，看似荒诞，但我觉得它其实是一部爱情小说。为什么选择把曾广贤这样一个小人物的情感变迁作为写作题材？

东西：因为我觉得这 30 多年来，中国人变化最大的就是情感。我们碗里的肉越来越多，衣服越来越没有皱纹，住房宽了，交通方便了……但是，这些内容已有人在我的前面写过，要是把他们写这方面的册子聚集起来，差不多抵得上一个小型图书馆的藏书。不过，我发现这变化那变化，不如我们的心理变化大。单就情感生活来说，只要我们一比较就会把自己吓一大跳。20 世纪 60 年代，人们谈恋爱的时候除了要跟组织汇报，还得把门敞开，最安全的办法就是在门上支一截棍子。可是今天，似乎随处都可以找到爱情，我们从看不惯在公共场合接吻的行为到司空见惯；由不习惯爱情跟经济挂钩到必须接受……这种种变化简直可以用"翻天覆地"来概括，就连"爱情"的内涵和外延都在慢慢改变。英国作家福斯特说人类有两种历史：一种是政治和经济造就的历史，是大踏步地前进；另一种历史是人类心灵的变化，仿如龟步蟹行。我更愿意写这种心灵的变化，所以评论家陈晓明说我是在写一种"心灵的质变"。

术术：既然心灵的变化是"龟步蟹行"，那你为什么又说这种变化是"翻天覆地"的？这是不是一种悖论？

东西：不是的。因为这30年太特殊了，社会的巨大变化，造成了我们心灵的跳跃。

术术：曾广贤在讲述自己命运的时候多次使用了"如果"这个词，一次又一次地后悔自己的错误。为什么会为这个人物选择"后悔"这个关键词？或者说你为什么给这部新长篇选择"后悔"这个主题？

东西：因为我经常把"如果"挂在嘴边，经常做后悔的事，后悔说错话，后悔交了烂朋友，后悔表错情，后悔投错资……就像玩纸牌，每一种出法都会改变结局，当结局不如意的时候，我就会拍大腿、捶胸口，会幻想另一种出法也许能赢。正常人都有后悔，这是文学的表达，但是马上就有了科学的论证。前两天，一位看过《后悔录》的读者给我打电话，说

《参考消息》上面有一篇文章《大脑有个"后悔中心"》,说法国科学家发现在人的大脑前额脑区底部有一个后悔中心,凡是这地方没受损伤的人都会"后悔"。看了这个消息,我暗自为文学骄傲,因为文学先于科学。"后悔"是排在食色之后的人的天性,写这个领域很刺激。

术术:有评论家用"身体穿过历史的荒诞现场"概括了这部小说。的确,这部小说看似在写曾广贤的情感历程,其实背后展示了中国20世纪60年代中期到90年代后期的社会变迁。你认为它展示出的是怎样一个历史的现场?

东西:这在小说的每一章标题有所体现,从《禁欲》到《友谊》《冲动》《忠贞》《身体》《放浪》《如果》,是身体从封闭逐渐走向开放的过程,也是身体从"禁忌"走向自由,甚至"放浪"的过程。凡是和我年龄相近的人,都穿越了这个历史现场,不用多说大家都能回忆。但是这种历史现场只是一个背景,如果你注意的话,就会发现这个从"禁忌"开始的过程,跟人的身体发育和成熟的过程也是吻合的。少年时,我们害怕,所以封闭;长大了,结婚了,我们的胆子就大了,有经验了,就敢于放浪了。

术术:我其实很喜欢曾广贤这个人物,虽然他愚蠢可笑,总是好心办坏事,伤害爱他的人。你认为读者为什么会接受这个不停犯错误的人物?你认为曾广贤是个什么样的人?

东西：他伤害别人是因为嘴巴多，不小心坏了大事，就像他爸开始对他的评价："嘴巴无毛，办事不牢。"但是他却一次次试图改变，甚至跟他妈到三合路九婆那里去封嘴巴，就是在嘴巴上贴封条。当封条掉下来的时候，他当众捡起来，自己又贴了上去。无数个这样的细节可以说明他是一个可爱的人。他的可爱还表现在从不责怪别人和社会，只怪自己选错了答案。尽管他后悔了却从来没有失望，一次次相信别人，却一次次掉进陷阱。写到小说的下半部分，我觉得这个人物越来越可爱，甚至可贵。

术术：黑色幽默是这部小说最大的特点，里面写到了很多可笑的场景，父亲和赵山河的偷情，曾广贤为了越狱动作滑稽地练习劈叉。我相信有很多读者能笑着看完这部小说。你觉得读者为什么会笑？笑对于你这部小说有什么意义？

东西：笑，也是心酸的笑。这是我喜欢的写作风格，也是一贯的伎俩，我的另一部长篇小说《耳光响亮》也是如此。这一部小说的笑隐藏得更深一些，收敛了许多。有这种效果，和我始终跟主人公保持同等的智商有关。因为他简单、善良，相信当时报纸上的话，所以跟这个社会就有些格格不入。他在动用全部的智慧来回避后悔的时候，就更显得可笑了。郜元宝先生在评论文章里称这为"可笑的智慧"。

术术：这部小说在叙述上非常自由，是以曾广贤向一个从事色情服务的女人讲自己经历的方式写的。所以，小说经常会突然跳出去说"好啦好啦，喝口饮料顺顺气吧"。你不担心这样的叙述会打断读者的思路吗？

东西：不会，因为我写得很紧凑。我不时从故事里这么跳一下，是想用结构本身来说明一些问题。在西方，当人的心灵有负担的时候，是向神职人员或心理医生倾诉，但是曾广贤却找不到这样的倾诉对象，就连朋友们也不愿意听他的故事。所以，他不得不花钱请按摩小姐来当听众。听的人注意力根本不在故事，而在收费，所以他的讲述是没有听众的讲述。

术术：这部小说一开头就是人们围观两只狗交配的场景，一下子就能感觉到这部小说是一部充满了荒诞感的现代派小说，为什么总是将笔触放在生活的荒诞性上？

东西：生活本身充满了荒诞。我觉得这还是一部很现实的小说。之所以这样开头，是因为当时人们的生活确实枯燥乏味，找不到乐子，好不容易从动物身上找到了，却被赵万年上纲上线。

术术：我觉得这部小说如果按照现实主义的路子，可以写成一部一波三折的爱情小说。我看完这部小说突然生出一个感慨，想看一点清新的小说，比如沈从文。现在走你这条路线的作品是不是太多了？

东西：你是不是觉得这个小说有些沉重？

术术：有一点。

东西：但是过程是轻松、幽默的。因为你本身也写作，所以你要思考，要把作品上纲上线。如果你别想那么多，它就是一部情感小说，写一个人后悔自己没找到好老婆。沈从文的小说很温暖，我也很佩服，它就像乡村的风景，像美丽的自然。我们在城市里拼累了，就会想到去旅游，去看好的风景。可是，当我们从山水里回到城市，还得面对现实。

术术：我发现你的小说总是离人的五官比较近，像以前的《没有语言的生活》，是写一个瞎子、一个聋子、一个哑巴的故事。这次曾广贤也是因为嘴巴乱说话，导致父亲的灾难、朋友的自杀和很多倒霉的事。如果我说你是身体写作，你觉得可以吗？

东西：没毛病。写作的时候，我就是一个接收器，要张开每一个毛孔，接收世界的信息，感受人情冷暖。如果不这样，就没法写出感动别人的作品。任何人的写作都是身体写作，只不过每一个人的身体反应强烈程度不同。有的用脑写，有的用手写，有的用心灵去体会。我写到动情处，身体会有反应，要么鼻子酸，要么流泪，有时还起鸡皮疙瘩。

术术：这部小说不停地写到各种各样的性事，虽然正面的感观描写不多，但还是小说中重要的内容。你认为它与当下泛滥的写性的小说区别是什么？

东西：我主要是写性心理，写后悔，把这两者结合起来，就是写性后悔。应该说性只是一个载体，后悔才是我主要的目标。

伤痛的另一种书写

▲ 东西、洪治纲（评论家、杭州师范大学人文学院教授）
● 原载《青年文学》2000 年第 11 期

伤痛：袒视灵魂的另一种通道

洪治纲：我一直觉得，你是一个有着独特的伤痛感的作家。你的这种伤痛显然不同于其他的晚生代作家。你的作品始终游离于社会动态发展的线性格局，很少体现现实社会演变过程所带来的一些外在的焦灼和困顿状态，而是一直针对人性的某种内在状态，一直陈述着被伦理亲情、现实秩序、道德理想所拥裹的心灵深处的伤痛。即使是那些写都市生活的小说，如《美丽金边的衣裳》《权力》《戏看》《美丽的窒息》等，看似在叙述一些欲望化的生存景象，但渗透在叙事背后的，都是些令人无法摆脱的无奈和苦涩。这是否意味着你对人类的伤痛有着别样的理解？还是你本身就希望借助"伤痛"这一精神形态来实现自身的创作理想？

东西：肯定不是有意识地借助"伤痛"来实现自己的创作理想，如果有，那也是潜意识的。我在写作的时候，会想到很多问题，比如结构、语言、主题、人物性格等等，但唯独没有把伤痛作为一个问题来想过。也许它早就潜伏在我的身体里了，在我写作的过程中，像水一样很自然地流出来。或者说我是一个比较悲观的人，各方面的压力使我对任何事情都不抱太多的幻想，容易看到失败的那一面。也许是我的同情心在作怪，也许是我这个人特别脆弱，有伤痛过敏现象。

洪治纲：对伤痛过敏，在你的作品中构成了某种强大的叙述动力。譬如短篇小说《溺》中的那位父亲，如果没有丧子之痛，我几乎很难想象你将如何推动故事的前行。《目光愈拉愈长》中的那位母亲刘井，如果没有儿子马一定的出走，也很难推动叙事的前行，更不可能完成对刘井"目光愈拉愈长"的诗性过程的描述。这一点，在《没有语言的生活》中表现得更为彻底。人类作为一种群体性社会性动物，其赖以生存的最基本方式就是沟通。而你却将沟通悬置起来，建立了一个无法沟通却又必须沟通的世界。于是在这个弱势家庭中，伤痛成了一种无法表达的心灵震动。但你还是用一种"此时无声胜有声"的方式，成功地展示了这种生存的疼痛。在叙述过程中，你是否常常自觉地依助这种伤痛来驱动故事的延展？

东西：让人物不停地出事，是我驱动故事的惯用伎俩。这些事有的是悲剧，有的是喜剧。伤痛只是其中的一种，它依附在作品中的人物身上。但是这些伤痛归根到底是依附在写作者身上的。我在写作过程中，心里会充满各种复杂的情感，可能伤痛的百分比高一些。

洪治纲：在这种伤痛的表达过程中，你透示出来的精神指向大多带有很强的绝望感。譬如《没有语言的生活》中，你让这个无法交流的家庭中诞生了唯一一个健康的孩子王胜利，而王胜利上学的第一天学到的语言却是辱骂家人的话；在《目光愈拉愈长》中，你让刘井唯一的生存希望——儿子马一定完成了最后的远走；在《我们的父亲》中，父亲最后神秘地消失于小城；在《祖先》中，竹芝和冬草最后都没有可以安慰的结局……在我读完你的很多作品之后，发现许多故事虽然结束了，但更深的伤痛和绝望却刚刚开始。这种形式与内蕴的错位，是不是正是你要表达的人生态度？

东西：这正是我们这个世界提供给我的印象，是我最想写的。在我看来，悲剧是正常的，喜剧只不过是我们苦闷的心灵里偶然打的一个喷嚏。尽管我对我的想象力有很高的期望，但是现实使想象变得理智。如巴尔加斯·略萨说，小说只有在崩溃的社会里才能繁荣，小说家就像兀鹰，是从社会的腐肉里汲取营养的。这也是我的悲观情绪。

洪治纲：这是不是也是你的一种叙事理想？

东西：一部小说刚结束，而读者的情绪刚好开始，这也是我所追求的。有一种小说很好读，但是句号画在哪里，读者的情绪就停在哪里。这样的小说至少我是不读的。所以我想好的小说不仅仅是打动，而是震撼。震撼就是像地震那样，要有余波。

洪治纲：除了普遍存在于作品之中的绝望感，伤痛的另一种体现形态，就是对现实生存秩序的不信任感。你有很多作品都以超乎寻常的方式，强烈地表达出自身对现实生活的不信任，并由此引起许多类似于荒谬的主题。如《戏看》中，戏剧中的献身精神与现实中的官僚心态构成了一种巨大的反差，各种领导和专家一边掉着眼泪一边享受着权力带来的优雅生活，使这出戏的目的似乎永远停留在纯粹的审美或者评奖的层面上，充满对现实文化体制的反诘。又如《睡觉》中，爱情彻底地变成了欲望的游戏；《权力》中，胡农的婚姻成为父亲的权力和儿子反抗权力压制的某种中介体；《抒情时代》中，勾引、窥视和逃离几乎同时存在于主人公的内心，致使行动和目的之间失去了正常的逻辑关系。你是如何来理解这种荒谬感的？

东西：不是写作者荒谬，而是生活本身就比较荒谬。这种荒谬在蜜缸里泡大的人的眼里可能会显得很虚假，但是在本身经历过荒谬又比较清醒的人眼里，它显得很贴切。有一个故事，说卢卡契非常崇尚巴尔扎克，极力贬低卡夫卡，他认为只有巴尔扎克那种明确的叙述才是表达真实的唯一有效途径，卡夫卡完全是胡言乱语。后来，卢卡契因为纳吉政府的垮台而被关进了监狱，他必须面对一场百分之百的真实的审判，可他的信念却在告诫他，这场审判是虚构的，他不应该接受这样的一场审判，于是卢卡契想起了卡夫卡的小说《审判》。就在卢卡契被押上囚车时，他才恍然大悟，卡夫卡的荒谬有时比真实还真实。

洪治纲：用荒谬的形式来表达自己对现实的无奈和苦涩，用不信任的眼光来打量生存的本质，这是你在一些都市题材小说中表现出来的尤为突出的审美意蕴。你对现代都市的文明似乎表示出强烈的怀疑态度，特别是对现实生活境遇中的一些通常意义上的观念，诸如家庭、爱情、友情等等，你都进行了大量的、义无反顾的消解。这种不信任和怀疑，是否与你来自乡村、与现代都市生活不适应有关？还是你觉得其中真正地体现了某种传统的人性被文明异化后的感伤？

东西：生活没有什么不适应的。小说产生这样的结果，我想主要是因为我对一些问题的彻底看透以及对现实的失望。如果我对一些问题不抱幻想，那么我就只能自我解嘲，把它弄得很荒谬。

洪治纲：荒谬不只是一种生存的表象，而且是生存的内在本质，是一种无法排遣的存在之痛，这是你在小说中体现出来的一种鲜明的精神向度。我觉得，这也正是你的小说所具备的现代主义品格。其实，在你内心深处，还是对荒谬本质保持着某种拒绝。如《勾引》中的"我"无论是面对刘露的勾引还是对刘芳的变化，都体现出某种失落状态；《离开》中，已经堕落的杨波却对妹妹杨澜的堕落表现出巨大的痛苦。这都说明创作主体的内心仍受传统伦理价值的支撑。你是否觉得那些传统价值在现代文明中必须得以维护？

东西：这使我想起一部日本电影的台词——在这个发疯的世界里，只有疯子才是正常的。现实的荒谬使我努力地保持清醒，同时我也在坚持一些东西，我喜欢发现问题，喜欢在鸡蛋里挑骨头，但这不意味着我什么都不赞成。一个对现实持批评态度的作家，他对现实肯定是曾经抱过很大的希望。

洪治纲：我一直在试图寻找你为什么伤痛，在伤痛的背后，你渴望的人生态度和生存秩序是什么。我想，这可能是导致你产生对现实生活绝望和无奈、荒谬和不信任的根本缘由。可是，我发现你在叙事中一直将自己的理想价值隐蔽得很深，以至于我无法进行全面的梳理和确认。你能否就这点谈谈？

东西：可能和我的经历有关，很小的时候，由于我的家庭成分不好，善良的父母经常无端地受到批斗，我本人也常常受到牵连，一些邪恶的东西过早地玷污了我的心灵。那时，我曾经把所有的谎言都当作真话，一直到今天，我都还很容易轻信别人，但是最终回报我的总是欺骗。一个人在成长的道路上，受到的阻挠和打击太多，就会对这个世界失去信心。但是你在失去信心之后，又想苟延残喘，做一点无谓的反抗的话，那么你就只有写作。写作能重新树立起我对这个世界的信心，它使我能在虚构中看到一些我所渴望的美好，比如信任、公平、善良、原则等等。我认为写作是一种最好的心理疗法，它弥合我的伤口。就像埃米尔·米歇尔·齐奥朗说的，"写作便是释放自己的懊悔和积怨，倾吐自己的秘密"，因为"作家是一个精神失常的生物，通过言语治疗自己"。

洪治纲：这种荒谬感是否也受到了某些西方现代主义作家譬如加缪、昆德拉之类的影响？

东西：西方有许多具有荒谬感的作家，他们只是提供给我一种认识事物的方法，比如卡夫卡。但是他们绝对不能取代我对现实的认识。我的荒谬感来自我自己的观察和体会。其实每一个人的身上都潜伏着荒谬感基因，只不过因为他的经历有所不同，或者说他所受的教育和观察问题的角度不同，而没有表现出来罢了。

童年记忆与伤痛的自觉表达

洪治纲：在我读到的一些作品中，我认为那些深深触动我的灵魂的、给人以强烈的精神震撼力的小说，几乎都是带有明显的乡村记忆式的作品，如《我们的父亲》《溺》《耳光响亮》《没有语言的生活》《目光愈拉愈长》《雨天的粮食》等，这些作品都是以农村或者小镇生活作为叙事背景，灰暗、困顿、无序、盲目而又自由、放任甚至天真，展示着明确的过去式的时空场景，缠绕着大量的感伤情绪和时隐时现的生存痛感。这是否意味着你对童年记忆有着割不去的情感联系？

东西：任何写作者，都无法割舍童年的记忆。

洪治纲：实际上，在很多作家的创作过程中，童年记忆都是以一种不自觉的方式进入叙事的。余华就说"我只要写作，就是回家"，他的小说基本上都是在不自觉地再现他从小生活的江南小城生活场景。又譬如莫言对山东高密的环境叙写，福克纳对于邮票那样大小故乡的终生表达，马尔克斯对加勒比的一贯痴迷……这种浓厚而明确的故土意识，几乎构成了他们审视整个世界的一种据点。而在你的一些作品中，也体现了某些类似的倾向。你是否也希望通过自己的故乡，建立自身某种相对稳定内在的叙事背景？

东西：刚写作的时候有过这样的想法，但是写到90年代中期，我发现自己在不断地背离自己的故乡，也就是离开据点，变成了游击队员，这里打一枪那里打一枪。这和我的环境改变以及叛逆性格有关，应该说这是我有意这么做的。永远占着一个山头，我认为那只是土匪的行为，如果土匪要发展自己的事业，就得抢占更多的地盘。随着地盘的慢慢扩大，故乡的范围也就慢慢扩大，但是这个范围是有圆心的，那就是你童年成长的地方。

洪治纲：在你那些反映现代都市生活的小说中，你总是运用一种尖锐而冷静的叙事态度，强调创作主体对它们的敌视和嘲弄，使伤痛成了一种愤怒和对抗；而在你的那些带着童年记忆或者乡村叙事的小说中，却时常充满了某种温情的力量，使许多苦难和绝望都夹有某种诗性的气质。像《目光愈拉愈长》中的刘井，其内在的韧性力量和母性品质，具有非同寻常的艺术穿透力。《雨天的粮食》中，一个原本充满着悲剧力量的故事，却在范建国与汪雪芹的偶遇中转变为更为温馨的人性展露，汪雪芹最后带着长着绿芽的粮食奔跑，实在是一种最为质朴、纯净的灵魂在乡村中飞翔。这是否体现了你内心深处的某种乡村情结？还是你本身对乡村生活有着不自觉的皈依？

东西：应该说是我对逝去的一切美好的留恋。小时候，我生活在乡野里，那时的自然相当纯净，就是现在回忆起来，我都还感到有一股气息扑面而来。我在那种纯美的自然中长大，有很多感动我的东西，不时从脑海里闪现。记忆有过滤功能，它能把最美好的和最邪恶的留下来，做我人生的参照。像母亲的那种韧性，一直鼓励着我。人是奇怪的动物，凡是过去的不管多么艰辛，现在回忆起来，总是感觉到温馨和美好，难怪有人要把苦难当财富，有人要感谢生活，有人好了伤疤忘了痛。

洪治纲：在童年记忆的叙写中，我发现你一直对父亲这个形象表示极大的怀疑。父亲，在你的小说中一直处于一种空缺的状态，或者说处于一种不信任的状态。在《耳光响亮》中，你一直让父亲处于一种被寻找的位置上，父亲的角色和责任被你剔除得一干二净。在《目光愈拉愈长》中，父亲也是以一种懒散、不负责任的形象出现在小说中。即使是在《我们的父亲》中，父亲也只是推动小说情节发展的一个纽带和工具……这是否同你的生存经历有着某种关系？

东西：和我的经历无关。我的父亲非常具有忍耐力，平时沉默寡言，对我特别疼爱。小说中的父亲已经是一种象征。

洪治纲：父亲的缺席，使得你的小说在人物结构上处于一种失控状态。因为在通常意义上，父亲代表着一种权力和秩序的操纵者，一种家庭关系的核心枢纽。他的不在场，导致了你的很多小说中的家庭始终处于一种分裂状态。如《祖先》中光寿一出场便是一具尸体，由此引出了这个家庭内部竹芝、冬草以及见远等人物的彻底失控；《商品》中，正是对不存在父亲的奠祭形成了故事的背景；《大路朝天》中，张旗鼓行为失控，也正是因为没有父亲这个必要的权力制约；《草绳皮带的倒影》中，叙述的一开始就让吴妈失去丈夫……这种父亲的普遍缺席，是你出于一种结构上的需要，还是你对父亲这一角色本身就很不信任？

东西：在我的眼里，父亲是权力、是主宰，是他吹了一口气，我们的大地上才有气；是他说有光，我们才有了白天；是他的手轻轻地推了一下，我的小说才得以推进。但是由于他的权力至高无上，所以他也是一切罪恶的根源。他往往成为我的

伤痛的另一种书写 ∥ 259

叙述的肇事者。对于这个形象，我已经向他泼了不少污水，今后将尽力避免。

洪治纲：在你的乡村小说和记忆小说中，女性始终处于一种非常重要的母性位置上。可以说，几乎所有的诗性场景和人性的闪光点都落在女性的身上。你对于这种乡村女性形象的表现，既显得游刃有余，从容不迫，又显得她们各有个性，互不类同。她们迎纳着生活的恩恩怨怨，承受着种种生存的屈辱，顽强、沉默、尖啸、固执，看似没有思想的力量，却以生命自身显示着伤痛的过程。在晚生代作家群中，我还很少看到像你这样对乡村女性的独到而精心的表述。这里面，是否寄寓着你的某种生存理想？

东西：可能是受母亲的影响。她应该是影响我创作至关重要的人。我是在她的呵护下长大的。由于她一直没有男孩，所以晚年生下我之后，倍加珍惜。乡村的生活相当艰难，她要应付生活的压力，同时也期望能让我过上比她更好的生活。有一次她的手跌断了一根骨头，由于没钱住院，她就操着这只断了骨头的手劳动。后来，随着时间的推移，她的骨头重新接在了一起，但是手腕已经变形。现在每当坐在餐桌前，我一看见母亲那只变形的手，心里就揪一下。我在准备高考前一个月，跳高跌断手骨，母亲背着一背篓好吃的东西来看我，她站在医院走廊上抹泪的镜头，至今我还记得。可以说小说中女性所有的善良、勤劳和坚忍都是来自我的母亲。

洪治纲：《溺》把巨大的伤痛建立在一个孤立无援的父亲身上，让他面对儿子的死亡进行徒劳的反抗。他寻找着一个个对手，以期平衡自己内心中的失子之痛，但他又觉得从这些对手身上无法获得真正的逻辑背景，这种叙事很有点"在无法言说中言说"的味道。我觉得，人性潜在的很多伤痛，都是这种状态。你找不到任何可以说服自己的理由，而现实又客观地存在着。能在这种难以言说的状态中进行言说，需要很强的艺术智性。

东西：有时我在生活中也会像那位父亲一样，在毫无理由的地方，寻找内心的平衡。

关于《耳光响亮》

洪治纲：《耳光响亮》作为你迄今为止的唯一一部长篇小说，在你的创作历程中显然占有非常重要的位置。我觉得这重要性主要体现在你以自身的生存经历为背景，写出了我们这些60年代出生的整整一代人的成长仪式，对我们的精神启蒙过程进行了非常真切的记忆性再现，具有一定的心灵史意味。像这样的长篇，我还是第一次读到，所以我觉得意义非凡，不知你的创作初衷是否如此？

东西：我一直想写一个毛主席去世之后的小说，所以这个小说就从毛主席逝世的那一天写起。叙述人牛翠柏，正好跟我同龄，他的成长过程也正是我的成长过程，有很多心灵上的东西我跟他是相通的。但小说的外壳与我的生活有区别。我认为我们那一代人，心灵是相通的。只要心灵的感觉抓准了，我想这个小说的目的也就达到了。

洪治纲：这部长篇以一个普通的平民家庭为叙事基线，通过牛家三姐弟的生存经历来体现心灵成长的荒凉景象，它看似自由、无序甚至天真，野性与个性同时在充分地张扬，实则是在物质和精神的双重困顿中艰难地挣扎，是一种被彻底放任后的无望和疼痛。这种疼痛和无望是否在你的内心构成了一种刻骨铭心的记忆？

东西：有我童年刻骨铭心的记忆。这个小说表面上是写1976年之后的事，但是它有前面10年的阴影。一个在1976年正好10岁的孩子，对前10年肯定有不可磨灭的印象，因为一个孩子在10岁的时候，他的性格已经基本形成了。打个比方，如果前10年牛翠柏的心灵是一棵树，那么后面的20年则是那棵树的水中倒影，它已经放大了变形了。随着人物年龄的不断增长，他的记忆变本加厉地影响着他现在的生活，一点善良变成了一大片善良，一点邪恶变成了无数的邪恶。

洪治纲：在《耳光响亮》中，你又一次让父亲这个角色无故缺席。父亲的不在场，加速了整个家庭的离散过程，所以母亲改嫁，弟弟不再归家，一切必要的社会制约性和权力杠杆都不复存在，从而使得牛氏三姐弟以浮萍般的状态飘荡在社会的边缘。但是，在小说的最后，寻找父亲又渐渐地浮现出来，使父亲再次成为一条内在的主线。对于这种处理方式，不知你是出于何种审美目的的考虑？

东西：其实在写作之初，我有一个动机，那就是父亲不见了，我们所有的人都在回忆他的好处，并且按照他的某些准则生活。但他本身却已经放弃了这种准则，甚至变得面目全非。也许我们一痛苦他就在发笑。父亲在小说里就像尼采所说的"上帝"，这篇小说从某种意义上讲，也是对上帝、对人、对我们内心的质疑。我们自由过涣散过，但只要一有父亲的消息，我们立即变得紧张起来，并带着一种好奇去撩开他的面纱，想看到事情的真相。带着这样的动机，父亲在小说的首尾就不得不出现了。

洪治纲：这部小说中大量地袭用了"文革"时期的语录式口号，虽然带着某种反讽的意味，但有时又具有很强的隐喻意义。它似乎不仅仅表明某种时代印记，还对人物的精神成长构成了一种历史性的荒谬感。这种喜剧化的叙事方式，你是有意为之的，还是写作过程中的一种不自觉的表达？

东西：刚写的时候，并没有确定这种喜剧化的叙事方式，只是慢慢地这种方式愈来愈明显。我没有刻意地去用这种方式，它完全是一种不自觉的行为，好像不这样写就不痛快就不解恨就不过瘾。比如我写到牛红梅不停地流产，最后，竟然脆弱到看电视上的一个小品时，由于大笑流产了。这完全是写作过程中的突然灵感，它埋藏在我心灵的深处。类似的细节还很多，我很希望我的身上能长期具备这种素质，在我需要的时候，自动地跳出来。

洪治纲：从人物形象上看，这部小说中几乎所有的重要人物都是人格不健全的。何碧雪作为母亲却无法控制家庭，只好选择改嫁来逃离抚养和监督的责任和义务；牛红梅则在现实情感的旋涡中被各种男人踢来踢去，尊严感几乎不复存在；牛翠柏沦为小偷；金大印、杨春光等都是些夹杂着某种流氓气息的人物；牛青松看似有着较强的责任感和正义感，可是最后却为自己的名利不惜牺牲姐姐一生的幸福……这种破碎的不健全的心灵汇聚在一起，他们既被别人伤害，同时又伤害着别人，甚至还不时地相互伤害，使一切既定的传统伦理关系都受到了巨大的怀疑和肢解。

东西：从70年代后期到今天，我们的很多观念和传统的伦理关系都已经瓦解了，所以这样写并不奇怪。

洪治纲：对现实秩序的质疑和消解是你一贯坚持的叙事立场。但是在《耳光响亮》中，这种消解却带着全方位性，既有对"文革"时期意识形态的消解，又有对当今现实中物欲形态的消解；既有对家庭成员之间血肉亲情的消解，又有对友情、爱情的消解。这种全盘化的消解策略不仅导致你笔下的人物心灵无一健全，还暗示了你对整个存在境域的怀疑和对视。它带给我的感受是，你似乎与现实一直存在着某种极为紧张的关系，不知是否果真如此？

东西：我和现实的关系一直都很紧张。这可能和我的性格有关。小时候家庭很艰难，有经济上的也有政治上的；工作以后，由于不太会跟人打交道，自己感觉到有很大压力。

洪治纲：尽管这部小说触及的是一个非常沉重的主题，但从叙述话语上看，却显得非常轻松。我觉得这与你动用了喜剧性话语运作方式有关。诚如《花城》责编林宋瑜所言，你是在试图用一种喜剧形式来表达某种悲剧性生存过程。尽管这种方式犹如火中取栗，稍有不慎便会弄巧成拙，但你还是以自己的艺术智性取得了相当完美的叙述效果。选择这样一种危险的表达方式，你是否基于对读者接受过程的考虑？

东西：有这方面的考虑。我不想给读者以沉重和沉闷，特别是长篇，20多万字，怎样才能把读者吸引住？我想只有举重若轻，给阅读者一副轻松的面孔。

喜剧形式，或者一种掩饰

洪治纲：在你的小说中，你一直非常专注于对轻松形式的迷恋。譬如你一直在有意地规避某种纯粹的、艰涩的文本探索，只有极少数的作品，如《跟踪高动》《商品》等有一定的实验迹象，而在更多的作品中，你都是将自身的精神体察隐匿在非常轻松的话语流程中，结构、线索以及人物言行都处在惯常的经验状态。这种轻逸的叙事方式，是你的个性风格使然，还是另有别的审美意图？

东西：我不太喜欢沉重的东西，因为生活本身已经够沉重了。我的写作就是为了逃避沉重，来一点苦中作乐。

洪治纲：卡尔维诺说过，用轻逸的方式来表达沉重的生活，有时比用沉重的方式直接去直面沉重的生活更有震撼力。我觉得这话说得很有道理。像余华的《许三观卖血记》就是用一种非常简朴、明丽而又带有某种喜剧色彩的话语方式去体现人物内心深处的苦涩与悲悯。他的《活着》也是读起来很温馨，有一种朴素的温情洋溢在人物的身边，可是读完之后，却发现他实则是在讲述一个极端残酷、极为绝望的命运。在你的一些小说中，我同样也看到了类似的影子，譬如《没有语言的生活》《目光愈拉愈长》《耳光响亮》，读起来诙谐、轻松，甚至洋溢着某种特有的温情，可是读完之后，却陡然升起一种疼痛和无奈。其中是否受到某种明确的借鉴？

东西：余华的小说写得很好，他是一个严肃认真的作家。而我则没有他那么认真严肃细心周到，顽皮的成分比较重，调侃、荒诞的东西比较多。写作之初，我曾经认真阅读过先锋作家的作品，对先锋的叙述方式比较认同，以余华、苏童为首的先锋作家，拓宽了小说的叙述道路。但是我并没有停留在这种叙述上,我一直以我的方式,拓展着小说的叙述道路。比如我写的《肚子的记忆》,所有的人物都是叙述者,叙述的视角不断地变化,人物的对话和心理活动连成一片,就像一片洪水泛滥成灾。

洪治纲:从整体上看,你在运用喜剧化的话语形式时一直注意真实性的叙述效果,但有时又使之突然上升为夸饰状态,甚至出现一些带有荒诞色彩的细节。如《权力》中胡农为了让妻子流产,而与妻子进行羽毛球比赛,在妻子流产之后,又为流产的孩子举行追悼会;再如《耳光响亮》中,母亲为了确认父亲是否已经死亡,竟让全家进行举手表决,金大印靠着记者马艳的三封信,竟然真的完成了一次英雄行动……这些明显缺乏生活逻辑的细节在不知不觉中进入叙事,是为了改变故事自身过于写实的特征,还是为了体现生活自身的某种可能性状态?

东西:《耳光响亮》中,金大印为了成为英雄,竟然按照一位女记者提供的三个信封生活。他打开一个信封就做一件事,这难道不是金大印的人生理想吗?按照今天的说法,那个记者是在帮他做人生策划。在我们的空气都能卖钱、想出名的作家都在纷纷请人骂自己的今天,我觉得金大印的这种行为不是不可能,而是太真实了。

洪治纲:喜剧化的叙事手段,不仅成功地解决了接受者阅读过程中受阻的问题,而且避免了对精神伤痛进行正面强攻。我以为这种叙事策略,体现了你对小说本体的某种独特认知。能否就此谈谈你的看法?

东西:我的写作追求,经历过变化。最初的时候,我认为悲剧是最有力量的,后来我发现悲剧太沉重。写作中,我不断地调整自己的风格,才发觉用喜剧的形式来表达悲剧的生存才是最有力量的。因为这是一种中间状态,它在貌似轻松的状态中,使你欲哭无泪,欲笑无笑;是一种心酸,一种隐隐的痛,非常持久。作为一个写作者,谁都希望自己的作品能在读者的心中更持久一些。

写作与故乡

▲ 东西、张柱林（评论家、广西民族大学教授）
何述强（散文家、时任《河池师专学报》编辑）
◆ 时间：2000年6月7日　地点：广西民族大学
● 原载《河池师专学报》2000年8月25日

张柱林：你的一些早期小说，如《断崖》《幻想村庄》《口哨远去》等，有一个相同的地名——"谷里"。其他一些小说，如《迈出时间的门槛》《没有语言的生活》等，也隐隐约约透露出"谷里"的影子。那么，这个"谷里"与你的故乡"谷里"有没有什么联系？

东西：我出生的地方，就叫谷里，它是一个很美丽的小山村。但是作品中的谷里，有时是为了写作方便，只是一个虚拟的背景。在你提到的以上小说中，只有《口哨远去》提到的谷里，才是我真正的故乡。这个短篇比较写实，是一段真正的感情历程。但是现在的读者还愿意读那些地域色彩很浓的作品吗？

张柱林：写得好的作品，人们就喜欢读，像拉丁美洲的作品，就带有很强烈的地域色彩，只有在南美那片土地上，才可能产生那样的作品。

东西：不错，人们喜欢读拉美的作品，因为拉美作家已经超出了他们的地域，写的是人类的共性。成功的作家都是这样。像福克纳虽然写的是他家乡的生活，可是他"能守在家乡同时又能处理带着普遍意义的问题"，所以才能引起我们的共鸣。一个作家必须从某个地方出来，深入到人类的心灵里去。我认为一个作家与故乡的联系，也就是一种心灵的联系、血液的联系。

张柱林：你在故乡的生活，也就是你的童年和少年时期，对你的写作产生了什么影响？

东西：故乡是写作的源头，是写作的零公里，是开始的地方。你越写下去，你就离故乡越来越远。你不能老是停留在一个地方，你的视野越来越开阔，故乡再也不能局限你了。如果现在你还用童年时的眼光来看这个世界，那肯定要出问题。当然，童年的生活对我的写作仍有影响，是潜在的。比如，我写到善良的人物时，可能会想起故乡的某个人；写到恶人的时候，也会想到故乡的某个人。但是写出来的早已不是那个人了，那个人只是一个药引子。如果还局限在故乡的视野里，是写不好作品的。现在的许多东西，比如异化、环保等，在故乡那种自然的状态下，是没有的，所以故乡对写作的影响是有限的。我这样说，并不意味着故乡对我没有影响了。一个人的人格在童年时已基本定型，童年决定了人格的发展趋向，一定程度上也决定了观察世界的基本方式。但人是在不断发展的，有时候必须摆脱童年时的影响。当一个人年轻的时候，用一种童话的方式写作，显得很可爱，长大了还用这种方式写作，就不但不可爱，还显得矫情。不能夸大故乡在写作中的地位。我认为故乡是一种慰藉，是一个休息的地方，在我们疲惫的时候，在我们痛苦的时候，故乡就对我们起作用了。

何述强：其实故乡就是一个容器，我们把所有的东西都放在里面。

东西：对。比如故乡没有哈密瓜，如果需要，就把它放到故乡的土地上，让它生长。故乡决定了我们是不是一颗敏感的种子，而后天的遭遇则决定我们能长多大多高。

张柱林：你的意思是故乡是一个相对的、不断扩张的概念？

东西：可以这样说。对天峨来说，谷里是我的故乡；对广西来说，天峨是我的故乡；对中国来说，广西是我的故乡；假如有一天，我成了一个世界性的作家，那中国就是我的故乡。你生活过的一切环境都可以被广义地称为故乡，而不必拘泥于出生的地方。故乡是慢慢放大的。

张柱林：在《耳光响亮》的叙述者档案中，叙述者自称最喜欢吃的食物是辣椒。故事的发生地在南宁，南宁天气炎热，一般人不喜欢吃辣椒。这个细节无意中透露了一个信息，即你的故乡——桂西北的大山里的信息，因为那里冬天和夜间气候寒湿，人们喜欢吃辣椒，以祛除寒湿之气，同时增强食欲。小时候没吃过辣椒的人，长大后也吃不了辣椒。因为人还没有发育成熟的时候，帮助消化的蛋白酶具有很多可能性，但长大后这种可能性越来越小，随着进入消化道的食物的种类和结构逐渐固化，消化酶的种类就逐渐固定下来了。在文化中，也存在蛋白酶的问题。你进入城市已经多年，存在过消化不良的问题吗？吃辣椒与你的写作和风格有什么关系？

东西：一个人从农村走向城市，肯定会碰到水土不服、消化不良的问题。这个时候，你就会有痛苦，你就会想方设法来克服，这会使人产生动力。当你的胃口不好的时候，你必须用辣椒来开胃、增强食欲。这个过程会使你对城市产生一些深刻的想法。一个从小生活在城市里的人，习以为常，失去了对城市的生动性和真实性的敏感。他习惯了这种生活，没有任何问题需要解决，所以看到的经常是城市生活的表象。许多人以为城市生活就是泡酒吧、迪斯科舞厅等，实际上这些都是表面上的东西。城市生活的真实，我认为应该是像卡夫卡写的那种心灵的真实。所以，一些从农村来到城市的人，城市里的边缘人，或者说城市里的另类或孤独者，他们所写的才是真正意义上的城市小说。而辣椒，除了使人开胃以外，更代表了一种写作的味道，那就是辛辣。酸甜苦辣，都是一种极端，你可以看到在我的作品中，就有这种极端的东西。《耳光响亮》里就有大量的辛辣的反讽。

张柱林：在故乡的各种事物中，有没有什么东西对你的心灵造成特别深刻的影响？

东西：有关鬼神的传说带来的恐惧。越是熟悉的地方，人越感到害怕。像你到了一个新的地方，你对那里的情况一无所知，并不怎么害怕。但回到老家，你就感觉不同了，哪个地方死过人，哪个地方埋着谁，哪个地方闹过鬼，你都一清二楚，有时心里发毛，不自觉地感到恐惧。

张柱林：歌德说过，恐惧和颤抖是人的至善。任何一个怀有恐惧的人，都是可以挽救的人。这种恐惧对你的生命和写作有何影响？

东西：有人说，我的小说里有鬼魅之气、有巫气。我想这就是恐惧造成的。在故乡的鬼魂面前，在沉默的大自然面前，人感到很渺小。这种渺小和恐惧，让人不断地思考和努力，时刻保持小心谨慎和对生命与自然的敬畏。

张柱林：故乡的人物，不管死了的，还是活着的，必定流传着许多相关的故事与传说。故乡的传说对你的写作产生了什么作用呢？

东西：现在我的写作主要是靠虚构和想象，靠一种感悟。故乡的传说故事推到幕后去了。但是早期的一些小说曾受到过传说的影响，比如我的一篇中篇小说《祖先》，写女主人公冬草来到我的家乡，受到各种痛苦的折磨。这个故事的基本框架，有一点真实的影子，它就发生在我的家族中，是我的母亲告诉我的。当时我们家族属于兴盛时期，在当地很有钱。其中一个我的前辈在外地做生意，讨了一个女人。这女人对他很痴情，在他死后把他的尸体送到我们老家，到了她才知道他家里有老婆。这个大老婆很忌恨她，想方设法折磨她，最后把她卖给另外一个男人。其中有一个细节非常精彩，当这个外来的女人出嫁的时候，她手上戴了一只手镯，很漂亮。大老婆一定要她脱下来，因为这是祖传的，不脱下来不让走。但她的手已经肥大了，脱不下来。于是大老婆站在自家门槛的里面，小老婆站在门槛的外面，为了那只手镯，她们两人都用力拉扯，直到那个手镯落入大老婆的手中。这个细节给我的触动很大，我把它埋藏了许多年。写《祖先》的时候，我用了这个细节。还有就是故乡的"恶"，在我后来的小说中，我把它放大了。美国有一本很出名的小说《教父》，作者写了那么多的恶，那些恶来源于后母对他的摧残和虐待。所以生活中的一些小事情，你可以将它放大，放大了就是艺术。故乡的传说就像酵母，某一天我们将其发酵，就有了作品。

张柱林：你多次谈到故乡的恶，你能否就这个问题深入谈谈？

东西：故乡的恶人恶行，对一个幼小的心灵的影响是怎么说都不过分的。比如有一个恶人，他的恶让人闻风丧胆，他无恶不作，什么人都敢打，连他母亲都不放过。小时候我特别期盼他早点死，可是他身体非常健康，许多和他同龄的人都死了，他现在还好好地活着。我作品中许多恶都是他的化身，是将他的恶放大。

张柱林：你如何界定一个人是否恶人，也就是什么是恶呢？

东西：这要看你站在哪个角度看问题，恶人就不会认为这是恶。小说中为什么有那么多出人意料的东西？因为它违背了常理，就像恶人的行为。如果把小说写到这一步，我以为就非常了不起。我们之所以认为恶人恶，是因为我们有一套规矩，有一个判断标准。比如一个人不能打母亲，可这个人他打了，这就违背了我们的标准，所以是恶人。写小说也有一个标准，但必须反常规，因为规矩是人定的。同样，我们说一个人是疯子也是根据我们的标准。实际上，伟大的作家都有些神经质，经常被人骂为疯子。为什么呢？因为他们极其敏感，他察觉到的，其他人感觉不到，就认为他神经有问题，实际情况却是像屈原说的——举世皆浊我独清，众人皆醉我独醒。

何述强：故乡是不是死亡之乡呢？所谓故，就有死去的意思。我每次回到故乡，都感到死亡的气息。

东西：我最近写的一篇散文，叫《朝着谷里飞奔》，写我每次回谷里，都是回去奔丧。清明回去，也是因为一些遥远的死亡。回到故乡，许多活着的年轻人我都不认识了，所以常常是到山头与死去的亡灵对话。

张柱林：你认为写作和回忆有什么关系？你的作品中经常采用回忆的方式，比如最近的《肚子的回忆》。《溺》完全采用倒叙的手法。《耳光响亮》开头有这样一句话："一顶发黄的蚊帐挡住我的退路，它像一帧褪色的照片，虽然陈旧但亲切无比。我钻进蚊帐，躺到一张温热的床上。"这个躺在床上的意象让人想起完全写回忆的普鲁斯特，因为他的主人公也是躺在床上完成《追忆似水年华》的。

东西：一般写到和乡村有关的小说，都带有回忆的味道。但是写都市小说，很少用回忆的手段。至于床，我想那是我孩时的乐园，现在回忆起来，很陈旧，也很温馨。

张柱林：弗洛伊德曾经说过，对一个男人来说，生命中最重要的莫过于父亲的死。你也表达过类似的看法，你在《撒手向西》里，说父亲的死是自己"生命之河的断裂"。对父亲的死，你似乎怀有不少的愧疚和遗憾。你父亲在你的生命中占有怎样的地位？

东西：我父亲是一个老实人，很沉默寡言。这个沉默寡言的人却是一种力量的源泉，我的许多东西都是向他学来的。我觉得，只要他存在，我们想要得到的东西都能得到。他给了我一种力量和一种依靠的感觉。他有毅力，给我扎实做人的教诲。忍耐、毅力、踏实，就是他给我的一切。写作也是需要耐心和毅力的工作，从我父亲那里我知道，你付出多少就能得到多少。

张柱林：在许多重要的作品里，如《商品》《我们的父亲》《耳光响亮》，你都写了父亲的失踪，请问这是出于什么原因？

东西：父亲是一个幌子。所有的一切都是在这个幌子下进行的。其实这是一个没有父亲的时代，试管婴儿就是证明。父亲的出现使我们变成了不肖子孙。是谁把这个罪名加给我们的？是父亲。父亲是一种政治，是一种权力，代表了一种秩序，他时时刻刻都在控制着我们。父亲的失踪，就是尼采说的，"上帝死了"。父亲好像上帝一样，是用来检验我们的。

张柱林：既然都是不肖子孙，人为什么还要寻找父亲？《商品》《我们的父亲》《耳光响亮》里，子女们都在寻找失踪的父亲。

东西：我觉得这就是人虚伪的地方，同时，这又是社会强加给人的一种必须完成的任务。比如《耳光响亮》中，牛青松、牛翠柏他们一开始并不想找父亲，只有母亲还想找他，为什么？因为他已经变成了一个符号，必须去寻找他，好像他一消失，这个世界就混乱了。其实这种寻找毫无意义，人们为了完成社会赋予的使命还是去寻找。只有牛青松，因为父亲留下的存折是用他的生日做密码的，所以他认为父亲最爱他，因此义无反顾地去寻找，最后送了命。其他人都是被迫的。寻找是一个神话原型，经常在各种作品里反复出现。我小说里的寻找有时变成了一种表演，是一个展示寻找者自己的舞台。大家都在寻找的这个幌子下尽情地表演自己。

张柱林：从小说的描写来看，每个人寻找父亲的目的都不同，像牛慧就认为找到牛正国就可能获得一大笔钱。从纯粹写作角度来说，寻找父亲是不是为了寻找一种真相呢？

东西：潜意识里，寻找父亲就是寻找一个谜底，这个谜底就是我们探求的真理。为什么那么多作家的作品要写"寻找"这个母题？因为写作就是为了勘察本质，勘察生存的本质和真相。评论家在写作的时候，为什么要寻根究底？其实也是在寻找真相。像《商品》里面，"我"父亲为什么要到湘西的麻阳去呢？就是为了寻根。麻阳是我的祖籍。我认识这两个字起，就在祖宗的牌位上、在家族的族谱中、在先人的墓碑上，看到这样的字样——"祖籍湖南麻阳，小地名紫竹林"。麻阳给了我无数的联想，它就是一个谜。所有的一切都指向这个地方。难怪有人说写作就是在寻找精神故乡。

张柱林：不管在你的故乡，还是南宁，你在自然地理和文化地理的意义上都属于南方。南方文学一直是富于幻想和空灵的文学，一般作家不写那种大部头的、卷帙浩繁的作品。以当代小说来说，许多北方的作家动辄写出几十万字甚至篇幅更大的作品。而你到目前为止只写过一部长篇小说，且篇幅不长。你认为这是什么原因？是一种写作策略吗？

东西：作品的质量是不能用数字来衡量的，有些作家喜欢写大部头的作品，有些喜欢写短小的作品。就我目前的工作环境，不太可能写那种大的东西。另外从读者的阅读考虑，现在没多少读者还愿意去读几百万字的作品。

张柱林：在你的作品中，雨、水以及与之相关的一些意象，如河流、水井、水库等经常出现，比如《溺》《等雨降落》《祖先》《没有语言的生活》《雨天的粮食》《草绳皮带的倒影》等。这是因为南方多雨多水在你的生命体验中造成的影响，还是有什么特别的考虑？

东西：从小就生活在多雨水的环境，雨水确实给了我深刻的感受和体悟。第一，下雨给人的感觉是非常惬意的，是一种悠闲的感觉。在农村，下雨天就不用出门干活了。第二，雨水是有灵性的，它的到来总是预示着某些东西。第三，它体现了人跟自然接触的一种方式，它好像上天的手一样，前来抚摸我们。雨水是天地交流的纽带，当雨水打在我们身上的时候，我们会有一种切肤之感。雨水其实和写作一样，都具有一种抚摸作用。人是需要抚摸的，雨水抚摸我们的身体，写作就是抚摸我们的心灵。写好了雨水，也就写好了作品。雨水同时造成一种云雾缭绕、水气淋漓的感觉。我觉得写作必须具有一种"雨水意识"。没有"雨水意识"的作品，常常是直奔主题、枯燥乏味的。雨水除了抚摸作用，同时又泛滥成灾，或者把事物遮掩起来，这和写作的艺术要求是一致的。

张柱林：在《耳光响亮》的结尾，你让金大印说要向前看，不能回头。整本书的内容却是对过去的回忆，即回头看。作品开始时你写道，"从现在开始，我倒退着行走"。如果时间可逆，你能回到过去，你会选择什么道路？还写作吗？如果再往前倒，你可以选择的话，你选择在什么地方出生？出生在什么家庭？你的父亲是什么样的人？或者，你是否选择不出生？

东西：这些都是无法选择的，任何设想都是自欺欺人。在《耳光响亮》里我写到，牛红梅出嫁那天，她的后父也就是她的丈夫金大印告诉她千万别往后看，一往后看就会回到贫穷的生活中去。于是所有的人都伸长脖子往前看，他们看见了围墙，看见了蓝天。但是我作为一个写作者，我会不时地往后看，以便汲取一些灵感，寻找一些参照。

在一次文学课堂上的对话

▲ 东西
▲ 听众：青年作者 人数：25人
● 时间：2000年3月5日上午
◆ 地点：南宁市七星路培训中心

学员A：看过许多作家谈创作的文章，说衡量一个作家的优劣，主要是看他想象力的高低。你对此有何看法？你觉得想象力是与生俱来的还是靠后天弥补的？

东西：谁的想象力超过我，我就服谁。我看一部作品，常常是在看这个作品有没有出人意料的地方。如果一部作品，全在我的意料之中，或者在我的意料之下，那么这个作品即使再有名，获过多少大奖，它除了耗掉我的时间外，毫无乐趣可言。作家在阅读作品的时候，往往看上不看下，大多数时间都是在选择超出自己想象力的作品来阅读。这几天我正在跟赵文忻导演谈一个剧本，写到里面有一个人物要自杀。但是怎么自杀呢？我想了半天，都没想出一个好细节来。因为自杀不外乎就那么几种，跳楼、触电、药物等等，所有的方法，别人都写过了，怎么办？这时我想起一部印度电影，叫《死亡宝座》。

电影里展示了一个村子，还不通电。这个地方，原来对死刑犯是执行绞刑的，现在改成电刑，就是坐在电椅上，让人死去。可是这个村子没有通电，怎么办？于是为了便于执行电刑，政府下令架电到这个村庄。这个村庄的人们天天盼望着通电，电的用途不再只是我们传统意义上的用途，作者赋予了它别的使命。村里的人都希望看到一个人怎样坐在电椅上死掉。这个戏就这样把观众的胃口吊起来了。这时候，村里有一个人，他偷了邻居的香蕉，被抓到了，要处以死刑。于是这个人在人们好奇的目光注视下坐上了电椅，通了电，他就成了坐上"死亡宝座"的第一个人。结果全村人都把他当成英雄，给他树了一块碑。这种死亡是多么奇特。如果作家没有好的想象力，怎么能把死亡写得这么荡气回肠？

学员 A：关于死亡，我觉得中国的作家余华也写得挺好的，我看过他的《活着》，里面的人物一个接着一个地死去。

东西：余华的这篇小说写出来的时候，有人说这不太真实，怎么会死那么多人？为什么会有读者这么认为呢？是因为他们生活在一个相对和平的时代，但是余华的小说跨度是几十年，是从战争年代写起的，经历了困难年代、"文化大革命"等。其实我生活过的农村就经常死人，有时死得毫无道理，更不用说在那种艰难年代了。这使我想起了一个作家，就是获得诺贝尔文学奖的日本作家川端康成。他很小的时候，父亲就死了，然后他母亲跟着死去。因为他母亲照顾他父亲，得了传染病。他母亲死了以后，他就去跟祖父过日子，他的姐姐去跟一个城里的叔叔生活。许多亲人离他而去，所以他很小的时候，就要经常到殡仪馆去。后来人家就说，他的身上都是死亡的味道。他的亲戚还称他作"殡仪馆先生"。死亡之神像找到了乐趣，不幸的事紧跟而来。有一天，他的爷爷失明了，而他在城里的姐姐突然患病身亡。叔叔写了一封信给爷爷和他，告诉他们姐姐的死讯。由于爷爷失明，看不见信，就由川端康成来读这封信。这是他第一次念信，念到一半的时候，有的字他不认识。这时候他就用手指照着信上的字写到爷爷的手心里，再由爷爷猜出这个字。就这样，爷孙才把那封关于姐姐死亡的信猜读完成。我看了这个故事以后，就写下了一篇随笔，叫作《川端康成之痛》。其实川端康成一辈子都在和死亡打交道，后来他也自杀了。这么一看，你就觉得《活着》真实得不得了，川端康成就像《活着》里的那个主人公福贵，亲人一个接一个地死去。其实这是生活和创作的一种巧合，所以，我在佩服想象力的同时，也会注意对生活的观察和体会。有时候，现实会超出我们的想象。这是我写作多年来得出的一个体会。一个悟性极高的或者说想象力特别好的作家，他除了自己先天的智商之外，恐怕还要注意吸取，主要是向生活向书本吸取，处处留意，天马行空，大胆，甚至于神经质。

学员 B：那么生活对你的创作有什么影响？许多作家说我就在生活之中，到处都是生活，只要写好自己的经历就可以了，你对此怎么看？

东西：我在写作之初，和许多人一样意气风发，以为自己读了些书，全凭虚构，就可以写出好作品。但是当我写某篇小说突然发现自己的知识盲区时，或者我听到一个超出我想象的生活事件时，我就特别想拥抱生活。生活有时也很平庸，我们别指望在生活里抄袭出一个好作品。我的经验是在生活中体会，在写作中想象。将一种对生活细致入微的体会，纳入我的想象，使它发扬光大。我本人的想象力在童年的时候，得到很好的锻炼，所以偶尔会有一点出人意料的东西。了解陌生的领域，到自己的生活盲区去走走看看，更重要的是去体验体验，是很有益的。

学员 C：是不是可以这样说，对生活没感觉的人，很难写出好作品？

东西：毫无疑问。前几天《中华新读书》在采访我的时候，问我现在哪些作家的创作是最有力量的。当时我就回答，生活在底层的作家。为什么这样说呢？因为这一群作家，他有压力，压力来自生活、工作……他们看到的东西比那些高高在上的人看到的东西更全面真实。比如一个高官的子女，他从一开始就有人为他铺好了未来的道路。这样的人就会认为，原来读书、找工作、挣钱这么容易。他的这种顺利，使他看不到百折不挠，看不到千回百转。你能说他的那种生活就是我们的生活吗？那是少部分人的生活。随着生活慢慢舒适，我自己也感受到，人一旦没有压力，包括精神压力，就很难写出好作品。当然每个人都有选择过好自己生活的权利，没有一个作家为了写出好作品，故意挨饿受冻。那怎样保持自己的写作动力呢？我个人的办法是在生活渐渐好转的时刻，经常绷紧自己的内心，让这个表面上正在发胖的人不断地提醒自己，你是一个精神上的穷人。

学员 D：你用想象力来要求作品，是不是有霸道的嫌疑？比如有的作品，只是一段温情，只是一个片段，其间没有任何虚构，但我们在读它的时候，却同样获得美的享受。

东西：不能说那里面没有想象力，比如语言的想象、情感的想象。当然也有一类甜点一样的作品，它可以愉悦一时，却不能长久地让我们记住。能够长久地让我记住的，都是那些极具想象力的作品。我甚至认为这个理论，放之四海而皆准。1998年，中国作协让我去了一趟罗马尼亚，与那里的作家交流时，我问他们喜欢世界上哪些作家的作品。他们数出来的作家，和中国作家数出来的几乎惊人的一致。那些作家，都是富于想象的作家。比如拉美的爆炸文学作品、卡夫卡的作品等等。最近我看了几篇被称为"俄罗斯恶之花"的作品，发现俄罗斯也有一批新生代作家。他们所写的东西其实和中国作家所写的东西非常接近。所以说，艺术这种东西，它是没有国界的。为什么没有国界？就是非凡的想象力使然。它像一道风景，吸引读者的目光，并被这种风景折服。

学员 E：你搞了这么多年的小说创作，你觉得自己在这种创作活动中得到了什么？

东西：前不久各个电视台都在播放一个电视剧，叫《贫嘴张大民的幸福生活》。这个小说是刘恒写的，我很早就看了，他写的是北京胡同里张大民一家人的生活。张大民的家人很多，有姐姐，有妹妹，有弟弟，还有母亲。但是住得很狭窄，全家人就住在十几平方米的地方。生活的空间是相当狭小的，但人是要生存下去的，张大民靠什么样的方式使自己过得好一点呢？首先他把他的家布置得很有想象力。比如说，把电视机吊到墙上，围着一棵树做了一张床，等等。除了靠想象力挤出一点空间，他还通过不停地耍贫嘴来扩展精神空间，也就是使用阿Q精神。他用他的贫嘴把自己的住房弄得比四室两厅还大。我觉得写小说也是这样，就是不断地拓展自己的空间，有物质的也有精神的。在这种拓展空间的过程中，如果能有所发明创造，就像诺贝尔发明炸药一样，那快乐将是无与伦比的。

学员 F：现在中国文坛出现了一大批被称为现实主义力作的作品，他们以"贴近生活"被媒体和好多评论家推崇。但是你的作品好像不怎么贴近生活，而是很奇异，对此你怎么看？

东西：每一个作家都在用他自己的方式或者说角度贴近生活。比如我的短篇小说《反义词大楼》，写的是一栋十八层的大楼，所有进入这栋大楼的人，都必须说反话。比如说，你不聪明，要说你聪明；你不漂亮，要说你漂亮；如果没有开灯，你要说灯火辉煌；如果他没有文化，你要说他是知识分子。你进入大楼的时候，在一楼要进行培训，学会说反话，然后才能让你上二楼，进入大楼的内部。"我"有一个朋友，因为不愿意说反话，在这个大楼里，被他们关起来了。怎么惩罚她呢？就是不让她出去，让她不停地唱卡拉OK，让声音来惩罚她。然后"我"到这个大楼来找她，在门口被堵住了，"我"问他们"我"的朋友为什么没出来，她到哪里去了。但是"我"每问一句话，他们要收费十块钱。一般我们说一句话，是要用句号来断句的，但是这里的人却说，不能这样算，你停一次，算一句。于是，问了很久，"我"还是没问出她来，就已经被收了几百块钱。这是一个荒诞的小说，但它是不是现实的？表面上看，它很不真实，很荒诞，其实它是很现实的。我们在现实中大部分的时间都在说反话，其实就过着反义词大楼里一样的生活。你能说这不是一种现实吗？

学员F：在你的创作过程中，你有没有有意地使自己的作品符合某些人的口味，或者说是为了某种现实的目的而创作？

东西：我想每个作家在写作的生涯中多多少少会被一些事情所干扰，使他偏离了创作原本很单纯的目的。像我现在手头上正弄着剧本，是为了稻粱谋，写它的时候没有写小说那种巨大的快乐和冲动。我的最大快乐来自对小说的探索，但这样的写作注定要多喝稀饭。当看见身边的作家一个个都取得了巨大的经济效益的时候，我不免心动。我曾不止一次告诫自己，下次一定要写一篇好看的，能改编成影视剧的，能拿个几十万的作品。但是一写完，才发觉，根本不可能。究其原因，一可能是我没那方面的才华，第二可能是我太固执了。像去年我写的《肚子的记忆》，把所有出现的人物都拿来当叙述者，有些读者看了，说看得很吃力。但是我却写得痛快。所以我想，我在写作的时候，基本是只顾及我的快乐，而不太考虑读者。我可能是为某个人写作，或者是为我自己写作。我知道这样的作家最没出息，但我还是乐此不疲。当然我也会想到还有一少部分读者，他们是我的知音。他们从各地写信给我，谈某篇小说或者索要作品。于是我就自我安慰，中国有十几亿人口，哪怕我的作品能有一小部分人读，也有可能是一个可观的队伍。

学员 G：你认为文学的技术重不重要？

东西：挺重要的，有的作家，就是靠技术把自己弄成了大师，比如福克纳的《喧哗与骚动》，他就是让几个人同时讲一个故事，每个人讲出来的都不一样。最后这个小说获得了诺贝尔文学奖。再以一部最通俗的电影《廊桥遗梦》为例，这部电影把许多观众都看哭了，它靠的是什么？就是编故事的技巧。当故事开始的时候，我就在想编导要用什么办法，使这一男一女尽快走到一起。在使用了很多小伎俩后，身为《国家地理》杂志摄影记者的男主人公问女主人公家在哪里。女主人公说了她的故乡，那是意大利的一个小镇，而巧的是这位摄影记者就曾路过那里，当时他看见那个小镇很漂亮，就下了车。这个细节，一下就把他们的心灵拉近了，后来他们甚至睡在床上的时候，也还在共同回忆那个小镇。

前一段时间我还看了一个影片，叫《第六感》，是一个印度导演在好莱坞拍摄的。里面写一个医生，他要医治一个小孩，这个小孩有特异功能，有心理疾病。他走过校园某个地方的时候，会看见吊死鬼吊在那里，伸着舌头。但所有的正常人都看不到，所以他感到很恐慌、很烦恼。实际上他拥有第六感，但任何人都不相信他说的话。医生想去拯救这个孩子。我当时就想看一看导演是怎样处理一个成年人和一个小孩子的初次沟通，他要以何种方式接触小孩。作者这样设计：坐在客厅里的医生一看见小孩走进家门，就说，你现在心里很难受，你肯定想向我倾诉。现在我们来玩一个游戏，就是我猜你现在正在想什么，如果我说对了你就往前一步，如果我说错了，你就退后一步。他从游戏开始。要知道那个小孩是拒绝跟人交流的，因为没有人相信他。但在这样的情境下，小孩子和他的僵局打破了，实现了交流。医生说，你现在其实很想跟我讲你心里面的事情，但你不相信我。那个小孩向前跨了一步。然后他又猜第二个问题，那个小孩又向前跨了一步。猜到第三个问题，猜错了，小孩又后退了一步。他通过这么一个细节，让人物接近。这就是技术。一个作家，要写好你的作品，就要靠无数的好细节来接近目标，一步一步地实现。

学员 C：我读过你的一些小说，有的写得很荒诞。你的作品是不是受到卡夫卡的影响？在卡夫卡的《变形记》之后，有许多作家也写变形，你觉得他们写得怎么样？

东西：卡夫卡的小说开启了我的另一种想象力。用卡夫卡的方式看待现实，我得到很多乐趣和安慰。因为现实本身就是荒唐的。这种方法使我得到解脱和重生。变形是一个神话原型，它在不同的作品里不停地出现过。蒲松龄的笔下就曾出现过，他在一篇名叫《促织》的小说里，写儿子最后变成了蟋蟀。另外法国作家埃梅曾写过一本《变貌记》。前几年有一个法国女作家，写了一本《母猪女郎》，写自己怎么变成母猪的故事。这部小说是她28岁时写的，现在已经卖了几十万册，在欧洲成为畅销书。卡夫卡写人变成甲虫，特别是变成甲虫以后，他还在想怎样讨人欢心，怎样保住工作。这让人很难受。母猪也是一个很不好的形象，特别是一个女孩子变成了母猪，这就更难看了。但是变来变去，尽管热闹非凡，但总是没有超过卡夫卡。变形已经成了一个敏感而时髦的话题，谁都不敢轻易去碰它，因为卡夫卡已经写得令我们信服了，而且已经获得了巨大的声名。其实在卡夫卡之前也有人写过变形，但没有卡夫卡的影响大。说来说去还是刚才谈到的想象和技术问题，别人不敢轻易尝试的东西，你去碰它，就要有胆量，并且有能力去驾驭它，就需要超出卡夫卡的想象和技术，否则就是重复。

学员 A：如何使自己的写作技术日臻成熟？在这方面你有

什么体会？

东西：到目前为止，我还是一个技术粗糙的作家，就像一个蹩脚木工。但是体会还是有一点的，那就是需要不断地向别人学习，不断地磨炼自己。比如我看了一篇微型小说，叫《一瓶油》。当时是刚改革开放的时候，许多海外的游子都回来探亲。他们回来的时候，过海关时，常常是带着钞票、电视机、摄像机、录音机。有一个老年人，他拿的是一瓶油。海关工作人员以为是什么不平常的东西，拿去化验，结果确实是油。然后海关的工作人员就觉得奇怪，问他，别人回家都是带着现代化的产品，你为什么带一瓶油？他说，四十年前，我母亲叫我到街上去买一瓶油，等着我拿回去炒菜，可是我一到街上，就被国民党抓去当兵了。我相信我母亲还在等着我拿这瓶油回去。唉，这个情节多好。你看到这篇小说的时候，你就应该佩服人家的想象力了。人的亲情是通过这瓶油表现出来的。

罗伯-格里耶的小说《橡皮》，为什么叫《橡皮》？因为橡皮可以把痕迹擦掉。这个人在侦破这个案件的时候，一次次地推翻自己的判断，就像我们的小孩不停地拿橡皮擦自己的作业本。这个小说写到这个份上，无论好看不好看，它都应该是一个好小说。我还看过他的另一部小说，叫《去年在马里安巴》，后来拍成电影了。写一个人住在一个旅馆里面，看到一个女子很漂亮，就想勾引她。他用什么方法？他就不停地跟她说，去年我们在马里安巴怎么样怎么样，而这个地方其实是他虚构的。他拿出很多证据证明去年他们就在马里安巴。最后搞得这个女人模糊起来了，她也不知道他们去年是不是真的在马里安巴。这个人越说越真实，最后女人就跟他私奔了，抛弃了她的爱人。谎话说了一千遍就变成了真理。不管从哪个角度看，这都是一个好小说。如果不看到这样的小说，那么你就不懂得它的奇妙。你领略了这种奇妙，你就不会轻易地对一个平庸的小说佩服。好的小说就是我们的样板，好的作家就是我们的师傅。

学员 D：能否结合你自己的作品谈一谈？

东西：我去年写的一篇小说，发表在《人民文学》1999年第9期，四万字，题目叫《肚子的回忆》。首先我想写这样一件事情，就是饥饿。在我的家族里面，曾经有人饿死。他们当时四处找东西吃，找到了一种鲜艳的毒蘑菇。这种毒蘑菇，吃了就会死人。但当一个人饥饿到了极点的时候，他就抵挡不住这种诱惑。明明知道这是危险的，也要吃它。吃了之后，到一定程度，你再想办法解决它，把毒蘑菇吐掉。怎么解决？农村的办法是，用大粪。吃了毒蘑菇之后，再吃大粪，把毒蘑菇吐掉。于是一种最美丽的东西就和一种最肮脏的东西摆在了一起。我的创作动机就源于这样一个场景。

其实写小说也可能是从一个梦境或是一个场景开始的。加西亚·马尔克斯在写《百年孤独》的时候，说他脑海中出现的就是这样一个情景——他父亲牵着他在一个炎热的下午去看冰块。他生活在炎热的地方，是看不到冰块的。他说看到冰块很新奇，于是他就写出了这么个小说的开头。写小说不一定是想清楚了才写的，有一个题目、一个句子、一个开头，它就促使你把这篇小说写下去。所以当时我就想，一定要在这个事情上，写一篇小说。

怎么写呢？我构思了十天，才开始写。我觉得，我们人类引以为骄傲的是大脑的记忆，但我要写一种肚子的记忆，这是对大脑记忆的一种反动。想到这里，我开始感到刺激。把美丽的毒蘑菇和粪水放在一起，是一种刺激，现在对大脑记忆的反叛，又是一种刺激，已经有两种刺激，促使我写这篇小说了。

最后怎么写？就写一个医生，发现一个人得了一种怪病，这种怪病就是滥食，暴饮暴食，不停地吃东西，吃完就呕吐。这种病在医学上极为罕见，甚至连命名都成问题。有的医生说是暴食症，有的医生说应该是嗜食症。这个医生正面临着离婚，因为他在医院一直混不好，没有职称，没有住房。现在他正在申报副高，如果他得到副高，他就可以分到住房，他就可以不离婚了。那么他为什么还评不上副高？因为他还缺一篇论文。那要去哪儿弄到一篇论文呢？就是从这个病人身上弄。他就把这个病人当成他晋升副高的一个法宝。他帮这个病人换煤气、做各种家务，甚至替这个病人去跟他妻子过性生活，还以救治的名义翻阅病人的档案。经过这一系列的工作，这位医生发现了一个秘密。这个秘密就是，其实这个病人不是他父亲的亲生子，是他父亲收养的。这个病人的父亲住在文化大院里，他是在大炼钢铁的时候，下乡去"鼓劲"的。结果那里的人没饭吃，其中有一个叫杨金萍的女人，她家的人吃毒蘑菇全都死掉了。她生下这个小孩后，也死掉了。当地的农民把小孩抱起来，递给这个工作队员。他们说，你们搞公社食堂，把他们都搞饿死了。那么，这个孩子你们不养，谁养？但是这个秘密谁都不知道。

  我在写疾病跟医生的关系的时候，写了疾病的市场经济。就是说，医生他可以利用疾病获得利益。有了这些想法我就开始动笔，但写到一半的时候，我突然发觉这种叙述是不行的。我是用第三人称叙述，写着写着，我发觉人的心理活动是和他的语言连在一块的，很难加以区别，有时候你区别不了你这个话是说了，还是想了。于是我把小说里面说的那个"说"字全部去掉。这个时候我又发现，把说字去掉之后，小说的叙述全变了，就是小说的视角变了。我的小说里出现多少个人物，就由多少个人物来叙述。比如说，现在我在看张三，其实张三也在看我，如果旁边还有人的话，他在看我和张三。我的视角，变成了张三的视角，再变成旁边这个人的视角。小说中出现多少个人，就有多少种视角，视角在不停地变，但小说的故事不变，就是由无数个第一人称来完成这个小说的叙述。这在我的有限的阅读里面，还没有发现谁这样写过，当时我很兴奋。福克纳的小说，可能是由几个人来讲的。他在写一个故事的时候，可能这一段是张三讲的，另一段是李四讲的。但张三讲这段故事的时候，所有的故事都是由张三一个人讲。可是我这个小说是你讲了两句，就由另一个跟你有关的人把故事接着讲下去。最后主人公的父亲叙述到，那时村里很饿，有一个妇女，叫杨金萍，我在写到这里的时候，马上转到死人身上，变成：谁在说我的名字？我叫杨金萍，我在坟墓里躺了四十年了。肯定是那个干部，工作队长王肯，他在说我。于是，杨金萍又接着把这个故事说下去。只要出现的人物，全是叙述者。当时我觉得这个小说给了我很大的叙述快乐。

学员 B：这种叙述快乐就是你的小说追求吗？

东西：我觉得小说的创作，肩负着各种使命。有一种是为了宣泄，心中有郁闷，就吐出来。有一些小说是为畅销而写的，是为了取悦大众，卖好价钱。但是还有一种作家，他是为了拓展文学的路子而写的。我追求的是前人没有这样写过，而后人又可以利用的写作。但这做起来很难。比如说先锋小说刚出来的时候，还是很新奇的，可是现在遍地都是先锋小说的叙事方式，又显得陈旧了。当我们回过头去看那些先锋作家的时候，我们已经不激动了。因为现在所有的作家都会这一套。所以就需要新的开拓者来开路，来铺路，把创作的路子拓得更宽。修路的人往往没有轿车坐，而享受的往往是后面坐车的人，所以，你选择什么样的路子，必须清楚。你是想开路，还是想坐车。如果你想开路，那你往往要有牺牲精神。我认为崭新的叙述就是开路。

（根据现场录音整理）

关于语言的对话

▲ 东西、冯敏（时任《小说选刊》编辑）
● 原载《小说选刊》1999年第9期

冯敏：评论家们总是忙着研究小说的主题、题材、文学潮流、地域特色、史论、政论、中外文化比较等等。这些都对，都很有道理，但我觉得大家谈小说的外部环境多了些，谈叙事本身的问题少了些。作为常年读小说和常年写小说的我俩，更想从小说的内部谈谈小说。语言和叙事方式，是写小说的人永远为之苦恼的事，是两个基本问题。叙事方式涉及时空观——结构能力的问题（含叙述视角），而语言则更为复杂更难理喻。对于语言你一直是很关心的，甚至有着痛切的个人感受。你的小说《没有语言的生活》形象地述说了这种感受，反观的是现代社会生活中普遍存在着的语言歧义现象，它不仅造成伤害，也使语言交流变得日益困难。尤其在诸神退位、逻各斯中心消解、大众传播成为新神话的当下，语言混乱不仅是文学界的普遍现象，也是社会生活中存在的现象。弗雷格认为，名称所指的对象之外,还有第三个因素就是它的意义。一个名称能指称它的对象,是因为名称具有意义。但是一个名称对应的不只是一个对象,就造成了语用方面的复杂性。在一些文学会议上,常常遭遇激烈论辩的场面。细听,却发现争论双方谁也没听懂对方的话。这让我想起蒙克的油画《呐喊》——说什么已经不重要了,唯一重要的是不断地说,始终保持说话的姿态和说话的权利,像个空心人。语言泛滥的结果是让我们大家过着没有语言的生活,这很悖谬。所以我觉得你这篇小说很深刻,有很强的现实意义,是古巴比伦塔的现代翻版。

东西:我从来没有想过要坐下来,认认真真谈一谈语言,因为我一直是把语言作为工具的,对它没有足够的重视,这有点大逆不道或者忘恩负义。但也许正是由于这种关系,让我在使用它时拥有高度的自由。就像能熟练打乒乓球的人一样,当球来到面前的时候只是想到球,下意识地做出反应,来不及回忆和总结。语言是一个不那么容易说清楚的问题,但是语言歧义现象却是我曾经感觉到的。如你提到的这篇拙作,其中有这样一个细节:王老炳被马蜂蜇瞎后,王家宽朝着对面山上喊,狗子、山羊、老黑——快来救命啊。有人听到了王家宽的叫声,却认为他是在喊身边的动物,想不到他是在叫人的名字。这篇小说写的是盲人、聋人和哑人的故事,他们不完整的语言,使歧义更加突出。后来,王家终于有了一个健全的后代,取名王胜利,全家人太想在现实生活中赢得"胜利"了。但王胜利上了学堂,学会的第一首歌谣却是咒骂聋哑瞎的。本来这些词语家人已经教过了，但指涉的只是实际情况，并无褒贬。然而在学堂学来的歌谣，却明显带有人格歧视的意味。正如你所说，同一个词可以有不同的意义。王胜利最后也像哑巴一样，不说话了。全家人继续过着没有语言的生活。也许，在一个众声喧哗的世界里，真正的语言是沉默的。

冯敏：相对封闭的环境，反倒培养了你的想象力，你可以用心去触摸词语，而这些词语又与你生存的环境息息相关。这样你就可以最大限度地避免掉入别人的话语牢笼。

东西：我出生的地方比较偏僻，常常被人们取笑。但是那里的天空和山水是纯净的，鸟声是欢畅的。地理对我的想象力有很大的影响。小时候没有动画片和童书，没有现成的答案，扑面而来的风声雨声鸟声，全是自然之声。封闭使我的词汇量有限，但字字血声声泪。比如一个"饿"字，我有切肤之感，那是肚皮贴着脊梁骨；比如"冷雨"，这两个字常使我全身发凉，因为我曾无数次被雨水湿透，嘴唇发紫，冻得牙齿敲打牙齿。

冯敏：你是在方言区成长的作家，从广西走向了全国。一个孩子从小说方言，长大一些上了学堂就学会了普通话，后来就用普通话写作。这是没有办法的，如果你不服从这样的语言规范，我们这些北方人可能根本就听不懂，所以你才"不停地背叛自己的初衷，以适应读者"。可是完全遵照汉语规范去写作的作家，在我看来又是没有语言的作家。大家常说的学生腔或翻译腔、官方腔，指的就是这种写作。你的小说如何在民间语言与普通话之间保持一种适度的张力？

东西：我没有特别注意这个问题。我出生和学习的地方，有许多生动的民间语言，我基本上没有把它们用在小说中，好像现在不太有人用方言写作。不过这并不妨碍我从民间语言中获得一种感觉，一种状态。比如很小的时候，我参加一次批斗会，批斗对象是一位老实巴交、大字不识的农民。批斗他，是因为他与姨妹通奸。在上千人的批斗大会上，他否认这个事实，结果有人出来揭发，说他这样调戏姨妹——"好久不见姨妹了，心头像猫抓。"现在偶尔回乡，我还能碰见他，穿得邋里邋遢，连说话都有些结巴。那番话也许他早就忘记了，却烙在我的心坎上。如果以貌取人，像他那样的人很难说出那种话来，但这话确是他所说的。我只能用"狗急跳墙"这个成语对他的话再次诠释。我想人被逼急了，什么生动的话都能说得出来。也许这个人真的太想姨妹了，才会说出这么真实的话。我甚至认为他是脱口而出的，根本未加思索。所以我写小说的时候，特别注意人的状态，注意刹那间的感觉，喜欢脱口而出的语言。至于方言与普通话的行文规范，我倒是没有刻意地比较过，我觉得这不是最重要的。重要的是说话的方式，是语言的感觉。我写小说时的语言与我生活过的地方肯定是有关系的，是它支撑着我的写作。

冯敏：说得很精彩。语言联系着人们的经验，经验以外的词我们总是抓不住。语言因经验的不同会在理解上产生微妙的差异，这是语言运用中的殊相。但是人要交流，必须服从语言的一般意义，尊重它的可通约性（行文规范），即共相。从这个意义上讲，不是我们在说话，而常常是话在说我们。在我成长的年代里，我说不出"祝你有个好心情"这样的话来。那个年代的青年男女再怎么相爱，也只会说："让我们互相帮忙，共同进步吧。"王蒙的小说《布礼》中就有这样的情节。但一个有出息的作家，应注意研究语言运用中的殊相，因为文学语言不仅要求准确，更要求生动和美。不过，词语总是不可避免地笼罩着前人的经验，就说"春天"这个词吧，在我们弄懂它之前，至少被它轰炸了一百多遍了。古今中外的文人墨客对春天的描述和赞美实在是太多了。春天总是与鲜花和歌声联系在一起，约定俗成。如果我们再去重复这些，就显得矫情。"春眠不觉晓，处处闻啼鸟"，只是联系着孟浩然的审美经验，不是我的。前一句倒是与我相通，因为我爱睡懒觉。而后一句就不敢认同了，北京已经没什么鸟了。叫早的是成群的小贩，聚在楼群里吆喝："有旧电视机旧家具的没！""有酒瓶子的没！""有旧衣服旧鞋子的没！""弹棉花来——！"如果我硬要说"处处闻啼鸟"那就不真实不美，就是在刻舟求剑、在拿腔。我是"春眠不觉晓，处处闻吆喝"。倒是艾略特的长诗《荒原》开头那句与我的经验相通，他说："四月，是最残忍的季节。"

东西：作家要靠语言写作，又要不断地警惕语言的格式化，这要看一个作家对语言的重视程度。语言是工具却又不仅仅是工具，其实它就是思想。

冯敏：前人的经验是对词语的"遮蔽"，后人要努力拨开笼罩在词语之上的迷雾，"敞开"它的原生义。这样，你就可以与词语直接见面了。这已不是从观念到观念，而是从感觉到观念了。譬如，我注意到你的小说比较强调身体各个部位对外界的感受，尽量用不同成语和熟语。《没有语言的生活》《耳光响亮》《目光愈拉愈长》等小说，仅从题目上便可以看出你的想法。感觉是对外界刺激的反应，是零散的缺乏意义的，而感性却与意义和境界相连。一个作家如不能把感觉延伸到感性的领域，他就缺乏建构能力。感觉把我们与世界相连，同时又把我们关闭在自我之中。感觉必须经过语言的搭设才能与他人的世界沟通。《没有语言的生活》中的王老炳，为了躲避外界的干扰，举家搬到了河对岸，并拆掉了与外界联系的那座木桥，这是一个隐喻。

东西：其实每个人都不能避免语言的格式化，只能最大限度地摆脱。不同的歌唱家能把同一首歌唱出不同效果，不同的语言也会给读者不同的感受。别人说今天阳光灿烂，我就尽量不这么说。我说，今天的阳光比昨天亮了百分之二十五。别人割下耳朵可能会想到与世界失去了联系，但王家宽不这样想，他认为我的耳朵只是摆设，现在我把它割下来喂狗。写作的时候，我尽量与人物认同，用自己的眼光来看，用自己的身体来感觉，用自己的头脑来理解，细心体会，等待词语的到来。我认为写作就是张开身体的每一个毛孔，活跃身上的细胞，接收大自然和人类给我们的每一个信号，必须全身心融入其中。每个作家都是在写他接收到的信号。有人说我的小说喜欢写人体的器官，这恐怕与我对小说以上的认识有关。

冯敏：语言是存在的家园，同时语言又是有界限的，这是悖论。语言不能到达的地方，只可意会不可言传，要靠经验补充。失去这个基础，语言背后的部分便是意识难以烛照的暗夜，许多绝妙的感受难以言述就是这个道理。佛家理论在这点上讲得比较透彻，它讲心性与名相的关系，认为心之所念倏现倏逝。刹那间的念想靠文字固定已是隔了一层，倘用文字解释文字，隔上加隔。正可谓差之毫厘谬以千里。所以禅宗不立文字，只用心法。贪恋名相，难以明心见性。

东西：我在小说中写道，盲人父亲王老炳叫聋人儿子王家宽去买一块肥皂，王老炳说了半天肥皂王家宽还是不明白，于是王老炳只能比画。他比画了一个四方形，又用这个虚拟的四方形在他身上搓了搓。王家宽愣了片刻，终于喊了一声："爹，我知道了，你是要我给你买一条毛巾。"为什么会出现这种错误呢？因为毛巾和肥皂都是四方形的，都可以在他身上揉搓。一方面我们要用语言进行交流，另一方面语言又不能完全传达我们的意图，何况王家人没有语言更易产生误解。

冯敏：王老炳一家人其实并不是用语言而是用心灵相互沟通，用解构主义者的话说，就叫"前语言状态"或叫"心灵书写"。王家终于有了一个健全的后代，却学会用语言伤害自家人，这是个很重要的细节。鲁迅文学奖中篇小说的评委们在讨论这篇小说时，几乎都提到了这个细节，认为这很有力量。这无疑含有社会批判这一层意思在里面，不过即使在语言这个层面上讲，也是意味深长的。无论语言是用于交流还是用于伤害，我们都无法从根本上超越它，只能接近它。从这个意义上讲，作家每一次写作都是一次语言的探险，也是心灵的探险，有成功也会有失败。

东西：王老炳一家确实是处在一种前语言状态，他们是用心灵而不是语言沟通，我在这篇小说里的几个地方表现了他们这种状态。第一次是全家人搬到河对面以后，三个人合力盖一间瓦房。蔡玉珍站在屋檐下捡瓦，王老炳站在梯子上接，王家宽在房子上盖。瓦片从一个人手上传到另一个人手上，最后堆在房子上。他们之间配合默契，远远望去看不出他们有残疾。第二次是蔡玉珍被欺负后，王老炳为了问清事实真相，他们通过声音和动作达到了沟通的目的。第三次是他们利用各自健康的身体器官——盲人利用耳朵，哑人利用眼睛，聋人利用嘴巴，共同打败了一个来犯之敌。小说中还有一个地方能够印证你的说法，那就是王家宽叫小学教师张复宝代写情书给朱灵，写着写着，张复宝竟在情书上署上了自己的名字，王家宽的角色顿时改变，他由一个求爱者变成了邮递员。王家宽的想法一变成文字，立即就遭人暗算。在许多人追求朱灵失败后，他们便在朱家的大门上写淫秽的句词，画零乱的人体器官。在这群没有文化的人的心目中，图画比语言更能准确直接地表达他们的想法，粗话比文明的语言更能抒发他们的心声。我认为这种前语言状态更接近人类的心灵。但我们生活在一个文明的社会里，我们不可能每天都用图画或动作去表达我们的思想和情感，人类创造语言就是为了更好地沟通，只是在语言的流变中，它不能百分之百地表达我们的内心。我们别无选择，就像王家人别无选择一样。我们要说话，我们要书写，但我们只能努力地接近真实，就像伊尔斯·艾青格写的"被捆缚的人"一样，尽可能利用绳子的自由度，把一只狼杀死。

冯敏：我总觉得语言这东西带有神性，它静静地等待着你的召唤，通往无限。语言之所以很难谈得清楚，是因为人的生命是有限的，人的经验是有限的。用有限去解释无限，就难逃悖论，因此我们对待语言应该更虔诚一些。你可以说你超越了同时代的人，甚至可以说你超越了大师，可你敢说超越了语言吗？你毕竟是个有限者啊！

东西：底层人物嘴里常常流行一些通俗的语言，很多读者只要一在作品里看到这些便觉得作家或人物有个性，这说明我们清洁掉了一些语词，也许它们才是最能表达本质的词语。但是这样的词越来越少了，词越来越干净，也就越来越不及物了。一方面是人类情感不断地细腻化，不断地复杂化；另一方面是语词的高度抽象化,形而上学化。语言越来越不够用,越来越偏离本意。因此,写作的时候我常常犹豫不决,难以下笔。我们拥有很多语言,但我们常常感觉过着没有语言的生活,我们进入了悖论。

冯敏:书写工具的改变,无疑也在改变着我们对语言文字的感觉。50年代兴起过一阵扫盲运动,那些不识字的人对文字的恭敬,我曾亲眼所见。他们先从身边的东西认起,把家具都贴上了汉字。然后是抽象一些的字,如工人,农民,学生,上下来去,大小多少,等等。他们写字时的表情更让人感动,往往是身体随着字形走,一撇像是收敛的衣大襟;一捺很舒展,像伸出去一条腿。这些不识字的人在学写字时,对文字是十分虔诚的,他们用心去触摸文字,从而也触摸了现实,字与词能告诉他们的,也就是他们能直接感受到的、没有受别人经验覆盖的。你在小说中把聋人、哑人、盲人对现实的感受描绘出来,就等于告诉了我们基本的语言事实。这就让我理解了,为什么诗人总在强调多用动词、慎用名词、尽量避开形容词。把古汉语与英语比较后会发现,名词、形容词用作动词的现象很普遍,语法上也有许多相似之处。可见好的语言在道理上是相通的。至于那些弯弯绕绕的翻译语言,罪在译文不在原文。某些作家是通过翻译语言学习西方小说的,以为人家就是这样说话的。情节可译,美文不可译。中国人还是要寻找自己的语言。每一位为本民族文学做出贡献的作家,都是在发展本民族语言方面很有成就的人。

东西：是的，写作的时候，我尽量让人物寻找自己的语言，就像每一位作家寻找自己的语言。王家宽不会说："这一定是我的魂在叫我的名字啊！多么清甜！是爱人在夜里铃一样的声音，像最温柔的音乐送到六神细听的耳朵里。"这是罗密欧的语言不是王家宽的语言，王家宽是聋人，他不知道铃一样的声音。语言既要和人物的身份吻合，又要和这个时代紧密相连。同时，作家对词语的感受有微妙的差异，这才形成不同的个人风格，也造就了才华的高低。谁的文字能精准地抓住现实，谁就是善用语言的人。

冯敏：语言问题的确很难说清。对话到这个份上，我仍然有种费力不讨好的感觉。尽管我们努力使对话通俗化，但仍然不可避免地使用了格式化的语言，好像不用这样的语言就无法说话。圈子里的人觉得这是行话，圈子外面的人觉得像黑话。想到这一层就很沮丧。

东西：我们在使用语言时都在追求它的最大公约数，因此我们也不可避免地被格式化，能有所警觉就很不容易了。

冯敏：语言问题还有许多方面可谈，我们的谈话不可能深及语言运用的各个方面，只是作为引玉之砖，希望更多的人来重视这个问题。

东西：你给了我许多启发，在今后的写作中我会更加重视语言的使用。

在两极之间奔跑

▲ 东西、林舟（文学批评家、苏州大学教授）
● 原载《江南》1999年第2期

从东西的一本小说集的封面勒口的作者介绍中，我知道了他还有个本名叫田代琳，这是两个反差极大的名字，这种反差几乎成了他小说世界的象征。在90年代的文学写作中，东西的小说明显地表现出对写作这件事本身的强烈兴趣，他的许多小说都可以看作对写作的探讨，他是在以写作体认何为写作、叩问写作的意义，《没有语言的生活》《迈出时间的门槛》差不多可以作为他的全部小说的标志性表述。但是，这并非东西沉醉于小说纯粹的智慧的游戏而缺少切近生命个体存在的现实关注，相反东西在小说中，非常注重当下的精神现实进入小说的叙事当中，并且呈现出颇为复杂的情形。最突出的莫过于他的小说叙事在两个极端之间游走：一方面是琐屑的、形而下的、感性的、欲望的、柔弱无依的、嬉皮笑脸的；另一方面则是奇崛的、形而上的、理性的、精神的、尖锐的、严肃认真的。这并不意味着两极的简单对阵，事实上更多的是在于两极的沟通，在于一片混沌之境的创造。1997年年底，当我看完东西发表在《花城》上的长篇《耳光响亮》之后，我就与东西相约进行一次访谈，可是一直没有机会。在我的印象中，这一年他一直在东奔西跑，一会儿在北京，一会儿在上海，终于有一天他要到苏州来了，结果匆忙得没照上面他又不知东西了。眼看一年就要过去，我们面谈的计划已经十分渺茫，于是只好采取书面和电话结合的方式，他还没收到我的信的时候，我又从电话里获知他要到罗马尼亚去了。我们的访谈终于在1998年的最后一天的最后时刻里完成。从现在整理出来的文字中，你会发现书面语同口语杂然相处，这将给我们带来什么样的感受呢？

林舟：有许多东西本来在小说家那里可能并不自觉，当他人指出时往往叫他吃了一惊，接下来的反应可能因人而异：有的可能会被这"发现"带到他原来并不知觉的路上去，有的会不为所动、依然故我……你有没有这种"吃惊"的经验？如果有的话，你接下来的反应是怎样的呢？

东西：有。比如1991年春，我的同学——现在写小说也写评论文章的张柱林看过我发表在《漓江》杂志春季号的中篇小说《断崖》之后，与我进行了一次谈话。他说这篇小说里的主人公睡的女人是别人的老婆，耕种的地是别人的地，养育的儿子是别人的儿子，本来是一位英雄，却被后人从县志里删除，这分明是一个"局外人"嘛。这是我的第一篇中篇小说，写于1990年秋，由鬼子责编。那时我还没有阅读加缪的《局外人》，后来看了，我觉得和我的小说也大相径庭。使我"吃惊"的是，在写作这篇作品的时候，我并没有想那么多，因为我另有目标。有人在作品中看出新意，我会惊喜，但并不因此而有什么改变。一部好的作品，可以给读者提供无数的角度，每一个读者从自己能够理解的角度进入。

林舟：你在《睡觉》这篇小说中，让"东西"作为小说中的一个人物出现在叙事里，你这样做是出于"分身术"的幻觉带来的快感，还是为了获得一种间离的效果？

东西：主要是对读者的考虑。一些读者常常把金庸当成武林高手，把写《金瓶梅》的兰陵笑笑生当成西门庆。我担心他们把"我"当成"东西"，所以采取这种策略，与叙述者划清界限。

林舟：《睡觉》对庸常琐屑的生活做了相当多的描述，但是"失眠"作为叙事的核心或者说中心动机，围绕它的叙述每每超出了经验表层，似乎在夸张与变形之中勾引出人的生存状态中某些深隐难言的东西，譬如那种疯狂的孤独的心理体验和莫名的焦虑与空虚感等等。然而，最终你又把它们拉入日常经验的层面，让人们感到叙事人在将故事引入一个深层结构时的犹疑。对此，你在写作的时候是怎么考虑的呢？

在两极之间奔跑 ∥ 309

东西：也许是你说的那样。"睡觉"是最日常不过的事情，但当我们拥有一切的时候，却不能拥有一个"好觉"，这是我创作的动机。我认为现在的这个文本已经把我想完成的任务完成了，至于如何引向更深层的结构，我就不知道了。失眠是纯精神的，而"我"的所作所为是庸常琐屑的，它们代表人的两个方面，即精神和肉体。"我"的精神和肉体分裂了，所以叙述也就分裂了。

林舟：这种精神和肉体的分裂在你进入小说之中的时候是不是比较自觉？

东西：就这篇小说来讲，可能还是不自觉的，只是在强调这一点之后才注意到的。对精神与肉体的分裂问题，可能平时有一点关注和思考，但是，给"睡觉"这个每天都要经历的生活日常赋予精神性的内容，我平时还是有想法的。

林舟：你的《美丽金边的衣裳》可以说是一个关于金钱和性的故事，但金钱和性本身又并非小说叙事的兴趣所在。我感到你在努力寻求一种叙述此类故事的方法，你将不变的金钱和性的关系与多变的男人和女人的关系并置在一个套子里，一个一个地拉出来，穷尽它们的搭配，最终指向一种幻觉般的不确定的存在或虚无。在此过程中一个醒目的事实是，故事的开头、结尾与中间那个没有赶上的约会在这个"套子"的编制中起到了举足轻重的作用。

东西：这篇小说就像一个连环套，老板丁松用钱供养希光兰，希光兰用其中的一部分钱供养的士司机易平，易平又用其中的一部分钱供养一个发廊女，发廊女把易平的钱送给哥哥结婚。正如你所说的，不变的是金钱，变化的是人的情感。在发廊女李月月的哥哥李四结婚的那天，我们仿佛看到了爱的源头，就像一次潮水的回落，所有流水一样淌出去的情感，像潮水一样又一次冲刷过来。至于开头、结尾和中间没赶上的约会，是套子上的三个结，它使这个套子更加牢固。这种叙述方法，就像渔民编织渔网，两根绳子打一个结，然后两根绳子又伸向不同的方向，与向自己靠拢的新的绳子再打一个结，如此打下去，就织成了一张网。

林舟：《没有语言的生活》是你的得意之作，在你自己看来，它的成功主要是在哪些方面？小说表现的对象具有某种挑战性——小说要用"语言"传达"没有语言"的境况，这是不是最初很刺激你的一个因素？

东西：一天下午，我突然想写一篇关于聋人的小说。但刚一动笔，就觉得没劲。于是静下心来检阅了一下当代文学，发现写哑人和盲人的小说已有不少，如果再写聋人，只是步人后尘。放下笔，我胡思乱想了好几天，觉得应该把盲人、聋人和哑人放到一起写。当时我一点把握也没有，只是小心翼翼地开了一个头，并定了一个叙述的调子——简洁、准确的语言，描绘一幅"没有语言"的图景。这样每天以几百字最多一千字的速度前进。在写的过程中，我已经隐隐感到一种挑战。但是这种挑战给我快感。后来思路渐渐清晰，我产生了以下几个方面的冲动：三个人其实是一个人，他们分别代表了人体的一个器官；看不见、听不到和说不出的生存状态。在信息如此发达的今天，我们其实没有语言。

林舟：从这个意义上说，寻找语言是不是小说创作的魅力所在？写作我们面对的语言喧哗的现实，却常常感到无话可说，一切都被说得很漂亮，你要传达某种感受时，似乎已经有既定的东西等着你去取。

东西：写这篇小说的时候，我没有想得很多。不过你讲的这种有话说不出的情况，我平时还是深有体会的，而且感受强烈。小说写作只能说是试图找到某种语言，但是找来找去还是没有语言。

林舟：不过有些东西可能还不是以找到找不到来论的，可能是在寻找的过程中出现的。

东西：是的，在寻找过程中语言带来了许多奇妙无比的东西。

林舟：《耳光响亮》可以说是一种成长小说，对我们这代人来说，它天然地有着一种亲切感。我在读它的时候感到，你不是为写小说而写它，而是有一种强烈的倾诉欲望推动了你，而这种欲望又深隐于冷漠、超然甚至嘲弄的叙述语气里，从而生发出不无酸涩的意味。你是带着怎样的心境进入这部长篇小说的写作的？

东西：其实我是一种什么样的心境，一看就知道，不一定非得说出来。开始写这篇小说时，全国正是一片现实主义的回归声，我想写写另一种现实。有一个声音始终在提醒我——不要妥协、不要从流、不要写史诗，只写个人的真实感受，写自己对现实的一种理解。

林舟：《耳光响亮》，你取这个名字是出于什么考虑？

东西：原来我把这部长篇取名《现实》，但身边的朋友都说，这会没有卖点。1997年4月，小说写了一半，我去北京领《小说选刊》奖。当时李冯已经辞职离开南宁到北京去搞专业创作。领完奖后，我们一道去游长城，在回城的客车上，我突然灵光一闪，决定把这部小说题目改为《耳光响亮》。我这样阐述题目——小说每往下走一步，都要出人意料，就是要给读者一记耳光，而读到最后，是现实给了我们耳光。我生怕这个耳光会把读者扇跑，但是一些朋友告诉我，这本书现在还挺好卖。

林舟：你觉得你在何种程度上将当下的体验融入这部小说叙述的"历史"？

东西：有两位朋友在看完这部小说后，说我把一些90年代的事情放到了80年代，所以有失真的感觉。我说那些都仅仅是借用，小说真不真实，主要是看小说的内在本质。今天，我们绝对没有兴趣去澄清一篇清代的小说里面的人物在本命年的时候，是不是在腰部系了一条红腰带，或者穿了一条红裤衩。尽管这篇小说从1976年毛主席逝世那天写起，但我的感受却是今天的。我把一些今天的想法放到昨天的故事中。比如，我常常把姐姐牛红梅想象成自然，她不停地堕胎就像我们的开采。如果在80年代，我的环保意识还没有这么强，就不会这么想。今天，我看见自然惨遭破坏，才会有感而发。

林舟：是表达今天的感受的强烈需要推动你去讲述那样的故事，还是那个故事早就在你心中，当你讲述的时候，今天的感受被它激发起来并进入叙述之中？

东西：还是要表达今天的感受才有故事。这篇小说在写之前有一些大模样，但接下来具体写什么并不清楚。当进入写作之中，我想要表述今天的感受以及对当下的一些事物的看法，于是这样的故事就自然产生了。

林舟：很多评论家都指出你的小说中有"寻找父亲"的情节，你在《耳光响亮》中又一次凸显了这一情结。"父亲失踪（死亡）——寻找父亲——父亲痴呆（死亡）"，是这部小说可以辨识的骨架。

东西：也是最虚弱的骨架。真正鲜活的东西全是在这个名义下进行的，寻父仅仅是一个幌子。

林舟：你在小说中没让他死去，而让他成为一个废物，是不是更残忍了？在结尾的这种安排与其他可能的安排之间你犹豫过吗？

东西：你觉得更残忍了，这跟我的看法完全一致，确实是这样。当时也考虑过其他的处理方式。我想，如果我们的这个父亲死去了，那么我们所有的想象都是合理的，但是他还活着，我们对他的所有的假想和想象，都因为他活着这一点而被粉碎了，这同样是给了我们一个响亮的耳光。其实我这样做还融进了我当下的一些感受的：我认为，写小说要有智慧，但光有智慧是不够的，还应该有敏锐的洞察力，没有后面这一层，小说将离读者、离我们自身很远。我在写作中努力将智慧和敏锐结合起来，我想，对这部小说中的父亲的有关处理，是我这种努力的结果。

林舟：在小说开始读到父亲突然失踪的时候，读者一般都会想到后面会有所交代，你对读者的这个心理有没有考虑？

东西：没有考虑，我仅仅考虑的是他给我们开了一个玩笑。

林舟：你愿意谈谈你的父亲对你的个人生活包括小说写作的影响吗？

东西：我的父亲已于1991年去世，我在一首怀念他的诗里这样写道:"父亲像山区的一株玉米／被雨水泡软／无声地倒下／成为蚂蚁的粮食／父亲没有给这个世界／开欠条／父亲吃草根树皮／吃五谷杂粮长大／最后又把躯体还给土地……"我对我的父亲充满爱戴和敬仰,在好多个写作的夜晚,只要我一写到他,我就会失声痛哭。他不识字,平时对我从不要求,把我当成一株山地的小草,任我自然发展。如果不进学校,也许我会变成一个野人。父亲对我也从无奢望,他是一个极其民主的父亲。我做野人或是做作家,对于他来说都一样。他一生只进过一次县城,那是为了修路。修好路后,他便回家。我刚工作时,没有能力把他接出来生活,主要是经济拮据。当我能养活他的时候,他已经不在人世。于是我回到故乡给他立了一块碑。碑文有严格的形式,一般要在上面歌颂祖先,写上死者的父母和子女孙儿的名字,而真正属于死者的只有他的出生年月和死亡日期。许多人都要在碑上沾死者的光,歌颂的话也大都空洞无物,就像某些假大空的作品,使看完碑文的人,不知道躺在这里的人是何人。我改变了家乡书写碑文的形式,把父亲的身高、相貌以及性格写到墓碑上,使读者能从碑文上看见我的父亲,也就是言之有物。

父亲对我的写作没有多大的影响,只有《幻想村庄》的灵感来自他。有一天晚上,我做了一个梦,梦见我的父亲在熬酒,我甚至闻到了酒香。做梦的时候,他已经死了。他曾经是村里的熬酒好手,许多人在表扬我父亲时,把我家的酒喝光。所以我写《幻想村庄》时,满屋子飘着酒气。除了酒气是真实的之外，其余的全是虚构。

林舟：在你的《耳光响亮》这部长篇中，叙述的语言景观相当突出，明白直接的口语同大量的曾经或现在仍然是"时鲜货"的用语夹杂在一起。这些用语来自现实生活的各个领域，你在驾驭它们的时候显得得心应手，为此你做出怎样的努力？

东西：我一直坚信，好的语言来自民间。对于那些正儿八经的语言我常常提高警惕。我认为语言愈正经，和想要表达的意思就愈偏离，说出来的往往是假话。刚学写作的时候，为了锻炼语言，我曾经用写日记的方式向好的语言学习，但是现在我已经放弃了我过去学习过的语言。

林舟：进入你的语言世界是轻松的，但是很快就让人感受到几乎每一种语言构成都负载着密集的信息。有时候它将人引向作品之外，让人由此感应那四分五裂的世界图景，因此那些最嬉皮笑脸的东西往往也产生了不能承受之轻的况味。这一点是我在读《商品》时感受到的，而在《耳光响亮》中它无疑得到超倍放大了。在进入小说之前，你对语言的走向是否有明确的把握？或者说，当你用语言来呈现你的经验世界的时候，你是怎么定调的？

东西：从写第一句开始，整篇小说的语言基调就定下来了，就像唱歌一样，只要唱了第一句，后面的句子紧跟而来。但是语言的节奏、调子和风格与作家本人的世界观有关，也就是言如其人（不是文如其人）。加西亚·马尔克斯说他写《百年孤独》时就是用他老祖母讲故事时的腔调来叙述的，我们有时也常常使用小说里的那种语言跟人打交道。

林舟：在《商品》这篇小说中，"C.评论或广告"这一部分的写法可谓神来之笔，在写作的顺序上它是不是先于前面两个部分来到你的脑子里的？我之所以提这个问题是因为我注意到，这一部分最后引述的拉美作家卡彭铁尔的话，对你的这篇小说能起到总结和辩护的作用。

东西：正如你所说的那样，小说中C部分的一些想法是先于小说来到我的脑海的，但只是一部分想法而不是全部。小说写完后，我重看了好几遍，于是学着评论家的语调写了C部分。我想用这个小说的结构说明一些问题，就是从原料到产品到推销，都得自己来。小说给我们的定位，是和生活在现代社会里的每一个人的身份相吻合的。

林舟：《迈进时间的门槛》这篇小说更多的是对写作本身进行思考。前面两个部分实际上展示了写作行为，而第三部分则是在进行解构，从而否定了前面两个部分。

东西：是的，《迈进时间的门槛》这个题目表述的就是我们写作者的一种情境，进入写作之后我们随时可以回望、可以远眺、可以凝眸。

林舟：题记部分引述的利希滕贝格的那番话是否框定了你的写作？因为三个部分写的正是枪、生殖器和笔。

东西：其实我写到一半的时候才注意到这句话的。在写到第一部分的三分之二的时候，我就想第二部分该写点性了。写这个东西，除了刚才你谈到的对写作本身进行思考外，我也想探索一点关于时间的问题，所以第一部分是"回首"，是过去时，第二部分是"凝眸"，是现在进行时。那个人物永远也走不出时间的黑洞，永远停留在那个晚上的事件上，这就像静止的照片或者画面，是凝固不动的。"远眺"便是"我"死了之后的故事，在时间上是未来时。后面这一部分其实把我们很多写作者追求的不朽解构掉了，写作出来的东西变成了"我"姐夫的卷烟纸。

林舟：这也就传达出写作的虚无。

东西：对，是虚无。我这个人可能还是很悲观的，你可能感觉到后面那一章里死亡的气息很重。

林舟：是的。如果没有后面这一章，整个小说可能就不像现在那么让人清楚地感受到你自己的存在。那么，一方面是强烈地体验着写作的虚无，另一方面又是在不停地写作，你如何看待这两者之间的关系呢？

东西：我想我的答案还是西绪弗斯神话所提供的，推上去的石头总是要滚下来，滚下来的石头还是要去推它。重要的是现在我在做什么，其实也许我越强调它的虚无，越否定它，反而越爱这个东西；另一方面，我明明看到它是虚无的，可我又不相信它是虚无的,所以有时候对自己的那种否定也还保持怀疑。

林舟:可能反过来也是如此,你越是喜欢它就越容易感受到它对你的压迫。

东西:是的,如果某些人谈自己的创作津津乐道——创作是多么的幸福,我的创作带给我多么多的好处,我的创作是不朽的流传千古的……在我看来,那反而显出他的心虚,说明他对写作没有真正看透。我们的写作应该是看到了终点——并不那么美妙的终点,却仍然尽力地奔跑,全部的美好就在奔跑的过程之中。

林舟:你对自己的小说写作有没有确立什么目标?如果有的话,它是怎样的?你是依据什么确立你的目标的?

东西:你指的是单篇小说写作还是整体小说写作?如果是指单篇的话,是有写作目标的,这个目标就是主题。主题来自我对生活的理解,来自阅读的启示,来自读者想阅读什么,来自稿费的诱惑,来自想成为一个作家,来自梦境甚至一个笑话。如果是指整体,那么我的目标不够明确,每一个作家的目标要靠每一篇作品去实现。

林舟:在新生代的作家中,你对农村生活的表现一直着力较多,除了你自身的经历外,有没有其他的因素在起作用呢?

东西:没有其他因素,主要是自身的经历。

林舟：《抒情时代》这个作品展示的是，人在没有情感的现实生活中是那么地渴望情感生活，但是，当一种实实在在的情感生活在向小说中的"我"走近时，"我"却逃避了，"我"似乎更喜欢调情和意淫。我感到这个小说对你的整个创作的意义在于，它颇具代表性地显示出你的小说的一个倾向——将无可置疑的喜剧性同刺破表象、直指内核的尖锐性统一起来了。前者让人看到你对我们生活的世界扮出的鬼脸，后者则让人感受到你对世界黑暗质地的触摸。

东西：就像这篇小说的题目，"抒情时代"其实一点也不抒情。鬼脸仅仅是一种抒情姿态，姿态之下是另一种情况。你能这样评价我的小说，我很高兴。

林舟：在你自己看来，你迄今为止的创作经历有没有明显的阶段性？

东西：有，但不是很明显。写作是延续性的活动，能不划最好不划。如果硬要划的话，那么1991年以前是一个阶段，之后是一个阶段，从今天起恐怕又是一个阶段。第一个阶段有想法，但没有自己的形式，也就是用外国作家或者先锋作家的一些形式来表达自己的想法。那时的快感是写得像小说。第二个阶段是完全属于自己的，快感在于写得不像小说。第三阶段有许多想法，但较为零乱，需要作品来证明。

林舟：你的小说中的女性人物大多数好像是作为体认男性人物的欲望的道具存在的，但是《美丽金边的衣裳》里的希光兰和《耳光响亮》里的牛红梅，却明显是作为独立存在的人出现的。如果将你笔下的女性分为两类，一类是道具，一类是主角，不知你是否同意？如果你同意的话，能否谈谈在写这两类女性时的不同，以及它与你在现实生活中对女性的关注之间的关系？

东西：同意。但你不说我还没有注意。我想第一类是为了表现男人，第二类女人是"老虎"。"为什么老虎不吃人？模样还挺可爱。"我对女性没有特别新鲜的见解。我写到她们，是因为小说写到这里的时候，必须出现一个女性，于是女性就出现了。写男人也是这样。我更多的是关注小说本身，人物、叙述、结构、语言、角度同等重要。有些没写人物的小说，也让我敬佩。

林舟：在你看来，当下中国年轻的小说家们能否达到自由地写作的境界？通往这种自由之境的旅途中最大的障碍是什么？

东西：大部分没有，包括我，主要是指内在的自由。在《小说选刊》公布的首届鲁迅文学奖的初评和终评篇目中，我发现一个有趣的现象。由年轻人组成的初评委对非文学因素考虑得很周到，而由中老年人组成的终评委，则更多地考虑艺术。不是年轻人不懂艺术，而是出于一种谨慎。这种心理，我本人也有。其实，我们的文艺早就"百花齐放，百家争鸣"了，可是有的人就是不敢齐放，不敢争鸣。原因不在外部，而在内部。所以对于我来说，在通往自由之境的路上，最大的障碍就是我自己。

林舟：我想问的最后一个问题是，通常情况下，你怎么对待约稿？就你自己现在的情况来说，纯粹的约稿的写作和完全不约稿的写作，大致成一个什么样的比例？

东西：有许多杂志报纸的朋友向我约稿，但我能够让我的写作尽量不受约稿干扰。我是有计划的，这计划可能不具体，但是我知道我最近要写什么，心里是清楚的，而绝对不会被约稿牵着走，弄得疲于奔命。以前我的工作特别忙，写作的时间有限，因此写得不是很多。在写作这件事上我总是比较谨慎的，不愿应付了事。

林舟：今天的访谈就到这里了。这可能是我在九八年的最后一个电话，祝你新年好。

东西：好的，九九年让我们一起辉煌。

（根据1998年11月3日—11月25日通信和12月31日夜的电话录音整理）

在意念与感觉之间寻求一种真实

▲ 东西、张钧（时为自由撰稿人）
● 原载《花城》1999年第1期

张钧：首先，请你简单谈谈你的创作经历。

东西：80年代中期，当时我还在一个县城当教师，那个时候我就开始写作了。但是当时写得很少，一年就写一篇短篇，或者一篇散文，主要还是搞好本职工作、看书。直到1991年，才写得多一点。1992年，开始在《作家》《花城》《收获》发表了一些小说，也开始用"东西"这个笔名。那时我已经到《河池日报》了，并且从那时就在小说写作上下大力气了。

张钧：你的写作是一开始就是现在这种状态，还是有一个变化的过程？

东西：有一个变化的过程。我19岁就大专毕业了，当时中国的几个文学流派我是一直跟踪的，比如寻根，伤痕，先锋，新写实，等等。那个时候我在边缘，但是我在看，在研究。起初，我写的小说关于农村的多一些，受到过寻根小说的影响。然后慢慢地又受先锋小说的影响，1992年先锋小说的氛围比较浓。虽然那个时候已经有一点自己的东西了，但直到1995年的时候，才可以说是脱胎换骨了，写出了真正属于自己的小说。当然，客观上是不是还受别人的影响我就说不清楚了，但主观上我是要走自己的路子了。到了现在——1998年，我还在变，比如我写的《痛苦比赛》，就是在变。

张钧：1998年的变化主要表现在哪些方面呢？

东西：首先是在题材上。1998年我主要是进入城市，我认为作家主要靠的是城市读者，现在读小说最多的还是城市人。出于写作策略的需要，我就把写作的背景移到城市里。同时，我更注意小说的可读性问题，可读性加强了。还有，就是反讽、夸张等手法，我加强了运用。

张钧：我看到这篇将要在《花城》上发表的《关于钞票的几种用法》的写作就是很夸张的。以前似乎只是一种局部的夸张。

东西：现在我在总体构思上都搞得很夸张。有的作家的感觉很泛滥，像莫言的感觉就很泛滥。这种小说我是挺喜欢的。夸张也是一种泛滥，另一种泛滥。不是那种具体景物的泛滥，而是某种主题、细节的泛滥。

张钧：这种夸张的写作，它的要求是比较苛刻的，你每一个细节都很夸张很荒诞，同时还要吸引读者读下去，找到某种感觉，这是很难的。

东西：确实很难，但我觉得自己还是能够做好的。

张钧：你在一篇文章里也说到过你受先锋文学的影响是很深刻的，先锋小说使当时刚迈出校园的你惊讶不已，突然觉得十几年来所受的教育十分有限。当时你惊讶于先锋小说的什么？是叙述方式的革命性颠覆，还是一种无望的自我流放的精神内涵？

东西：这些因素都有。我特别喜欢先锋小说的革命性。不重复自己也不重复别人，这是个老生常谈的问题，但要做起来十分难。"先锋"告诉我小说的多种可能性，这对一个所受教育十分有限的人来说，不亚于文学的启蒙。小说写来写去，如果都是一样的叙述，一样的手法，那是极其枯燥乏味的。我们喜欢把80年代后期的那批作家叫作先锋作家，但我认为在那个时代里，只要有开拓精神的作家都应该算作先锋作家。一个作家的好坏并不能简单地用流派去衡量，就像不能用肤色去衡量人的本性。我不是唯先锋论者，各种流派都有好的作品产生，它们相互辉映，使文学的生态获得平衡。

张钧：你的《商品》被南帆先生说成是"先锋小说的小说"，你认为他的这种说法有没有一定的道理？

东西：我认为有一定的道理。这篇小说的写法，至少在我的阅读范围内还没有看见过。

张钧：可不可以把它看成是你在一定时期内关于小说的宣言？这篇小说的主体部分纯粹就是东拉西扯，想一出是一出，荒诞离奇，甚至不了了之。给人的感觉就像是一个后现代的拼盘和杂烩。

东西：在戏仿的过程中，我已经暴露出一些真实的东西，就像你在嘲笑别人的时候，你也嘲笑了自己。它是拼盘也是杂烩，但是它并不是没有意义的。

张钧：小说中所引用的卡彭铁尔的那句话"当小说不再像小说的时候，那就可能成为伟大的作品"——这是否也是你对小说的一种理解？

东西：是。但是这种"不像"并不是毫无基础的不像，如果不像得完全没有道理，就不会是什么伟大的作品了。

张钧：马相武在《东西："东拉西扯"的先锋》这篇文章里说你的写作是一个矛盾统一体，"东西不仅是现实主义同现代主义的矛盾体，还是现代主义同后现代主义的矛盾体。对现实主义、现代主义、后现代主义的拆解，构成了这种矛盾性"，但正是对这三大主义的"东拉西扯"的拆解和组合的叙述实践，构成了东西小说的先锋性。对于马相武的这种看法，你认为是否符合你的写作事实?

东西:马相武的评价符合我的写作事实。我读书读得十分杂,没有一成不变的观念,也不一根筋到底,凡是好的东西都学习,并且为我所用。我写作前考虑的问题比较多,既要考虑读者读得懂,又要考虑有内涵、讲究形式、区别自己和别人等等,有时考虑太多,反而眼高手低。这种瞻前顾后的心理,使我的小说难免显得杂糅。而且我是在中国作家把各种文学流派都演示过一遍之后才进入文坛的,对各种文学流派都略知皮毛,所以写的时候会把一些手法进行比较,总想扬长避短,吸取它们的经验,而不是某一家的经验。

张钧:《没有语言的生活》这篇刚获得鲁迅文学奖的作品大概是你迄今为止写得最出色的中篇。故事的叙述是复杂而有趣的:一个瞎子领着一个聋子儿子过活,然后又娶了一个哑巴儿媳。他们在生活中就如同一个人,瞎子发问,哑巴点头或摇头,聋子再把看到的说出来,于是沟通就实现了。他们自成一体,渴望安宁,但是世人却容不得他们的安宁,不断地骚扰他们。为了躲避骚扰,他们另造新房,把家安在远离村庄的河对岸,并且在打败了最后一个敢于过河来骚扰的人之后,拆除了通向对岸的木板桥,断绝与世人的往来。他们是否躲过了骚扰呢?小说提供了两个不同版本的结尾。第一个版本:哑巴蔡玉珍生下了一个又瞎又聋又哑的男孩,连咿咿呀呀的声音都发不出来,自然无法去招惹世人——然而,河对岸却没有因此而饶过他们，蔡玉珍在冥想中还是听到了河对岸飘过来的侮辱性歌谣——蔡玉珍是哑巴，跟个聋子成家，生个孩子又聋又哑。第二个版本：蔡玉珍生下一个不聋不瞎也不哑的男孩，他活蹦乱跳，给王家带来了自给自足的笑声。到了入学的年龄他上了学，不料上学的第一天学会的却是辱骂他们的歌谣。全家为之震怒，他的爷爷说你还不如瞎了聋了哑了好。于是他在爷爷的调教下，变得沉默寡言，跟瞎子聋子哑巴没什么两样。

这两个版本的结尾各有各的妙处，但我感觉后一个更好一点。在写作上，哪一个版本在先，哪一个在后？弄出两个不同的版本并且收在不同的集子里，用意何在？

东西：写第一稿的时候，是第一个版本，当时寄给《收获》杂志，也同时寄给华艺出版社准备出书。《收获》杂志的编辑说结尾最好改一下，于是就改成第二个版本的结尾了。我在写第二个结尾的时候，正好是一个周末，写到凌晨两点才写完，写完后我突然感到一阵悲凉。不管是生下一个又聋又瞎又哑的孩子，或是生下一个健康的孩子，最后他们都殊途同归。第二种版本无疑是出人意料的，令人叫绝的。但是把另一种结尾留下来，也正好说明了小说的多种可能性。

张钧：从主题上讲，不管是哪个版本，都表达了一种人性的或者说人文的关怀。这是一个伤害与反伤害的斗争，是三个弱者组成一道屏风的故事。但是那道屏风弱不禁风，人家想伤害你，你无处可逃。

东西：的确如此，无处可逃，这是人类的宿命。

张钧：一前一后不同的开放型结尾，使得这种宿命意识变得更加突出，令人悲哀和绝望。

东西：我特别喜欢开放型的结尾，也试图努力去从事这项工作。长篇小说《耳光响亮》写完之后，我就把其中的两个细节放大，写成两篇短篇小说——《反义词大楼》《权力》。尽管这两篇小说的细节来自《耳光响亮》，但它们的主题却是风马牛不相及的，就像一棵大树上长出的几枝树丫，它们各自指向不同的方向。

张钧：主题的多样化应该说是你的小说的一个特点，比如《原始坑洞》就有某种关于人类生存状态的原创性主题的意味。母亲就是"原始坑洞"，她艰难地无条件地护卫她的儿女，而儿女却为了各自的利益互相残杀。

东西："原始坑洞"其实就是指母亲的子宫。儿子杀人后，在坑洞里躲了九个月，就像母亲的九月怀胎。儿子先是头发脱落，后是牙齿疏松，最终回到婴儿状态。儿子最后被一个类似于母亲的声音召唤出来，死于仇人之手。

张钧：正是这一点上，小说让人心酸。

东西：其实，这一点并不是读者都感兴趣的，读者感兴趣的是你有没有把故事写好，是否写得丰饶美丽。你说这篇小说让人心酸，说明我已经注意了小说的血肉。让喜欢血肉的人看到血肉，让喜欢筋骨的人看到筋骨。

张钧：《故事的花朵与果实》又是另一种主题。故事中弥漫着一股阴冷的霉气，离奇古怪，现实与传说搅在一起。实际上，现实就是传说，传说也是现实，你在这里将传说现实化了，或者说将现实传说化了。那个莫太婆是一道生命的符咒，她是神是巫，甚至是魔鬼，但就不是人。她的故事和传说在干儿子江山的现实中流动着，使得他几近窒息，甚至她死后也是阴魂不散。这里有一种对权力的灾难性叙述。

东西：我们这一代作家都有弑父情节，而莫太婆是变种了的父亲。我要写的就是父权对子女的压迫。写这一篇时，我有一种自虐的快感，因为我们都是在压迫中长大的。这种矛盾是一种天然的矛盾，尽管我们已经自由了，但我们还是不能摆脱这种矛盾。

张钧：《相貌》中也有一种对于权力的无奈的反抗意识，这种意识具体表现为一种宿命感。整个叙述是寓言式的，寓言故事大多带有劝诫或讽喻色彩。《相貌》不劝诫什么，但讽喻的味道却很浓。染房老板满库看中了一个叫作云秀的戏子，但并不是爱她，仅仅是因为她让他想起了死去的前妻花银。满库将云秀留了下来，用回忆、控诉的方式对云秀讲述花银的故事，妄图复制一个新的花银，或者唤回一个花银。实际上，满老板在看到云秀的那一刻，花银就已经梦幻回归了，他也看到了花银。当然，云秀试图反抗这种复制。然而，反抗是徒劳的，花银阴魂不散，云秀最终还是自觉或不自觉地变成了花银。

这里还有一个传说与现实互为文本的问题：不管怎么说，花银毕竟是传说和回忆中的人物，她的真实性值得怀疑。你认为，花银和云秀，哪一个显得更真实？

东西：在这个复制的时代，我很难说她们哪一个更真实。过去是艺术模仿生活，现在是生活在模仿艺术。假作真时真亦假，无为有处有还无。但是不管满老板怎么复制，他还是无法回到过去。

张钧：《草绳皮带的倒影》是一个关于绞索的故事，人物的一切活动似乎最终都是为自己制造绞索。

东西：小说中的草绳、皮带和井，都是一个圆圈，就像我的故事回到故事一样，就像一辈子都在搓草绳的吴妈最终用绳子吊死自己一样。

张钧：所以人类要逃亡，同时又无处可逃。

东西：在《祖先》里，我让冬草逃到一棵枫，忘记了她来的地方。《城外》的秋雨，逃来逃去，最终还是逃回自己的家乡。《没有语言的生活》中，王家宽一家，始终逃不脱别人对他们的辱骂。逃是没有办法的办法，三十六策，走为上计。而在无处可逃之后，在《城外》里我们迎来了嫖村的更名。"嫖村"更名为"瓢村",多么动听的名字!秋雨因而丧失了逃跑的理由和逃跑的力气。我在无处可逃之时,常常会自己寻找理由和试图自欺欺人。我的生活其实也是一个逃跑的过程。读书的时候,我逃脱了农村。然后从县城调到地区,由地区调到南宁。这一连串的逃跑,使我的身体离开了故乡的江岸,但我的思绪却常常回到故乡。有人说写作的过程,其实就是回乡的过程。如果这种说法正确,那么我和满老板没有什么两样。巴尔加斯·略萨说,生活在地球上的人们需要在内心深处建构一个属于自己的、奇幻美妙的精神王国,使之与残酷的现实生活并行,以此填补空虚的心灵,驱除苦难。

我们逃来逃去,最后逃进了虚构的世界,也就是巴尔加斯·略萨说的精神王国。

张钧:但你的精神王国,往往是让人绝望的王国,或者说是非理性的王国。《一个不劳动的下午》就是一个非理性欲望的悲剧。由队长的欲望燃起的那场非理性的大火,不仅烧毁了山林和欲望的对象冬妹,也烧死了纵火者自己。

东西:这篇小说原来想取名为《玩火》,但考虑到太直白,所以用了《一个不劳动的下午》。人一刹那的念头,常常会改变历史,而这个念头,不一定光明磊落。

张钧:《雨天的粮食》也是一场大火——火烧粮所。这是一场生命的灾变,情境的变异导致了人的命运的逆转——威风、潇洒、霸道的公社粮所所长范建国变成了一个疯子。《迈出时间的门槛》是关于时间和生命的思考，有一种空空荡荡的感觉。关于时间和生命，这个世界已经有过许多深刻的思考，包括哲学的和文学的。但那些思考大多是抽象意义上的，感觉与思想分离。你的这篇小说却是感觉与思想同步：是感觉化了的思考，或者说将思想感觉化了。我认为，你的小说写作是一种观念化的写作，只是由于"感觉化"了，就让人很少想到观念了。这或许就是你的小说的一大特色？

东西：现在我很害怕只有观念没有感觉的小说。我写小说时，只要一进入小说，就尽量忘记观念，尽量做到有感觉，并且故意离题万里。我喜欢感觉泛滥的小说，因此努力调动自己的感觉。

张钧：《经过》似乎就是一篇有意让感觉泛滥的小说。实际上，这也是一篇关于时间、生命和梦想的小说。这篇小说的叙述如果说是感觉泛滥的话，我想它应该是一种"冷"的感觉的泛滥。小说讲的好像是一个浪漫的故事，但整个情调则是反浪漫的：一个个荒诞不经的故事的背后，是一种严峻的现实在挤压着人物的生命。小说的结尾十分巧妙：刘水临死前写给情人高山的那封述说全部秘密的长信，毁于邮车上一对男女的情欲，成为一个永远解不开的谜。小说为什么起名为《经过》？是否暗示生命也好爱情也好，都不过是这个世界上的匆匆过客？梦想如同泡沫，但世界不会改变，永远如斯，永远是年复一年地长出青草淹没一切？

东西：青草是我比较爱用的一个意象，它覆盖一切，包括死亡、爱情；它是遗忘的代名词。我们在忘记教训的同时，也忘记悲痛。我有期待情节，总认为许多好的消息和坏的消息都因种种原因，未能到达。我一直在期待中，所以我的心在路上，好的消息和坏的消息也在路上，所有的都在经过之中。

张钧：在语言上你的小说几乎都是由洋洋洒洒的叙述构成的，很少对话。这是否可以理解成你在追求一种叙述上的流动感？

东西：我喜欢写得好的对话。我的小说中有许多对话，只是因为我取消了引号，把对话打入了叙述，所以对话显得不那么突出。这种伎俩是80年代后期一些先锋小说家使用的，我拿来为我所用。如果这个世界没有对话，那是不可想象的，我不觉得对话和现实构成虚假的关系。因为我推崇叙述的流动感，于是在写小说时总想让对话也自然地冒出来。

张钧：真实性问题，是你的小说中始终让人疑惑的问题。比如刚才我们谈到的《我们的父亲》，还有你的长篇《耳光响亮》，间离真实，制造幻觉，然后又打破幻觉，造成一种陌生化的真实效果。我认为这是你在小说叙述中惯用的手法，在这方面《跟踪高动》就有一定的代表性。

东西：这种真实性的问题，在卡夫卡的作品里随处可见，只不过我把它更中国化更世俗化了。我一直把这种真实当作真实。我们只要四处望一望，就会发现到处都是貌似真实的真实，但我们把虚假的东西玩得特别起劲，以至于忘记了真实。就像某些单位的腐败分子在做反腐报告时，仿佛觉得自己就是一个廉洁奉公的人，自己被自己感动得几乎落泪。这种幻觉使我的作品反而虚假起来。相反，我的这些作品，也应该使他们的行为显得虚假。

张钧：《口哨远去》是不是你在某一时期的精神自传？你是否就是那位高考后回乡在一个夏天里把自己锻炼成一个十足的农民的少年？我这种猜想是有一定根据的，那就是小说的最后一句话，"那个少年是我，少年像我脱在农村的一层皮或者一件外衣，而我则如一条蜕皮的蛇，在现在的都市里漫游"。

东西：这篇小说有自传的成分。高考之后，我回到家乡，剃了一个光头，适应乡间的一切农活，认为自己考不上学校，准备在农村娶妻生子，了却一生。我甚至不敢到学校去问分数，当所有考上的同学都上学之后，我才有一丝淡淡的惆怅。惆怅之中，接到河池师专的录取通知书，可想我当时的心情是多么的兴奋。

张钧：你在关于城市的小说里描述的情感和欲望，大多让人感到失落、绝望和无奈，还有虚无和荒谬。比如《睡觉》《抒情时代》。能够谈谈这是为什么吗？

东西：因为我们的时代情感已经变质了。我是一个悲剧的鼓吹者，在金钱显得最真实的城市，情感和欲望的失落不足为奇。

张钧：《美丽金边的衣裳》整个是一种欲望化的叙述。如果说，在你别的作品里欲望化的叙述还是一种润滑剂的话，那么在这里，则是一种主题了，具有本体论的意义。欲望无处不在，爱情变成了金钱和性，赤裸裸的，令人兴奋和沮丧。连最纯朴的爱情，比如李四和崔英的恋爱和婚姻，也是用金钱催化而来的，并且用的是李四的妹妹李月月卖身得来的钱。小说是对金钱和欲望的批判，还是为了展示金钱和欲望的真实魅力？

东西：不是批判，只是接受这样的事实。这篇小说是靠金钱作为纽带连起来的，就像我们现在生活中的人们，大都靠金钱来维持友情和爱情。这又是一个圆圈，故事在讲完之后，情感回到金钱的发源地。

张钧：你的长篇《耳光响亮》大约有20万字，是我读到的迄今为止你的最长的一部作品。它是你的第一部长篇吗？这部长篇你写了多长时间，能够谈谈写作时的一些情况吗？

东西：这部长篇写了整整一年的时间，平时要坐班，只有晚上和星期天才能坐在书桌前写作。写得极其辛苦，有时茶饭不思胸口发闷。窗外不时飘过诱人的声音，朋友们叫去娱乐，都不得不放弃。主要是当时要坐班，一天坐下来之后，再坐一个晚上，人几乎要坐垮了。广西没有专业作家编制，所有不敢辞职的作家，都必须一边坐班一边写作，而一些势头很好的作家，往往被生计压垮，再也没有创作激情。

张钧：这部长篇想表达什么呢？是否全部人类生活就是上帝的响亮耳光？你莫名其妙地被打了耳光，你蒙头转向，不知所措，但你又必须活下去，毫无理性毫无目地活下去？

东西：这部小说想写什么已经写出来了，应该说表达得非常明显。耳光为什么响亮？我想这就是我们的现实。现实其实常常给我们扇耳光。

张钧：这部长篇有深刻的苦难意识和反讽意味，叙述上给人的感觉有点玩世不恭，但又让人感到沉痛。也就是说，叙述上是轻松的，带有调侃意味的，幽默的，同时又是让人绝望的。这是一种带着眼泪的调侃，黑色的幽默，幽默的背后是沉重的人生、荒谬的世界。又轻松又沉重，是不是你所要追求的叙述效果？

东西：这是我追求的叙述效果。我现在读过于沉重的作品反而不感动，因为我们的社会喜欢把人的痛苦当展览品、战利品。基于此，我写了一个中篇——《痛苦比赛》。而一些举重若轻、寓教于乐的作品，却让我为之动容。想笑而又笑不起来，是我追求的境界。

张钧：小说中牛正国的失踪是一个谜，他在开追悼会的那天莫名其妙地失踪了，让人不可思议。他的失踪迷惑着小说中的人物，也迷惑着读者，同时也为故事的全面展开提供了种种可能性，人物的情感、行为、所经历的种种苦难和荒唐于是找到了理由和意义。可以说，是牛正国塑造了这个故事。然而到了最后，他又差点毁掉了这个故事，差点使全部叙述失去意义。牛正国是个不在场的在场人物，他比在场人物更有力量，像曹禺《日出》里的金八。

东西：他就像上帝，让你为他生为他死。有时我们差不多把他忘记了，活在自己的世界里沾沾自喜时，他冷不丁地又冒出来，让你难受。

张钧：小说中牛红梅的一次次的流产具有隐喻色彩：幸福也好痛苦也好，绝望也好希望也好，这些东西最后都要化成沉重的苦难，为了消解或者说缓解这种苦难，唯一的办法只有流产。牛红梅的流产开始还是一件痛苦的事，到了后来，就变成一种习惯性的东西，连笑一笑都要流产。

东西：牛红梅就像我们惨遭破坏的地球，资源被一点一点地掏空，最终被开采一光，剩下的只是一张躯壳。她的肉体被掏空的同时，她的情感也被洗劫一空。

张钧：母亲何碧雪也是一个流产式人物，只不过她的流产方式与她的女儿牛红梅不一样。她一次次满怀着希望生活着奋斗着,但她的命运总是那么不济,一次次地被生活所抛弃。

东西:母亲是一个吃力不讨好的角色。

张钧:金大印呢?在第三章里,对他的际遇有着精彩的描写。在没有英雄的年代,他被新闻媒体包装成了一个英雄,这样就造就了他的英雄情结。他在这种情结里沉醉,腾空而起,在云端上漂浮,结果摔得也很重,连狗熊都不如。

东西:金大印在第三章里,按照别人的旨意去生活,他没有主张,没有自己,仿佛为别人而生活着。他既在生活之中,又生活在别处。到后来他找到自己的生活之后,却又变本加厉地指导别人的生活。

张钧:叙述人牛翠柏在小说里似乎是一个讲述者同时又是一个批判者,这个人物身上表现出一些本质性的东西,他的情感取向和价值取向,是否在一定程度上代表了作者的情感和价值取向?

东西:我是尽量想让他独立,但是在写的过程中,也许带入了作者的情感。不过他绝对不是作者的传声筒,他的许多东西,都是我无法接受的。他是独立和自由的。

张钧:你认为,长篇小说与短篇小说在人物处理上有什么本质的区别？

东西：长篇小说的篇幅长，事多。事一多，人物就站起来了。而短篇有时我根本不考虑人物。

张钧：丰富性和复杂性，是你的小说的一贯的特点，在这方面你似乎已经形成了某种叙述风格或者说个性。就这方面而言，我认为你在《耳光响亮》里做得很到位。

东西：复杂的小说不一定是好小说，但一眼就被人看透的小说，在阅读时不过瘾。我喜欢出人意料的小说，包括语言、结构和故事。

张钧：《耳光响亮》在语言方面也很有想法，其中反讽和戏仿，是你比较追求的语言效果。

东西：对"文革"语言的套用，对名人及格言警句的篡改，就像牛青松对他父亲语言的窜改。这和我的经历有关。我读初中时，我的笔记本上抄了大量的格言警句，老师也要求我们背诵格言警句，格言警句指导我生活和学习。对这些东西的反戈一击，说明我已经脱离了它们，也更清楚地认识了它们。

张钧：但是这种语言方式也有它的负面效应，那就是对人物可靠性的怀疑。人物的语言由于戏仿和反讽，变得失去了个性，观念化了。这样，人物行动的某种内在的依据似乎就被消解掉了,也就不那么真实了——作者的意图过于明显了。

东西:有时只顾痛快,也就是手不听脑子的使唤,一味地痛快下去,就犯了这种毛病。

张钧:对于新生代作家,你是怎么看的?你认为这一代作家最优良的品质是什么?是一种灵魂的真实还是写作的个人化倾向?

东西:新生代更贴现实,更注意可读性。这一代作家最优良的品质是灵魂的真实。但是,个人化倾向比那些假大空的社会性,要真实一百倍。日本评论家、作家加藤周一说:"文学作品描写的内容向个人领域的后退或者说退却是世界性的倾向。"

张钧:从文学史的角度来看,你认为世纪末的这种个人化写作是中国文学的希望还是一种绝望的突围?

东西:是希望。没有任何一个真正的作家不是个人化的写作。让文学回到文学,就是文学的希望。

张钧:有的批评家说这一代小说家的写作失去了最起码的价值判断,消解就是一切,所以这代作家的精神或者说灵魂处于一种悬浮状态,找不到自己的归宿。对于这种观点,你是否同意?

东西：不同意。我希望发出这种声音的评论家，认真地看一看新生代作家的作品。比我们年龄大的一批作家，常常感叹他们太有责任感了。现在我发觉我们这一代人也太有责任感了。我现在要做的工作就是让作品中少一点这种责任感，多一点文学的愉悦和娱乐功能。

（根据录音整理）